U1070060

滕州统计年鉴

TENGZHOU STATISTICAL YEARBOOK

2014 年

滕州市统计局 编

中国统计出版社
China Statistics Press

©中国统计出版社 2014
版权所有。未经许可，本书的任何部分不得以任何方式在世界任何地区以任何文字翻印、拷贝、仿制或转载。

©2014 China Statistics Press
All rights reserved. No part of the publication may be reproduced or transmitted in any form or by any means, electronic or mechanical, including photocopying, recording, or any information storage and retrieval system, without written permission from the publisher.

图书在版编目（CIP）数据

滕州统计年鉴. 2014 / 滕州市统计局编.
-- 北京 : 中国统计出版社, 2014.9
ISBN 978-7-5037-7304-4

Ⅰ. ①滕… Ⅱ. ①滕… Ⅲ. ①统计资料－滕州市－2014－年鉴 Ⅳ. ①C832.524

中国版本图书馆 CIP 数据核字(2014)第 219344 号

滕州统计年鉴—2014

作　　者/ 滕州市统计局
责任编辑/ 陈越月　魏光永　张　冰
装帧设计/ 朱玉静
出版发行/ 中国统计出版社
地　　址/ 北京市丰台区西三环南路甲 6 号　邮政编码/ 100073
电　　话/ 邮购（010）63376909　书店（010）68783171
网　　址/ http://csp.stats.gov.cn
印　　刷/ 山东省统计局印务中心
经　　销/ 新华书店
开　　本/ 890mm×1240mm　1/16
字　　数/ 568 千字
印　　张/ 22
版　　别/ 2014 年 9 月第一版
版　　次/ 2014 年 9 月第一次印刷
定　　价/ 280 元

如有印装差错，由本社发行部调换。

《滕州统计年鉴－2014》
编辑委员会

名誉主任： 宗大全

主　　任： 秦献春

委　　员： 孙清华　张善秋　李艳苓　颜文波　江　漫

主　　编： 张善秋

副 主 编： 魏光永

编　　辑：（以姓氏笔划为序）

于德洪　王　芳　王国旗　王　斌　王　琳

刘　义　刘虹宏　宋肖洁　张　冰　张　静

李　磊　杜淑晗　陈书华　陈婷婷　陈鹏坤

段修庆　郝　芳　袁　帅　崔　倩

编辑说明

一、《滕州统计年鉴》是一部全面反映滕州市国民经济和社会发展情况的资料性年刊，是认识和研究滕州市情、制定政策、指导国民经济社会科学发展的重要资料和工具书。

二、《滕州统计年鉴2014》是根据2013年统计年报和各主管部门统计年报整理编辑而成，全书共包括特载、统计表和附录三大部分。

特载部分载入了政府工作报告和统计公报。

统计表部分收录了 2013 年度滕州市国民经济和社会发展方面的统计数据，共二十篇：第一篇，行政区划、人口和自然资源；第二篇，综合；第三篇，农林牧渔业；第四篇，工业和能源；第五篇，固定资产投资和建筑业；第六篇，交通运输邮电通信业；第七篇，批发零售和住宿餐饮业；第八篇，财政、税收和金融；第九篇，从业人员和劳动报酬；第十篇，教育、科技、文化和广播电视；第十一篇，城市建设和环境保护；第十二篇，卫生体育人口和计划生育；第十三篇，农村住户调查；第十四篇，镇街统计资料；第十五篇，历年主要指标；第十六篇，枣庄市分区(市)统计资料；第十七篇，山东省分区、县(市)统计资料；第十八篇，环渤海部分区、县（市）统计资料；第十九篇，全国沿海部分区、县（市）统计资料；第二十篇，国际统计资料。

附录部分包括统计工作大事记、统计文件、统计法规和主要指标解释等。

三、本《年鉴》所列各项指标，政府工作报告和统计公报使用的数字为快报数或初步统计数，其他均为正式年报数据。凡与本《年鉴》数字不符的，一律以本《年鉴》正式年报数为准。

四、根据现行国家统计制度，对统计指标概念、口径、范围、计算方法、计算价格等，均作了统一调整，并在表底加以注释。

五、由于本《年鉴》内容多、涉及面广，加之编者水平有限，不足之处，恳请广大读者提出宝贵意见，以便改进提高。

目　　录

特　载

统　计　表

第1篇、行政区划、人口和自然资源

第2篇、综　合

第3篇、农林牧渔业

第 4 篇、工业和能源

第 5 篇、固定资产投资和建筑业

第 6 篇、交通运输邮电通信业

第 7 篇、批发零售和住宿餐饮业

第 8 篇、财政、税收和金融

第 9 篇、从业人员和劳动报酬

第 10 篇、教育、科技、文化和广播电视

第 11 篇、城市建设和环境保护

第12篇、卫生、体育、人口和计划生育

第13篇、农村住户调查

第14篇、分镇、街道统计资料

第 15 篇、历年主要指标

第 16 篇、枣庄市分区（市）统计资料

第 17 篇、山东省分区、县（市）统计资料

第 18 篇、环渤海部分区、县（市）统计资料

第 19 篇、全国沿海部分区、县（市）统计资料

第 20 篇、国际统计资料

附　　录

特　　载

政府工作报告

——2014年1月5日在滕州市第十七届人民代表大会第三次会议上

市长　远义彬

各位代表：

现在，我代表市人民政府，向大会作工作报告，请予审议，并请市政协委员和其他列席会议的同志提出意见。

一、2013年工作回顾

过去的一年，面对复杂严峻的宏观形势，在上级党委、政府和市委的正确领导下，在市人大和市政协的有力监督与大力支持下，我们紧紧团结和依靠全市人民，瞄准建设区域性中心城市和争当全省县域经济发展排头兵的目标定位，科学应对，积极作为，经济社会发展呈现出“逆势增长、晋位升级、重点突破、亮点纷呈”的良好态势。回顾一年来的工作，我们面临的挑战比预计的要大，取得的成绩比预期的要好。2013年，全市生产总值突破900亿元，达到905亿元，增长10%；地方财政收入突破60亿元，达到61亿元，增长12.2%；固定资产投资完成520亿元，增长22%；社会消费品零售总额达到281亿元，增长13%；城镇居民人均可支配收入增长10%，农民人均纯收入增长13%，增幅连续五年超过城镇居民收入；三次产业比例调整到7.5：53.5：39。滕州在全国县域经济基本竞争力百强县中列第22位，比上年提升3个位次；在2013年中国最具竞争力百强县中列第12位，比上年提升18个位次。

（一）转型升级、优化结构，产业发展水平进一步提升。

一是工业经济质量和效益同步提高。面对土地、环境、市场等各种生产要素日益趋紧的现实，我们以提质增效为主线，充分发挥2亿元工业转型升级专项资金的作用，深入开展“大走访、大调研、大服务”活动，集中优质要素支持企业发展，与企业共渡难关。全年新增规模以上工业企业58家，总数达到490家，主营业务收入、利税分别实现1350亿元、140亿元，分别增长10%、12.7%。产业集群优势更加突出。煤化工、机械机床向千亿元产业集群迈出坚实步伐。煤化工产业主营业务收入实现482亿元。总投资180亿元的联想控股化工基地项目快速推进，全年完成投资48亿元，是全省同期单体投资最大的工业项目；总投资16.7亿元的鲁南化工聚甲醛和丁醇项目竣工投产，与杭氧股份合作实施了总投资10亿元的空分一体化工程，实现了园区公用配套市场化运营的突破。全市已建在建煤化工项目总投资581亿元，其中过30亿元的达到6个，基本形成产品上下连接、企业优势互补、园区功能配套的良好格局。机械机床产业主营业务收入实现633亿元。总投资10亿元的辰阳精密超精密数控机床项目快速推进，被列入“国家产业振兴项目”；国家机床质检中心通过验收，成为全国唯一设在县级的国家机床质检中心；总投资26.8亿元的国际机床市场一期建成使用，成功承办了国际机床工具展览会和全球机床高峰论坛，初步形成集研发、制造、检测、销售于一体的机械机床产业体系。百亿元产业板块进一步壮大。玻璃深加工产业主营业务收入率先突破100亿元，达到102亿元；总投资36亿元的中国玻璃城项目全面开工建设，我市被命名为中国制镜业基地。总投资10亿元的威智医药项目一期试生产；总投资13.7亿元的烟厂易地技改、总投资15亿元的今缘春酒业生态酿酒园项目进展顺利。龙头企业培植初见成效。盛隆化工主营业务收入率先突破100亿元，成为我市首家“百亿企业”；过10亿元的企业达到10家。加大对中小微企业的扶持力度，全年新发展中小微企业1660家、个体工商户7800户。科技创新步伐加快。实施过千万元重点技改项目105项、技术创新项目280项；新设立院士工作站2家，总数达到7家；新建省级企业技术中心3家，总数达到22家；威达重工的立式加工中心成为我市首次列入国家科技重大专项的项目。新增中国驰名商标1

件、山东省著名商标4件、山东名牌5件。高新技术产业产值占生产总值的比重达到21%，我市被评为“全国科技进步先进市”。园区载体作用明显增强。“一区十园”的基础设施不断完善，经济开发区入园企业达到323家，在134家省级经济开发区中首次跻身十强，列第8位，比上年提升5个位次，成为枣庄市唯一进入前十强的省级经济开发区。

二是服务业规模档次明显提升。引进了一批知名品牌，红星美凯龙、沃尔玛、家乐福等商业品牌，全聚德、肯德基等餐饮品牌，喜来登、格林豪泰等酒店品牌落户滕州，我市国内外知名品牌达到59个，成为鲁南地区服务业知名品牌最多、最集中的县市。实施了一批重大项目，总投资100亿元的微山湖古镇一期展示区投入运营，总投资36亿元的鲁班文化创意产业园项目进展顺利，我市被评为全省首批首个优秀旅游城市。总投资110亿元的义乌真爱商城项目快速推进，成功列入“全国重点培育市场”；总投资100亿元的兴盟国际商城列入中国市场“百城万亿”增长计划重点培育项目；总投资15.4亿元的杏花村嘉誉干杂海货市场扩建项目建成运营，年交易额突破400亿元；总投资11.5亿元的国家级食品安全检测中心及专供市场成功列入省重点项目，创造了由检测服务带动生产基地和专业市场建设的新模式。总投资12亿元的农副产品物流中心一期建成运营，我市各类现代物流企业发展到41家。在福布斯2013年中国大陆最佳县级城市排行榜中，我市货运总量首次超过浙江义乌，位居全国县级第一位，区域性商贸中心初步形成。

三是农业现代化取得积极进展。产业化水平显著提高，规模经营面积达到52万亩，新增农村产权抵押贷款1.05亿元；新发展家庭农场、农民合作社300家，合作社总数达到1200家，位居全省县级首位。粮食单产、总产再创新高，我市被评为“全国粮食生产先进县”；“滕州马铃薯”的品牌效应进一步显现，大幅拉动了市场、提升了价格，实现农民增收超过10亿元；“刘村酥梨”获得国家地理标志认证，盈泰集团肉鸡地下立体智能生态养殖技术填补了国内空白。基础支撑能力不断增强，实施全国小农水重点县等水利工程和农业综合开发项目21个，扩大改善灌溉面积6.2万亩；成立了山东农科院（滕州）技术成果转化中心；农业机械化综合水平达到85%，阳光农机合作社被评为全国示范社。

（二）科学规划、务实行动，城乡环境面貌进一步改善。我们坚持高标准科学规划，务实理性建设，全年开工城建项目195个，完成投资198亿元；城市发展框架扩大到100平方公里，城市人口超过70万人，城镇化水平达到54.2%，我市成为全省唯一跨入新四线城市的县级市。

一是城乡规划体系不断完善。我们舍得投入资金高水平编制规划，舍得投入精力深入研究规划，完成了全省首个县级全域城镇化发展总体规划，编制城市综合交通、城市亮化、城市色彩、商业网点等各类专项规划和城市设计76项。投入1000万元聘请国内外知名的7家专业机构，采取国际竞赛的方式，编制高铁新区概念性规划；完成了高铁新区总体规划、控制性详细规划和起步区城市设计。

二是为民建城管城成效显著。公共基础设施进一步完善，着力抓好看不见的“下地工程”建设，实施了雨污分流，努力解决城市汛期内涝问题；启动实施了总投资3.65亿元的南线高温热水供热工程，全部建成后将有效解决城市冬季供暖问题；完成了54个村、5.3万人的饮水安全工程；新铺设供水管道40.5公里、排污管网20公里，第三污水处理厂一期竣工，城市承载能力显著增强。新建、续建、改建20条城市道路，启动了4座桥梁建设。104国道、济枣路木石至枣庄段升级改造工程完工，3条县乡道路竣工通车，新建村级公路586.5公里。开通了城区到红荷湿地、龙山龙湖等6条城乡、镇村公交线路，方便了群众出行。城市档次品位进一步提升，新增城市绿化面积100万平方米，新建林荫停车场20处，渠化改造道路交叉口15处，首座环形天桥竣工启用；杏坛广场基本建成，实施了秀美荆河和小清河市民休闲长廊建设，拓展了群众健身休闲活动空间，人民群众从一点一滴中感受到了城市的发展变化。居住环境条件进一步改善，整治老旧小区11个、背街小巷7条；回迁安置房全部开工建设，完成回迁面积的50%以上。550套保障性住房建设任务全面完成。开工建设新型农村社区40万平方米，实施农村危房改造620户。以打通振兴路和荆西商贸城改造为起爆点，启动了滕西城区大规模建设，滕西建设滞后的局面逐步改善。精细化管理水平进一步提高，理顺了城市管理体制机制，界定了市政、园林、环卫等方面的管理责任，做到责权利相统一，有效解决了区域不明、职责不清、交叉扯皮和管理盲区等问题。城乡环卫一体化实现村居全覆盖，枣庄市级示范村、标准村达到722个。顺利通过省级卫生城市复审。

三是生态文明建设扎实推进。节能减排任务目标全面完成，万元GDP能耗下降4.5%，COD、二氧化硫分别削减2.25%、5%。碧水工程，建设了新薛河流域应急安全防控体系和人工湿地净化工程，对鲁南高科技化工园区的工业废水进行深度净化，把最危险的地方变成最安全的区域；建设了东郭水泥公司固体废弃物处置中心，创造了城市污泥无害化处置的"滕州模式"；顺利完成了马河水库网箱清理；取缔了水源地保护区内30余家土小企业，保障了饮水安全。蓝天工程，全面关停了供热管网范围内的燃煤锅炉，对29家企业实施限期治理，实现了达标排放。绿地工程，新增成片造林5.8万亩，林木覆盖率达到29.9%，我市被评为"全国生态文明先进市"、省首批"森林城市"。

（三）以人为本、保障民生，群众满意度进一步提高。在财政收支压力加大的情况下，我们坚持民生投入的力度不减、项目不少、标准不降，办成了一批关系群众切身利益的实事好事。去年承诺的民生"十件实事"全面完成。

一是民生保障持续加强。城镇新增就业和农村劳动力转移就业5.5万人，安置公益性就业岗位300人，"双零家庭"实现动态消零。在全省县级率先实行农民工参加城镇职工社会保险和工资发放"一卡通"，企业退休人员养老金实现"九连增"。城乡低保、新农合应保尽保，城乡低保标准高于全省平均水平；新农合、城镇居民医保年度最高支付限额提高到20万元。

二是社会事业全面进步。教育事业，新建、改扩建中小学、幼儿园50处；本科录取6198人，录取率达到52.2%，高出全省8.5个百分点；考取北大、清华和国际名校27人，山东省理科状元、枣庄市文科状元均出自滕州，实现了历史性突破。卫生事业，市中心人民医院内科大楼建成使用，晋升为三级甲等综合医院；市中医院迁建工程进展顺利，晋升为三级乙等中医医院；6处镇街卫生院门诊病房楼投入使用。突出综合治理出生人口性别比、免费孕检和流动人口服务管理三项重点，持续保持低生育水平。食品药品监管不断加强。文化体育事业，在全省率先实现了农家书屋村村全覆盖，新博物馆完成主体工程；舞蹈《闯关东》和《运河绣娘》获全国十艺节"群星奖"。在全国县级组建了第一支乙级职业足球队，承办了国家和省级比赛7项，我市被授予全国全民健身活动先进单位。平安滕州建设，深入实施"六五"普法和"五五"依法治市；投资1.3亿元，建设了覆盖全市的视频监控"天网"工程，开展"打黑恶、反盗抢"等系列行动，有力守护了群众平安；信访化解、安全生产、应急管理体系进一步完善，社会形势保持稳定。加强精神文明建设，我市被评为全省"四德工程建设示范县市""乡村文明行动建设示范市"。同时，政府其他各项工作都取得了新的进展。

一年来，我们围绕转变作风、提升效能、优化环境，不断加强政府自身建设。认真贯彻落实中央"八项规定"，狠抓"四风"整治。自觉接受市人大的法律监督和市政协的民主监督，297件人大代表建议、政协提案全部办结。深化行政审批制度改革，精简审批事项167项；市政务服务中心建成使用，60个单位的448项许可、审批及公共服务事项进驻中心集中办理，实现了"三集中、三到位"，极大方便了办事的企业和群众。加大审计监督力度，把市级全额预算单位全部纳入部门综合预算改革范围。开展了"电视问政"活动，做好政务信息公开，认真办好市长公开电话、市长信箱，畅通了社情民意的反映渠道。

各位代表，回顾一年来的工作，我们深切感到，成绩来之不易，经验弥足珍贵。在具体工作中，我们坚持注重超前科学谋划，较好地争取了工作的主动权和发展的先机；我们坚持注重理性务实抓落实，着力做好了打基础、利长远的工作；我们坚持注重改革创新，解决了制约我市经济发展的突出问题；我们坚持注重以人为本，办成了一批群众直接受益的民生实事。这些成绩的取得，得益于市委的正确领导，得益于市人大、市政协的有力监督、大力支持，更是全市人民同心协力、团结拼搏的结果。在此，我代表市人民政府，向为全市经济社会发展付出辛勤劳动、做出积极贡献的各级各部门和社会各界人士，表示衷心的感谢并致以崇高的敬意！

同时，我们也清醒地看到，全市经济社会发展还存在一些问题和差距，主要表现在：经济实力还不够强，尤其缺乏规模大、带动力强的龙头企业；产业结构还不够优化，传统产业比重较大，高新技术产业发展不快；城市基础设施历史欠账大，公共服务相对滞后；财政收支矛盾依然较大，镇街财政质量不高，政府的债务负担较重；发展的要素制约仍很突出，等等。对此，我们必须高度重视，采取措施加以解决。

二、2014年的目标任务和主要工作

2014年，是贯彻落实党的十八届三中全会精神的第

一年，是全面深化改革的攻坚之年，是转型发展的关键之年，也是建设区域性中心城市的突破之年。当前，国内外政治经济环境发生了深刻变化，县域经济发展的竞争更趋激烈，我市在西部经济隆起带中继续保持领先地位面临着巨大挑战。同时，我们也面临着多重的政策机遇：中央全面推动深化改革，继续坚持稳中求进的工作总基调，保持政策的连续性和稳定性；省委、省政府提出支持滕州建设成为区域性中心城市；枣庄市委、市政府明确支持滕州争当全省县域经济发展排头兵。只要我们坚决贯彻落实上级党委、政府和市委的战略部署，立足自身的基础优势，坚持用发展的办法解决前进中的问题，更大力度推动改革创新，更加注重发展的质量和效益，求真务实、埋头苦干，滕州就一定会谱写产业大发展、城市大变化、民生大改善的新篇章！

今年政府工作的指导思想是：认真贯彻落实党的十八届三中全会和中央、省、市经济工作会议精神，紧紧围绕建设"区域性中心城市"这一总目标，坚持以转变经济发展方式为主线，以全域城镇化为引领，以重点项目建设为抓手，以改革创新为动力，以改善民生为根本，纵深推进全域城镇化、工业集群化、服务业专业化、农业现代化、镇域特色化五大发展战略，不断强化生态建设、文化建设、社会建设、平安建设、党的建设五项保障，实现经济社会持续健康发展，不断扩大在西部经济隆起带县市中的领先优势，努力争当全省县域经济发展的排头兵，加快建设经济发展、城乡美丽、文化繁荣、社会和谐、政治清明的幸福滕州。主要预期目标是：全市生产总值实现986亿元，增长9%，力争增长10%；三次产业比例调整到7.3∶52.2∶40.5；地方财政收入实现66.5亿元，增长9%，力争增长10%；固定资产投资增长20%；社会消费品零售总额增长13%；城镇居民人均可支配收入增长11%；农民人均纯收入增长12%；城镇登记失业率控制在3%以内；人口自然增长率控制在6‰以内；万元GDP能耗下降3.75%，COD、二氧化硫排放量分别削减 2.5%、3.6%，确保主要经济指标增幅高于全省平均水平，经济发展质量达到全省较好水平，在建设区域性中心城市的征程中迈出坚实的一步。

（一）着力推进全域城镇化，加快打造区域性中心城市。继续牢固树立规划先行、精品城市、民生城建、城乡统筹、生态优先的理念，扎实稳妥推进以人为核心的城镇化，实现城乡建设跨越式发展。实施好236个城建项目，完成年度投资248亿元。

一是继续完善城乡规划体系。更加重视提升规划的水平，按照"全覆盖、成体系、管到底、建到位"的要求，对城市总体规划进行评估；抓好城北、城西片区控制性详细规划修编；搞好龙山龙湖风景区、历史文化名城保护、城市绿地系统等专项规划编制；完成秀美荆河、墨子大道景观等城市设计；编制7个镇的镇域规划。加强批后监管，做到一张蓝图绘到底、一个规划管到底，确保规划的权威性、严肃性和连续性。

二是提升中心城区辐射带动能力。围绕做大做强做优中心城区，继续在扩容提质上做文章。在"扩容"上，实施"东跨、西改、南延、北拓、中疏"战略："东跨"就是抓好高铁新区11平方公里起步区的建设，规划实施落凤山大道、腾飞路东延线等一批基础设施项目，拉开东城区城市发展框架。"西改"就是抓好义乌真爱商城建设，实施瑞达化工、瑞达焦化、铁路货场易地迁建工程，打通振兴南路、解放路，提升西城区人居环境质量。"南延"就是抓好经济开发区建设，拓展发展空间；积极发展生产性、生活性服务业，促进开发区与中心城区融合发展。"北拓"主要是实施善国北路拓宽改造工程，促进城市向北拓展；加大对龙山龙湖的生态保护和旅游项目开发建设，打造城市后花园。"中疏"主要是依托荆河、小清河，修建一批公园、绿地、休闲广场，实施道路渠化，完善基础设施，不断提升城市品质。

高铁新区建设是今年城建工作的重中之重。今年，我们将加快推进与中铁置业的合作，采取土地一级开发联动二级开发的模式，统筹推进路、水、电、气、热等配套基础设施建设；规划建设2平方公里的儿童用品产业园，强化产业支撑；启动实施8个村庄的搬迁整合，重点抓好凤凰湖、山东化工技师学院新校、联想化工总部及专家公寓等项目建设，尽快聚集人气、商机，打造城市发展的新引擎。

在"提质"上，重点抓好"五化建设"：精品化工程，加强与绿地、保利、红星美凯龙等大集团的洽谈合作，建设一批对形成区域性中心城市有聚核作用的高端城市综合体，引领带动城市建设提品质、上水平。景观化城市，重点打造解放大桥至茂源大桥区域城市新空间，抓好秀美荆河、小清河生态休闲长廊建设，做好"绿、水、文"三篇文章，实施北辛路、大同南路等绿化提升工程，高标准建设墨风公园、生态绿道等重要节点，新增绿化面积100万平方米。以荆河、小清河为轴抓好沿河建筑亮化工程，扮靓城市夜景。多元化商业，在大力发展品牌商贸业、高端服务业的同时，统筹抓好夜市和特色商业街区规划建设，打造一批时尚购物街、美食街、酒吧街，培育发展沿河商业街，积极引进奥特莱斯名品折扣店，繁荣活跃城市经济。便利化生活，调整优化教育、卫生、市场资源的空间布局，规划建设集便民商业、居民生活和社区服务功能于一体的邻里中心，新建改造农贸市场8处，新建放心粮油超市、快餐店10家，建设农副产品平价直销店10家，打造10分钟便民生活圈。推进公共自行车系统建设，设立租赁点30处，购置自行车1200辆，方便市民出行。精细化管理，加大环卫设施建设力度，提高机械深度保洁水平，主次干道机械化作业率达到60%。扎实推进网格化精细管理，围绕清脏、治乱、拆违、造靓、便民，持续抓好城区环境卫生、交通秩序、集贸市场、户外广告、违法建设等专项治理行动，全力创建国家卫生城市。

三是扎实推进镇村建设。按照全域城镇化规划，加快构建“一主四副”的空间布局和中心城区、副中心城市、小城镇、新型农村社区“四位一体”的城镇体系。抓好小城镇和新型农村社区建设。按照“居住向社区集中、人口向城镇集中”的思路，充分发挥7个示范镇的龙头带动作用，引导各镇立足实际，突出特色，努力打造一批工业重镇、商贸强镇和旅游名镇；注重因地制宜、因村制宜，努力建设与农业生产方式、农民生活特点相适应的新村庄、新社区。重点抓好13个新型农村社区建设，完成小城镇开发建设面积120万平方米。加快城乡一体化进程。坚持城市基础设施向农村延伸，城市公共服务向农村覆盖，重点推进城乡道路、供水、污水处理、环卫、公交、燃气六个一体化，努力让广大农民过上和城市居民一样的生活。加快推进城市供水管网延伸，新铺设供水管网20公里，104万城乡居民实现规模化集中供水；新铺设污水管网20公里，4个镇的污水处理厂投入运营，新建改造天然气管网25公里，新建天然气加气站4座。

四是加快构建大交通格局。加强与周边县市区的沟通对接，抓好交通基础设施建设，全面实现共建、共享、互联、互通，形成对周边县市区的吸引聚集效应。东部抓好北留路升级改造，积极争取滕平路改造建设，增强对山亭、平邑的辐射带动；北部加强与济宁的沟通协调，争取开通到邹城的城际公交和微山湖古镇到济宁的旅游公交；南部加快推进到薛城的一级路改造，争取开通到微山的城际公交；西部抓好枣鱼高速公路及跨微山湖大桥的争跑工作。同时，抓好盛隆化工铁水联运码头、新奥液体化工码头等港口规划建设，形成路港优化、布局合理、衔接高效、安全畅通的综合交通体系。

（二）着力提高发展的质量和效益，加快推动产业转型升级。

一是纵深推进工业集群化战略。巩固发展我市的工业优势，是建设区域性中心城市的基础。今年要深入实施“265”产业培育和“5633”企业培植两大工程，以“工业发展服务年”活动为主线，持续推动工业经济提质增效，打造工业经济的“升级版”。全年新增规模以上工业企业15家，规模以上工业主营业务收入、利税分别增长10%以上。

深入实施“265”产业培育工程。紧紧围绕优势特色产业，提升产业规划水平，完善产业配套，推动制造业和服务业的深度融合，优化增量，调整存量，扩张总量，推动产业不断转型升级。加快培育“两大千亿产业集群”。煤化工产业重点抓好联想控股化工基地、中盛化工环氧乙烷二期等项目建设，大力推进鲁化与深圳芭田股份、杭氧股份、香港煤基合资合作，促进煤化工产业向精细化工、化工新材料方向发展。力争煤化工产业主营业务收入突破550亿元。机械机床产业依托国家机床质检中心，积极筹建鲁南机床研究院，加快辰阳精密超精密数控机床、威达数控铣镗床、大地特种机床等项目建设，推动机械机床产业向高端精密数控方向发展。力争机械机床产业主营业务收入突破700亿元。积极培育“六大百亿产业板块”。力争玻璃深加工、食品加工、纺织服装、家居装饰、汽车配套、不锈钢制品等六大产业板块主营业务总收入达到410亿元。启动不锈钢制品产业园建设，力争引进3—5家企业入园发展；加快中国玻璃城建设，力争6月份完成一期建设和招商工作，创建国家级玻璃质检中心；支持青啤公司扩大产能，尽快达到40万千升生产能力；加快推进烟厂易地技改、今缘春酒业生态酿酒园、红荷专用汽车、华奥斯二期等项目建设。扶持发展“五个五十亿新兴产业”。立足优化产业结构、增强发展新优势，对生物医药、新材料、新能源、电子信息、节能环保五个战略性新兴产业，逐一制定产业发展规划，集中培植一批产业链核心项目。

重点推进威智医药二期、中科蓝天地源热泵、深圳能源光伏发电、田陈生物质秸秆发电、北斗车载卫星导航终端生产、绿色建材联盟产业园等项目建设，尽快形成聚集效应。

深入实施“5633”企业培植工程。围绕培植盛隆、鲁化、辰龙、新能、联想5个百亿元航母企业和6个过50亿元、30个过10亿元、300个过亿元企业群体，优化完善扶持政策，积极引导骨干企业“二次创业”，支持有条件的优势企业通过兼并重组、上市融资、战略合作、品牌建设等方式壮大实力、提档升级，着力培植一批主业突出、核心竞争力强的企业集团。力争年内主营业务收入过10亿元的企业达到16家，其中过百亿元的1家、过50亿元的2家。大力鼓励全民创业，进一步降低创业门槛、放宽创业领域、优化创业环境、培植创业典型，力争新发展小微企业1000家、新注册个体工商户8000户。大力实施名企品牌战略，加快由经营产品向经营品牌转变，提升产品、企业、产业的知名度和竞争力，逐步实现由“滕州制造”向“滕州创造”“滕州标准”“滕州设计”转变。全年新增中国驰名商标2—3件，山东省著名商标和名牌产品8—10件。引导企业充分利用新三板扩容和IPO重启的机遇，加快企业上市步伐，力争年内实现上市企业零的突破，新增在新三板和齐鲁股权托管交易中心挂牌企业5家。

深入开展“工业发展服务年”活动。积极为企业送政策、提信心、理思路、解难题，千方百计为企业做好资金、土地等要素保障。引导企业树立以客户需求为导向的服务理念，从重视产品生产向为客户提供研发设计、生产、售后等全程服务转变，鼓励企业加快由“传统产品制造商”向“现代工业服务商”转变，以服务争取客户、占领市场。不断强化科技创新，争取设立院士工作站、博士后工作站3家；实施重点技改项目100个、技术创新项目200个。深入实施“滕州英才”计划，充分发挥1000万元人才专项基金的作用，灵活采用“挂职兼职”“院士服务团”等方式，力争引进高层次人才300人以上。加强企业家队伍建设，支持企业经营管理者参加专题培训、外出学习考察，培养一批有胆识、有见识、有社会责任感的企业家。

二是纵深推进服务业专业化战略。抢抓省政府加快服务业发展的政策机遇，以深化服务业综合改革试点工作为抓手，尽快完成旅游业和服务业发展规划及物流、市场、商业业态等专项规划的编制。大力实施“双千亿”工程，力争服务业重点项目总投资超过1000亿元、专业市场群年交易额超过1000亿元。加快建设区域性商贸中心。抓好红星美凯龙家居广场、沃尔玛商业广场、中万国际广场家乐福超市、德意君瑞国际广场等项目建设，着力引进实施更多的国内外高端服务业项目，吸引和带动区域消费，打造“商贸名城、购物天堂”的品牌形象。做大做强物流仓储业。围绕构建公铁水联运大格局，加快推进怡之航国际物流产业园、农副产品物流中心二期、铁路货场易地迁建等项目建设，积极引进国内外知名的仓储型物流企业，着力弥补物流仓储发展的短板。推动专业市场提档升级。按照“新建一批、整合一批、淘汰一批、提升一批”的发展思路，加快推进义乌真爱商城、兴盟国际商城、国家级食品安全检测中心及专供市场等项目建设，促进专业市场拓展、延伸、提质；建立杏花村干杂海货批发市场交易综合服务平台，巩固全国最大的干杂海货市场地位。不断提高旅游业综合效益。加快微山湖古镇、鲁班文化创意产业园等龙头项目建设，积极引进游客体验型、参与型的高端旅游项目；大力发展乡村旅游，实施“改厕改厨”工程，提升“农家乐”“湖上人家”“山上人家”民俗休闲旅游品质，促进旅游由传统观光型向现代休闲度假型转变。加强旅游配套设施建设，推动景区升级、服务创优，打造全国优秀文化旅游目的地。加快发展现代服务业。重点发展电子商务，着力在搭建平台、引进人才、完善政策、配套设施等方面下功夫，实施万户“实体店铺+电子商铺”工程，抓好伦达国际商贸城、农副产品物流中心等创业孵化基地建设，以电子商务拉动传统市场升级。推进现代服务业与先进制造业互动发展，鼓励企业二三产分离，发展与制造业相配套的研发设计、工程装配、运输流通、信息商务等服务业。抓好留学生创业园和国家软件创意产业园建设。积极发展节会经济、服务外包、信息服务等新型业态，形成具有滕州特色和富有竞争力的现代服务业体系。

三是纵深推进农业现代化战略。抓好国家现代农业示范区、国家农村改革试验区和国家现代农业改革与建设试点县“两区一试点”建设，促进农业增效、农民增收。提升农业产出水平。围绕西南部优质粮食产业带，建设40万亩整建制粮食高产示范区，带动粮食持续增产，力争总产突破100万吨。围绕北部精细蔬菜产业带，建设20万亩设施农业高效示范区，打造高端设施蔬菜区；办好2014中国国际薯业博览会暨第六届马铃薯节。围绕东部畜牧林果产业带，建设10万亩农牧循环示范区。提升农业物资装备水平。实施全国高标准农田水利建设示范县和农业综合开发等项目建设，扩大改善灌溉面积6万亩；推进农机农艺融合，农业综合机械化水平达到87%；建设滕州马铃薯综合信息服务平台，抓好农业物联网系统的运营。提升农业科技进步水平。实施基层农技推广体系改革与建设示范县项目，积极引进高产优质新品种，推广设施栽培、配方施肥、节水灌溉等技术，提高动植物疫病综合防控能力。提升农业经营水平。加大对龙头企业、合作社、种养大户、家庭农场的扶持力度，新增新型经营主体350家以上；重点培育10家农业综合性服务组织，新增规模经营面积13万亩。提升农业支持水平。落实各项强农惠农政策，建立农业项目统一规划、统一审核、统筹使用和分类管理的资金整合投入机制；积极开展农业保险，建立健全农村金融服务体系。提升农业可持续发展水平。加快农业标准化基地建设，新发展标准化基地4万亩，新增“三品一标”认证10个；健全农产品质量安全责任、执法、检测、监控、农资配送体系，确保农产品质量安全。

（三）着力抓好招商引资和重点项目建设，进一步增强经济发展后劲。

一是提高招商引资的质量。进一步转变招商理念，增强招商实效，强化以产业规划引领招商，瞄准世界500强、国内500强、行业100强及央企，实行小分队定点定向招商，突出以企招商、产业链招商。建立项目综合评审机制，集中优质要素资源，向少占地、高投入、高产出、高税收、高就业的大项目、好项目倾斜，切实让有限的资源发挥最大的效益。力争全年实际利用市外资金510亿元，其中境外资金5500万美元。

二是加快重点项目建设。强化“一个项目、一名领导、一个部门、一套班子、一抓到底”的工作机制，实行重点项目全程服务，确保项目快速推进、早见成效。超前谋划推进一批有助于区域经济板块隆起和协调发展的重大项目。全年实施过亿元重点项目100个，完成投资360亿元。

三是提升开发区的竞争力。围绕创建国家级经济开发区，理顺管理体制和运行机制，抓好基础设施和公共服务平台建设，增强开发区的承载功能和“磁场效应”。全面推行项目清单制度，对低质低效项目，坚决清理整合，腾出空间安置高质高效项目。重点抓好港台机床工业园、中俄高科技产业园、香港工业园、智达立公司等长期闲置资产的盘活工作。同时，加强木石高科技化工、西岗苯制品、大坞生物医药、级索新能源等十个特色园区建设，形成具有较强竞争力的经济板块。

（四）着力推动绿色低碳发展，加快建设“美丽滕州”。坚持铁腕治污、综合执法，保护环境、修复生态，大力实施六大工程，建设天蓝、地绿、水清的美丽滕州。节能减排工程，强化源头控制，重点整治“三高两低”和“五小”企业，加快淘汰落后产能；严禁新上高耗能、高排放项目，实施工业污染、农业面源污染、生活污染“三污同治”，结构减排、工程减排、管理减排“三管齐下”；大力发展循环经济，重点推进600吨生活垃圾焚烧发电处理场、建筑垃圾消纳场等项目建设。空气清洁工程，突出抓好城市扬尘、汽车尾气、工业废气和化工异味治理，全面取缔中心城区及各镇驻地燃煤锅炉，加快煤改气推进步伐。建立大气污染预测预警体系和重污染天气预警预报系统，提高应急处置能力。水质清澈工程，加快推进4处河流湿地工程和5处镇污水处理厂建设，确保出境水质安全；切实抓好水污染防治七大亮点工程建设，确保我市代表山东省迎淮核查实现“七连冠”。严格水源地保护，确保群众饮水安全。绿化提升工程，以创建全国绿化模范市为抓手，加快推进水系造林、绿色通道、封山育林、农田林网、镇村绿化、城区裸露土地绿化等工程建设，新增成片造林4.2万亩，林木覆盖率达到32%。生态治理工程，治理水土流失面积8平方公里，复垦整理土地1.6万亩，争创全省节约集约用地模范县；抓好湿地生态修复、采煤塌陷地及破损山体、采石场和地质灾害治理，努力让滕州的山和水焕发蓬勃生机。美丽乡村工程，深入实施乡村文明行动，扎实推进美丽乡村创建活动，建成美丽村居160个。

（五）着力推动社会事业全面进步，加快建设“幸福滕州”。

一是筑牢社会保障体系“解民忧”。按照“全覆盖、保基本、多层次、可持续”的方针，加快推进10万名农民工养老保险扩面。开工建设市社会福利综合服务中心，进一步完善医疗保险、城乡低保、五保供养、大病救助、慈善救助、残疾人保障等制度，推动社会保险、社会福利、社会救助相衔接，切实把社会保障体系的“网底”编实结牢。加快镇街敬老院、社区和村级互助养老服务设施建设，鼓励民间社会资本参与养老产业投资，新增床位1600张，形成以居家养老为基础、机构养老为支撑、社区养老为依托的多元化养老格局，努力实现“老有善养”。

二是加快发展社会事业"惠民生"。优先发展教育事业，实施中小学校舍标准化建设和学前教育普及工程，持续提升高中教育水平，统筹抓好民办教育和职业教育，推进全省规范化中职学校建设，努力实现"学有优教"。加快发展卫生事业，抓好市中心人民医院、新中医院、妇幼保健院等重点医院和镇街卫生院建设，提升医疗卫生服务水平，建设区域性医疗中心，努力实现"病有良医"。强化计生基层基础工作，确保低生育水平持续稳定。全面加强食品药品监管，确保群众饮食用药安全。繁荣发展文化事业，新建、改造镇街综合文化站10个、农村文化大院（社区文化中心）100个，开展好"送文化下乡""一村一年一场戏"活动；做好新博物馆、规划展览馆陈列布展，年内对外开放。扶持发展鲁班文化创意产业园、葫芦套影视基地等重点文化产业项目和文化企业，争创国家级文化产业示范园，努力打造经济文化融合发展高地。积极发展体育事业，完成340个村居、10个老旧小区体育设施的改造提升，启动体育中心跳水游泳馆建设；深入开展全民健身运动，提高群众身体素质。

三是推进社会治理创新"保民安"。坚持政府主导、社会共同治理，充分发挥社会组织、企事业单位、社区的作用，提高社会治理水平。深化"平安滕州"建设，全面抓好社会治安、严打整治、信访稳定，健全完善应急管理体系，强化企业主体和部门监管责任，突出抓好重点行业领域的安全生产专项整治，确保人民群众安居乐业、社会安定有序。加快建设智慧城市，重点抓好"基于云计算的电子政务公共服务平台"国家试点、"滕城一卡通""智慧城管""智慧行业""智慧社区"和"智慧园区"试点工作，提升公共服务管理水平。加强精神文明和社会信用体系建设，实施市民文明素质提升工程，打造"上善之地、大爱滕州"的城市品牌。

同时，开展好第三次全国经济普查，抓好审计、气象、史志、档案、老龄、新闻出版、广播电视、民族宗教、外事侨务、防震减灾、妇女儿童、残疾人事业、红十字会、国防动员、人民防空、民兵预备役等工作，推动各项事业全面发展。

各位代表，民生是为政之本。今年，我们将继续集中力量办好"十件实事"：①创业创新工程，设立5000万元专项基金，推动创业促就业，开发公益性岗位300个以上，城镇新增就业和农村劳动力转移就业5万人以上。②学校标准化建设工程，改造20处中小学、15处幼儿园，新建校舍、餐厅10万平方米。③卫生服务提升工程，启动6处镇街卫生院门诊病房楼建设，完成60所村卫生室配套建设。④道路畅通工程，完成城区道路渠化7处、人行道改造提升5条，新建林荫停车场10处；新建改建农村公路300公里。⑤农村饮水安全工程，铺设供水管道75公里，解决62个村、8万人的饮水安全问题。⑥集中供热工程，完成南线高温热水供热一二期工程建设，新增供热面积500万平方米。⑦安居工程，新建保障性住房550套，完成农村危房改造400户；加快回迁安置房建设，回迁率达到80%。⑧居住环境提升工程，整治老旧小区10个、改造提升背街小巷14条。⑨城乡公交一体化工程，新建公交换乘中心7处、港湾式公交站点80个、新增更新公交车100部，开通城乡公交线路4条、城际公交线路1条。⑩城乡环卫一体化工程，新建垃圾中转站2座，新建改建水冲公厕48座，购置环卫保洁车辆20辆。

各位代表，让群众过上更加幸福美好的生活，始终是我们的最高追求。我们将坚持以增进人民福祉为出发点和落脚点，坚持从群众最关心、最直接、最现实的利益问题做起，努力让广大群众真切感受到年年都有新改善、一年更比一年好！

三、全面建设为民务实清廉政府

新的形势、新的任务，对政府自身建设提出了新的更高要求。政府及所有工作人员要按照"为民、务实、清廉"的要求，始终带着责任和感情，忠实履行职责使命，全面加强自身建设，努力建设人民满意的政府。

以自我革新的勇气深化改革。我们必须科学把握中央全面深化改革的战略意图，结合我市实际，以更大的勇气和智慧打好全面深化改革的攻坚战。深化行政管理体制改革。正确处理好政府和市场的关系，突出转变职能、简政放权，按照"应减尽减、能减则减"的原则，进一步规范清理行政审批事项，真正为企业发展、项目建设建立"绿色通道"。深化国有企业改革。完善国有资产管理体制，加强国有资产监管，确保国有资产保值增值；鼓励发展混合所有制经济，建立完善现代企业制度，推行职业经理人制度，提高经营效益；重点推动辰龙集团等国有企业改革，启动建设领域国有企业改革。深化财税体制改革。健全税收征管机制，努力提高税收占比特别是"四税"的比重；深化部门预算、国库集中收付、财政投资评审、政府采购、

“三公”经费公开等管理制度改革，推行政府向社会购买公共服务，促进节支增效。深化农村改革。围绕赋予农民更多财产权利，扎实推进农村土地使用产权、集体资产产权、集体土地产权和户籍制度等改革，激发农村发展活力。深化金融体制改革。大力引进异地金融机构，扶持村镇银行、小额贷款公司等微型金融组织有序发展。健全政府投融资机制，发挥好城市国有资产经营公司、城镇建设投资公司等平台作用，探索政府投资主体盈利运营模式，拓宽融资渠道，提高投资效益。深化社会事业改革。全面推行素质教育，加快公立医院公益性改革，建立教师和医护人员基层遴选制度，完善教师、医护人员下基层交流轮岗制度，推动优质教育医疗资源在城乡之间、镇街之间有序流动。

以开放包容的胸怀优化环境。我们必须牢固树立“人人都是营商环境、事事关系转型发展”的理念，以“你投资我服务、你创业我帮助”的亲和姿态，以互利互惠、共生共赢的和谐氛围，吸引更多的名企、英才到滕州投资创业发展。大力倡导“投资创业者是英雄、纳税奉献者是上帝”的社会风气，建立健全“企业直通车”和联系企业家制度，千方百计为投资者排忧解难，尽心竭力为企业发展保驾护航。充分发挥政务服务中心的作用，不断加大政务服务创新力度，坚决整治中梗阻、不作为、乱作为、慢作为，切实解决“玻璃门”“弹簧门”等问题，对一切破坏经济发展环境的行为“零容忍”，把滕州打造成为全省审批项目最少、效率最高、收费最低、服务最优的县市。

以夙夜在公的精神勤政履职。职责所系，不容丝毫懈怠；重任在肩，更当百倍努力。我们必须始终保持创业的激情、进取的锐气，始终做到事业为先、责任为重，以更加富有创造性的措施推动发展。坚持解放思想。彻底打破陈旧观念和固有思想的束缚，不断推动思想再解放、理念再更新。在发展理念上实现新转变，进一步克服简单以生产总值增长率论英雄的倾向，始终坚持以提高经济发展质量和效益为中心；在发展定位上实现新转变，进一步摆脱过于看重经济总量排名的纠结，努力推动全面协调可持续发展；在发展动力上实现新转变，进一步改变过于依赖资源扩张规模的增长模式，把改革创新贯穿经济社会发展各个领域和全过程；在发展途径上实现新转变，进一步扭转产业结构偏重、层次偏低的状况，坚决打好转方式、调结构攻坚战；在考核导向上实现新转变，进一步防止过于偏重依靠生产总值增长率和显绩识别干部的现象，用科学的政绩考核“指挥棒”推动发展。坚持依法行政。加强法治政府建设，不断提高运用法治思维和法治方式解决问题的能力。更加自觉地接受市人大的法律监督、市政协的民主监督，认真办理人大代表建议、政协提案。充分发挥市长公开电话、市长信箱、电视问政、政风行风热线等互动平台的作用，及时回应群众诉求、解决实际问题。坚持转变作风。深入开展群众路线教育实践活动，真诚倾听群众呼声，真实反映群众愿望，问政于民、问计于民、问需于民。狠抓工作落实，敢于担当、勇于担险，努力把问题解决在一线、工作完成在一线。严格执行中央“八项规定”，坚决反对“四风”，严格落实党风廉政建设责任制，加强廉政风险防控管理，时刻保持清正廉洁的本色，全面建设为民务实清廉政府。

各位代表，富民强市责任重大，美好前景催人奋进。让我们在市委的坚强领导下，激发争先进位的昂扬斗志，凝聚跨越发展的强大合力，坚定信心、奋力拼搏，开拓进取、扎实苦干，不断开创各项工作新局面，为加快建设幸福滕州、早日建成“区域性中心城市”而努力奋斗！

滕州市 2013 年
国民经济和社会发展统计公报

滕州市统计局

（2014 年 3 月 18 日）

2013 年，面对复杂严峻的宏观形势，全市上下始终坚持发展不动摇，瞄准建设区域性中心城市和争当全省县域经济发展排头兵的目标定位，科学应对、积极作为，凝心聚力、攻坚克难，经济社会发展呈现出“逆势增长、晋位升级、重点突破、亮点纷呈”的良好态势，建设幸福滕州取得全新进展。

一、综合

经济运行稳中向好。初步核算，全市生产总值（GDP）902.64 亿元，按可比价格计算，比上年增长 10.4%。其中，第一产业增加值 71.87 亿元，增长 3.3%，对经济增长贡献率 2.4%；第二产业增加值 481.51 亿元，增长 12.5%，对经济增长贡献率 69.0%；第三产业增加值 349.26 亿元，增长 8.5%，对经济增长贡献率 28.6%。三次产业比例为 8.0:53.3:38.7。人均生产总值 54237 元，增长 9.6%，按年均汇率折算为 8757 美元。税收收入占 GDP 比重为 9.5%，同比下降 0.1 个百分点；财政收入占 GDP 比重为 6.8%，同比提高 0.3 个百分点。

图1：2008年-2013年GDP及其增长速度

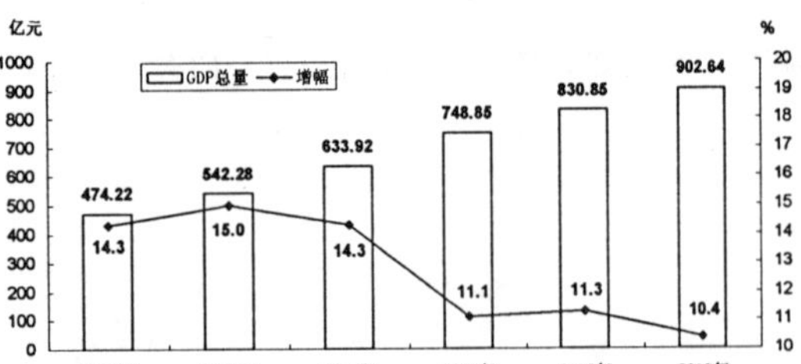

民营经济健康发展。非公有（民营）单位户数 9.18 万户，增长 13.4%，其中个体工商户 8.25 万户，增长 12.7%，私营企业 9156 个，增长 19.6%；从业人员 35.77 万人，增长 6.9%；注册资金 250.75 亿元，增长 14.8%；纳税额 55.07 亿元，增长 4.3%。

用电量平稳增长。全社会用电量 58.38 亿千瓦时，增长 8.4%，全部工业用电量 44.92 亿千瓦时，增长 8.0%。滕州供电公司售电量 26.12 亿千瓦时，增长 8.3%，其中，农业生产用电 1.01 亿千瓦时，增长 2.7%；一般工商业用电 6.21 亿千瓦时，增长 13.9%；大工业用电 12.57 亿千瓦时，增长 5.5%；居民生活用电 6.32 亿千瓦时，增长 13.2%。

市场物价指数略有回落。居民消费价格总指数（CPI）101.8%，比上年回落 0.1 个百分点，其中食品类 105.0%、医疗保健及个人服务类 101.4%、居住类 101.1%。工业品出厂价格指数(PPI)下降 1.8%，其中轻工业类上涨 0.5%、重工业类下降 2.8%。

经济开发区建设持续推进。基础设施建设投入 2392 万元，已利用土地 49 平方公里，其中工业用地 34 平方公里。引进项目 12 个，合同投资总额 58.95 亿元，入园企业达到 323 家。49 个在建项目完成固定资产投资 51.6 亿元。规模以上工业企业实现工业总产值 848.5 亿元、利税 83.1 亿元。在 134 家省级经济开发区发展综合评价中列第 8 位。

二、农业

农林牧渔业全面发展。农林牧渔业及其服务业总产值 132.7 亿元，增长 3.4%。其中，农业总产值 92.8 亿元，增长 3.5%；林业总产值 0.59 亿元，增长 4.3%；牧业总产值 26.37 亿元，增长 1.0%；渔业总产值 3.97 亿元，增长 4.0%。农林牧渔服务业总产值 8.98 亿元，增长 10.7%。

主要农产品产量稳中有增。粮食面积 169.04 万亩，总产量达到 88.15 万吨，增长 1.0%；植树造林 3884 公顷，增长 3.9%；全市森林覆盖率为 29.9%；肉类总产量 11.85 万吨，下降 4.8%；水产品产量 5.80 万吨，增长 3.6% 。

表1：2013年全市主要农产品产量

指标名称	计量单位	产量	比上年增长（%）
粮 食	万吨	88.15	1.0
#夏粮	万吨	42.18	0.2
秋粮	万吨	45.97	1.6
棉花	吨	1345	-19.9
油料	万吨	3.68	3.0
蔬菜	万吨	273.79	3.7
瓜类	万吨	6.53	-1.4
水果	万吨	5.74	3.4
生猪出栏	万头	60.31	3.3
家禽出栏	万只	4369.31	-9.3
肉类	万吨	11.85	-4.8
禽蛋	万吨	4.07	-2.8
奶类	吨	1096.1	-18.9
水产品	万吨	5.8	3.6

表2：2013年全市主要工业产品产量

指标名称	计量单位	产量	比上年增长（%）
原煤	万吨	486.5	11.9
白酒	万千升	0.4	12.8
啤酒	万千升	13.8	43.5
卷烟	亿支	115	4.5
纱	万吨	6.7	-9.1
布	亿米	2.1	-2.3
机制纸及纸板	万吨	15.4	-22.9
焦炭	万吨	231.8	13
纯苯	万吨	12	3.8
精甲醇	万吨	135.4	42.4
合成氨	万吨	40	-6.8
化肥（折纯）	万吨	31.7	-5.8
水泥	万吨	209	1.4
平板玻璃	万重量箱	1620	21.3
金属切削机床	万台	3	-11.1
发电量	亿千瓦小时	57.3	-0.3

农业现代化水平提高。年末耕地灌溉面积达到74.65千公顷。农业机械总动力170.16万千瓦，增长9.24%；农用排灌动力机械3.43万台，增长1.8%；联合收获机3772台，增长9.2%；全市机播面积116.43千公顷，其中小麦机播面积55.9千公顷。农用塑料薄膜使用量0.3万吨，增长1.6%；农用化肥（折纯）施用量12.31万吨，增长0.3%。全年共流转土地28.6万亩，比上年增加6万亩，其中出租4.46万亩、互换1.61万亩。新发展农民专业合作社259家，总数达到1199家；创建国家级示范社2家，省级示范社11家。

三、工业和建筑业

工业生产稳步提升。全年新增规模以上工业企业58家，消减24家，总数达到484家，实现增加值同比增长12.4%。按所有制分，国有及国有控股企业增长3.6%，集体企业下降4.5%，股份制企业增长13.5%，外商及港澳台商投资企业增长5.7%，私营企业增长12.1%；按轻重工业分，轻工业增长10.8%、重工业增长12.7%；按隶属关系分，中央省属企业增长2.8%，滕州市属企业增长12.6%，其中市直企业增长10.8%，镇街企业增长12.9%。

经济运行质量较高。全市规模以上工业企业主营业务收入、利税、利润分别实现1370.7亿元、146亿元、78.7亿元，分别增长10.0%、16.9%和21.3%。其中，机械机床、煤化工、新型建材、能源、食品医药、轻纺六大等支柱产业主营业务收入、利税分别实现1220.4亿元和130.5亿元，分别增长9.3%和18.4%，分别占全市规模以上工业经济总量的89.04%和89.5%。

骨干企业群体壮大。全年主营业务收入5-10亿元企业6家，主营业务收入10-20亿元企业达到7家，主营业务收入过20亿元企业1家。

技术创新和产业转型升级加快。全年共实施技术创新项目280项，完成226项。年末全市拥有省级行业技术中心1家、省级企业技术中心22家、枣庄市级企业技术中心81家。新增枣庄市级以上工程技术研究中心6家，总数达到44家，其中省级10家；新增国家高新技术企业7家，总数达到39家；高新技术产业企业发展到94家，高新技术产业产值占规模以上工业总产值的比重为21.38%，比上年提高1.39个百分点。

建筑业快速发展。资质以上建筑业95家，完成建筑业总产值175.93亿元，增长33.9%。其中，建筑工程完成产值154.13亿元，安装工程完成产值15.92亿元，其他产值5.89亿元，分别增长33.3%、26.5%、34.2%。一级资质建筑业企业14家，完成建筑业总产值90.94亿元，占建筑业总产值51.69%。全年房屋建筑施工面积1524.46万平方米，其中住宅面积340.78万平方米。

四、固定资产投资和房地产

固定资产投资较快增长。固定资产投资完成457.1亿元，增长21%。其中，第一产业投资完成5.4亿元,增长20.1%；第二产业投资完成220.5亿元,增长17.8%，其中工业投资完成200.4亿元，增长15.6%；第三产业投资完成231.2亿元，增长24.5%，三次产业投资比例由去年同期的0.7:49.9:49.4调整为1.2：48.2：50.6。

房地产市场产销两旺。房地产开发投资完成85.4亿元，增长40.7%，其中住宅投资完成63.4亿元，增长36.4%。房地产投资占第三产业投资的比重达37%，成为拉动服务业投资快速增长的重要力量。房地产施工面积848.7万平方米，增长18.1%；销售面积141.5万平方米，增长45.1%；销售额55.8亿元，增长43.2%。

保障性安居工程全面开工。开工建设各类保障性住房1485套，其中经济适用房550套，棚户区改造935套，开工率100%。保障性安居工程住房竣工509套，住房竣工面积28500平方米。

重点项目建设加速推进。开工建设重点项目98个，完成投资320亿元，24个项目列入枣庄市重点，国家级食品安全检测中心及专供市场项目列入省重点。兖矿鲁化丁醇及聚甲醛、威智药业等51个项目竣工或部分竣工，联想控股滕州化工基地、滕州（义乌）真爱商城、红星美凯龙全球家居生活广场等41个项目顺利推进。

五、国内贸易

消费品市场稳步增长。社会消费品零售总额282.9亿元，比上年增长13.7%。其中，批发和零售业消费品零售额228亿元，增长15.3%；住宿和餐饮业零售额54.9亿元，增长9.4%。城镇消费品零售额234.3亿元，增长14.1%；乡村消费品零售额48.6亿元，增长12.9%。

基本生活类销售旺盛。限额以上企业粮油、食品、饮料、烟酒类实现零售额21.5亿元，增长28.7%；服装、鞋帽、针纺织品类实现零售额5.8亿元，增长17.8%；中西药品类实现零售额3.5亿元，增长12.4%。

六、招商引资和对外经济

招商引资成效明显。引进各类外来投资项目396个，其中，过亿元项目91个。实际利用市外资金446.4亿元，增长20.3%。其中，实际利用境外资金5560万美元。全市新批外商直接投资项目2个，合同利用外资1370.4万美元。

对外贸易稳步推进。进出口总额46708万美元，增长14.6%，其中出口33719万美元，下降1.3%；进口12989万美元，增长96.9%。

对外合作平稳增长。对外承包劳务营业额完成3200万美元，外派劳务实现1040人次，分别增长13%、5%。

七、交通运输、邮政电信和旅游

交通运输业稳步发展。公路通车总里程3343.7公里，其中，高速公路59.9公里、国省道238公里、农村公路3045.8公里。年末机动车保有量223888辆，其中汽车126677辆。营运性汽车13519辆，其中，班车客运客车427辆、包车客车41辆、出租车706辆、公交车646辆、普通载货汽车11134辆、专用载货汽车565辆。公路客运量2874万人，旅客周转量195895万人公里，分别增长4.47%和3.41%；公路货运量8940万吨，货物周转量835098万吨公里，分别增长1.7%和4.9%。实施公交IC卡“一卡通”工程，新增、更新公交车辆110部，开通滕州市区至微山湖湿地红荷景区旅游公交专线等3条城乡公交线路、龙阳至界河等6条镇（村）公交线路，实现了城乡公交车和镇（村）公交车的无缝接驳。

邮政电信业稳定增长。发送函件16.8万件、特快专递5.78万件、报刊杂志1239万份。年末固定电话用户23.28万户，下降3.4%；移动电话用户140.21万户，下降1.7%；互联网用户22.89万户，增长15.6%。

旅游业较快发展。成功创建全省首批首个省级优秀旅游城市，荣获全国最美生态旅游示范市、全国最佳生态宜居旅游名市、好客山东最美风景县等称号。齐鲁乡村逍遥游休闲汇、美丽中国乡村行山东乡村游采访活动启动仪式在我市举行，成功举办第十届中国（滕州）微山湖湿地红荷节、首届鲁班文化节。全年共接待国内游客1056万人次，增长12.8%，境外入境人数3.3万人次，增长27.1%，实现旅游创汇收入495万美元，增长32.5%，实现旅游综合收入60.3亿元，增长16.7%。

旅游景区建设提档升级。微山湖古镇、鲁班文化创意产业园、龙园古镇等景区建设扎实推进。共有国家A级景区 14 家，其中 4A 级 2 家、3A 级 7 家。全国农业旅游示范点 1 处、省农业旅游示范点 7 处、省休闲农业与乡村旅游示范点 1 处，省旅游强乡镇 7 个、省旅游特色村 5 个，省四星级农家乐 5 家、省三星级农家乐 10 家，三星级以上酒店 7 家，旅行社 20 家，特色旅游购物商店 41 家。

八、财政、税收和金融业

税收收入平稳增长。国地税收入完成 85.47 亿元，增长 4.6%。其中，国税收入 39.13 亿元，增长 2.0%；地税收入 46.35 亿元，增长 6.8%。

财政收支结构优化。境内财政收入 120.0 亿元，增长 6.9%；公共财政预算收入 61.01 亿元，增长 12.2%。其中，税收收入 47.83 亿元，增长 13.9%，占财政收入比重达到 78.40%，比上年提高 1.15 个百分点。公共预算财政支出 72.17 亿元，增长 9.6%。民生支出 36.2 亿元，增长 13.2%，占财政支出的比重为 50.2%。其中，社会保障和就业支出增长 31.0%、城乡社区事务支出增长 8.0%、教育支出增长 6.1%、医疗卫生支出增长 3.9%。

货币信贷稳健运行。全市金融机构 10 家，年末各项存款余额 420.44 亿元，比上年增长 7.3%，较年初增加 28.72 亿元，其中储蓄存款 302.80 亿元，比上年增长 15.5%，较年初增加 40.67 亿元。年末各项贷款余额 402.91 亿元，比上年下降 1.3%，较年初减少 5.19 亿元，其中，短期贷款 175.37 亿元，增加 0.84 亿元；中长期贷款 218.79 亿元，减少 5.49 亿元。

九、教育和科学技术

教育事业协调发展。拥有各级各类学校 272 所，教师 14225 人，在校学生 18.91 万人。其中，普通高等及高等职业学校 2 所，教师 536 人，在校学生 1.7 万人；普通中学 46 所，教师 6512 人，在校学生 8.43 万人；小学 223 所，教师 7148 人，在校学生 8.78 万人。拥有幼儿园 214 所，教师 1526 人，在校幼儿 2.98 万人。本科录取 6198 人，录取率达到 52.2%，考取北大、清华和国际名校 27 人，山东省理科状元、枣庄市文科状元均出自我市，实现了历史性突破。

科技产出成果显著。科技进步贡献率达到 58%以上。组织实施科技计划 215 项，其中列入国家、省、枣庄市科技计划 55 项。取得重要科技成果 196 项，获山东省科技进步三等奖 3 项，山东省软科学优秀成果三等奖 2 项、枣庄市科技进步奖 65 项，科技成果转化率达到 90%以上。申报专利 1267 项，其中发明专利 270 项，授权专利 910 项。全年实施国家专利技术 556 项。

十、文化、广电、卫生和体育

文化事业欣欣向荣。创作各类文艺作品 3000 余件，其中舞蹈《闯关东》、《运河绣娘》在第十届中国艺术节舞蹈比赛中双双荣获全国社会文化艺术最高奖“群星奖”。举办各类大型群众性文化活动 100 余次，观众 120 余万人次。各种艺术团体演出 500 余场，观众达 80 万人次。全年各类文化场馆免费接待国内外游客(读者) 130 余万人次。被命名为第四批“山东省民间文化艺术之乡”和首批“省级公共文化服务体系示范区”。

广播电视和报业健康发展。广播、电视综合人口覆盖率 100%，有线电视传送模拟 46 套、数字 89-164 套电视节目，有线电视用户 27.5 万户，其中数字电视用户 21.4 万户。《滕州日报》发行量达到 3.2 万份。

卫生服务水平稳步提升。共有各类医疗卫生机构 915 个，其中医院 22 处，卫生院 17 处，社区卫生服务中心 4 处，社区卫生服务站 15 处，村级卫生所 683 处。各类医疗卫生机构拥有床位 6285 张，其中医院床位 4655 张。卫生技术人员 9015 人，其中，执业医师及助理执业医师 2863 人。市中心人民医院晋升为三级甲等综合医院。

体育事业蓬勃发展。成功承办国家级赛事赛会 4 项，省级赛事赛会 3 项。举办全市性群众体育比赛活动 100 余次。荣获国家级金牌 2 枚，银牌 4 枚，铜牌 1 枚；省级金牌 5 枚，银牌 7 枚，铜牌 4 枚。在枣庄市八运会上我市代表团夺得金牌、总分双第一。全市体育协会发展到 22 个，体育俱乐部发展到 82 家，健身活动站点 1355 处。体彩站点达 140 家，体育彩票销售额达 1.197 亿元。

十一、城乡建设

城市档次品质不断提升。城区规划面积达 70 平方公里。城市道路 552.6 公里，绿化覆盖面积 17.98 平方公里。开工城市建设项目 195 个，完成投资 198 亿元。实施 20 条城市道路、4 座桥梁建设，完成 7 条背街小巷整治改造，新建 20 处林荫停车场。高标准实施杏坛广场、秀美荆河、小清河二期等城市绿化项目，全年新增绿化面积 100 万平方米。我市成为全省唯一跨入新四线城市的县级市。

城市服务功能进一步完善。总投资 3.65 亿元的南线高温热水工程全面启动。新增集中供热面积 100 万平方米。铺设天然气管网 77 公里，燃气普及率达到 99.77%。城市自来水供水能力14万立方米/日，年供水总量3601万立方米。投资1.6亿元，实施城区第三污水处理厂及城区配套管网建设，全年新增排水污水管网20公里，全年处理污水4618万吨，污水处理率达到94.96%。

新型农村社区建设稳步推进。全市累计实施农村住房建设项目32个，新开工面积40万平方米，竣工30万平方米，完成危房改造625户。全市35个乡村开展“美丽乡村”创建试点。滨湖镇、级索镇被确定为第二批省级“百镇建设示范行动”示范镇，木石镇确定为枣庄市级示范镇。城乡环卫一体化实现村居全覆盖，建成镇级垃圾压缩中转站42座，配备密闭式垃圾箱体1600余个，配置小型收集容器5.1万余个，创建枣庄市级示范村202个、标准村520个。顺利通过省级卫生城市复审。

十二、环境保护、气象和安全生产

环境质量进一步改善。全力打造城郭河流域生态修复体系，界河入湖口湿地等4处建成并通过验收，18个南水北调治污重点程中已完成13个。关停燃煤锅炉109台(套)，建设3条机动车尾气检测线，共检测车辆8万余辆。滨湖、柴胡店、东郭、大坞、姜屯等5个镇创建成国家级生态镇。开展饮用水水源地保护专项行动，取缔土小企业106家，关停畜禽养殖场13家。建设滕州市固体废弃物处理处置中心，创新了固体废弃物无害化处置的“滕州模式”。全年化学需氧量(COD)排放量削减2.25%，氨氮排放量削减2.06%，二氧化硫排放量削减5%，氮氧化物排放量削减5.62%，完成年度减排任务。

气候无极端异常变化。全年平均气温14.6℃，比上年提高0.3℃；累计降水802.9毫米，增加116.6毫米；累计日照2171.2小时，增加191.6小时。拥有区域自动站20个，土壤水分观测站4个，设施农业自动站2个。

安全生产稳中向好。发生各类安全事故125起，下降1.6%；死亡43人，下降2.3%，低于安全生产控制指标，全市安全生产形势持续稳定。

十三、人口、人民生活和社会保障

人口保持合理增长。年末，全市户籍总户数52.75万户，总人口169.3万人，其中，男性88.61万人，女性80.69万人。人口出生率11.1‰，死亡率5.8‰，自然增长率5.30‰。人口合法生育率达到88.8%。

居民收入水平不断提高。城镇居民人均可支配收入25238元，增长9.9%；人均消费性支出16201元，增长8.6%。农村居民人均纯收入12053元，增长13.4%，其中工资性收入6423元，增长11.5%；人均生活消费支出7125元，增长13.0%。农村居民每百户家庭拥有彩电113台、电冰箱84台、空调机53台、洗衣机89台、摩托车76辆、电动车103辆、电脑53台、固定及移动电话282部。

就业创业成效显著。培训就业5.29万人，组织劳务输转5.37万人，城镇新增就业1.85万人。安置“双零家庭”300户，实现了“动态消零”。城镇登记失业率控制在3%以内。进一步健全完善创业扶持体系，建立市镇两级创促组织，组织创业培训1618人，发放小额担保贷款539人、2774万元，扶持2500人成功创业、带动就业9800人。

社会保障体系日趋完善。企业社会保险扩面1.05万人，征收各类社会保险费18.23亿元，支付各项社会保险待遇16.8亿元，实现应保尽保。城乡居民养老保险参保74.5万人，共收缴养老保险费1.71亿元，发放养老金1.71亿元。新农合、社区卫生服务、基本药物制度实现全覆盖。

社会救助事业稳步发展。各类社会养老服务机构27个，拥有床位7370张，入住人数6788人。最低生活保障救济41325户、70888人，其中城市4023户、9053人，农村37302户、61835人，全年共发放最低生活保障金14130.1万元。农村五保供养8253人。

注： 1、本公报中数据均为初步统计数，部分数据为四舍五入数。

2、公报中GDP、各产业增加值绝对数按现行价格计算，增长速度按可比价格计算。

3、规模以上工业为全部年主营业务收入2000万元及以上的工业法人企业。

4、固定资产投资指计划总投资500万元以上项目在当年实际完成的固定资产投资额。

5、限额以上批发企业为年销售额在2000万元及以上的企业；限额以上零售企业为年销售额在500万元及以上的企业；限额以上住宿餐饮企业为年营业额200万元及以上的企业。

6、本公报中数据除市统计局提供外，城镇居民人均可支配收入和价格指数数据由国家统计局枣庄调查队提供，其它数据由市直相关主管部门提供。

2013年枣庄市国民经济和社会发展统计公报

枣庄市统计局

（2014年3月18日）

2013年，面对严峻复杂的宏观经济形势和沉重的经济下行压力，全市上下在市委、市政府的正确领导下，坚定不移地实施城市转型战略，坚持“项目兴市、工业强市、生态立市”不动摇，抢抓机遇，奋力攻坚，经济社会发展实现了稳中求进、稳中向好，提速转型、跨越发展迈出了坚实步伐。

一、综合

经济在转型升级中实现稳中求进。初步核算并经省统计局核定，全市生产总值（GDP）1830.63亿元，比上年增长10.1%。其中，第一产业增加值149.81亿元，增长3.3%；第二产业增加值1037.55亿元，增长11.4%；第三产业增加值643.27亿元，增长9.0%。人均生产总值48346元，增长9.4%。

图1：2012年以来各季GDP总量及其增幅（亿元，%）

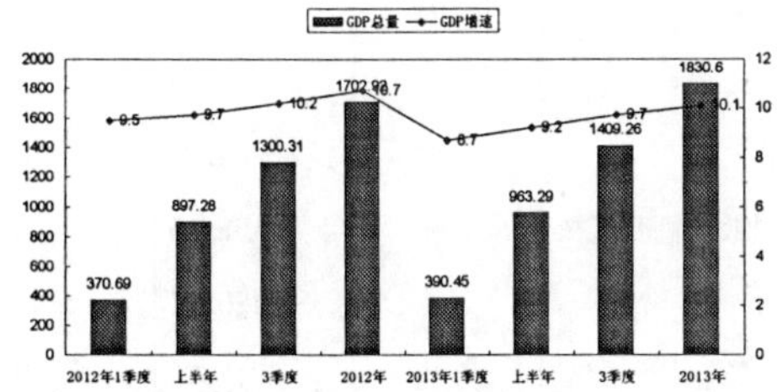

产业结构进一步优化。三次产业结构由2012年的7.81:58.21:33.98调整为8.18:56.68:35.14。

图2：2012年与2013年三次产业结构对比图（%）

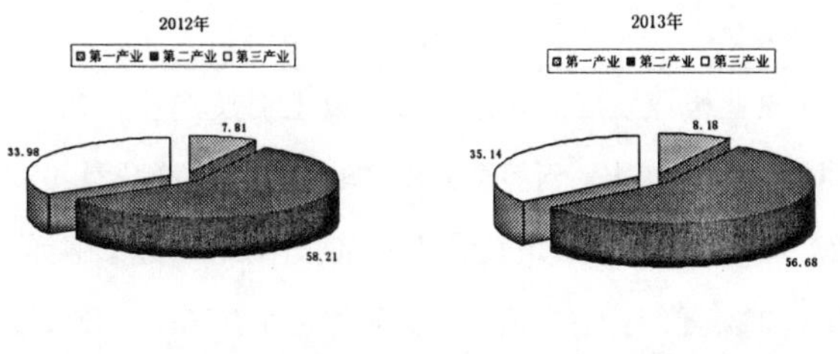

高新技术产业规模扩大。2013年，全市高新技术企业270家，比上年新增19家。全年实现高新技术产业总产值603.39亿元，增长15.3%，占规模以上工业总产值比重为17.4%，比上年提高1.93个百分点。

节能降耗工作成效明显。初步核算，万元GDP能耗降低率超额完成年度和进度目标任务。累计淘汰落后水泥生产线26条、产能260万吨。

城市化进程提速转型。年末城市化率达50.43%，比上年提高1.03个百分点。区域发展协调性增强。各区加快转型升级，滕州县域经济发展处于领先位置，经济总量、财政收入均列西部隆起带县（市、区）第1位。

就业形势基本稳定。城镇新增就业5.66万人，农村劳动力转移6.77万人，城镇登记失业率2.45%。

物价水平保持平稳。居民消费价格比上年上涨1.8%，涨幅较上年低0.1个百分点。工业生产者出厂价格下降1.8%。

表1：2013年居民消费价格指数（以上年为100）

指标名称	2013年	2012年
居民消费价格总指数	101.8	101.9
1、 食品	105.0	104.7
# 粮食	104.5	103.8
鲜菜	111.6	118.2
2、烟酒及用品	99.6	103.5
3、衣着	101.5	101.5
4、家庭设备用品及维修服务	96.7	101.9
5、医疗保健和个人用品	101.4	102.5
6、交通和通信	97.2	98.6
7、娱乐教育文化用品及服务	102.0	100.0
8、居住	101.1	100.1

图 3：2013 年各月居民消费价格指数（%）

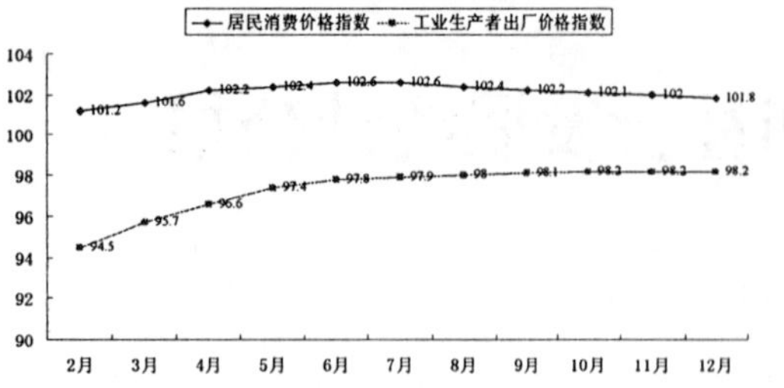

民营经济健康发展。非公有（民营）经济户数20.97万户，增长13.8%；从业人数75.71万人，增长6.2%；纳税额123.56亿元，增长0.6%，占税收总额的74.43%。

经济社会发展中存在的困难和问题有：经济总量依然较小，带动作用强的大企业、大项目较少；产业结构偏重、质效偏低的问题仍然存在，传统产业产能过剩，新兴产业支撑不足，服务业发展水平亟待提升，结构调整任重道远；城镇化质量、农业产业化水平还不高，统筹城乡发展的任务仍然艰巨；资源、环境等要素制约比较突出，市场化配置机制尚未完全形成；教育、医疗等基本公共服务供给不够均等，解决就业、社保等民生难题还要付出更大努力等等。

二、农林牧渔业

农林牧渔业持续增长。农业增加值108.71亿元，增长3.3%；林业增加值1.59亿元，增长10.6%；牧业增加值27.13亿元，增长1.6%；渔业增加值4.64亿元，增长4.7%。

主要农产品产量基本稳定。粮食作物种植面积400.57万亩，总产量171.20万吨，下降5.5%。植树造林17784公顷，年末林木蓄积量615万立方米，森林覆盖率34.1%；肉类总产量26.24万吨，下降1.2%；水产品产量9.29万吨，增长4.7%。

表2：主要农产品产量

指 标	单位	产 量	比上年（%）增长%
粮食	万吨	171.20	-5.5
棉花	吨	4940	-8.4
油料	万吨	9.56	2.8
蔬菜	万吨	452.77	2.6
瓜类	万吨	20.52	-0.9
水果	万吨	25.20	2.6
生猪出栏	万头	174.68	1.9
家禽出栏	万只	7575.05	-5.8
肉类	万吨	26.24	-1.2
禽蛋	万吨	11.21	-2.4
奶类	万吨	4.73	0.3
水产品	万吨	9.29	4.7

农业生产条件不断改善。农用机械总动力326.42万千瓦，增长5.6%。

三、工业和建筑业

工业生产增长平稳。规模以上工业企业1492家，比上年增加111家。其中，年主营业务收入过10亿元的企业16家，过50亿元的企业2家，过100亿元的企业1家。规模以上工业增加值增长12.2%。其中，轻工业增长11.5%；重工业增长12.4%，重工业快于轻工业0.9个百分点。

企业效益稳中向好。规模以上工业企业主营业务收入3580.70亿元，增长11.2%；利润189.24亿元，增长1.6%；利税356.37亿元，增长6.9%。

重点行业增势较好。化学原料和化学制品制造业、非金属矿物制品、纺织3大行业完成增加值增长14.3%，占规模以上工业的比重为24.0%，拉动规模以上工业增长3.3个百分点，拉动贡献率27.2%。通用设备制造、电器机械制造、专用设备制造3个行业完成增加值增长9.1%，占规模以上工业的比重为16.5%，拉动规模以上工业增长1.5个百分点，拉动贡献率13.8%。

主要产品产量增加。重点统计的工业产品达113种。服装、焦炭、甲醇、冰醋酸、数控金属切削机床等产品产量不断增加。

表3：工业主要产品产量

产 品	单位	产 量	增长%
原煤	万吨	-	3.7
纱	万吨	18.89	14.5
服装	万件	80664.25	3.6
机制纸及机制纸板	万吨	132.16	4.0
焦炭	万吨	426.57	24.10
水泥	万吨	2319.75	2.9
甲醇	万吨	139.25	41.0
冰醋酸	万吨	28.91	38.0
金属切削机床	台	109897	39.5
数控金属切削机床	台	27003	50.5
发电量	亿千瓦时	130.84	0.5

建筑业快速发展。年末三级及以上资质建筑企业228家，比上年增加6家。新签合同额316.83亿元，增长31.9%。完成产值277.49亿元，增长25.0%。完成增加值94.59亿元，增长10.3%。建筑业总产值超过亿元的企业有56家，产值过5亿元的企业9家，产值过10亿元的7家，占全部企业个数的比例分别为24.6%、3.9%和3.1%。

四、固定资产投资

固定资产投资较快增长。固定资产投资1238.2亿元，增长20.5%。

图4：2012年以来固定资产投资及其增幅（亿元，%）

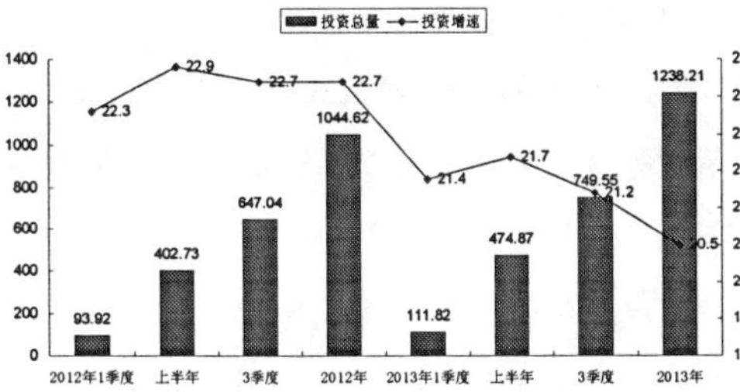

表4：2013年分行业固定资产投资及增长

行　业　名　称	2013 年	增长
合计	12382079	20.5
（一）农、林、牧、渔业	305687	152.7
（二）采矿业	169683	51.1
其中：煤炭开采和洗选业	49683	10.7
色金属矿采选业	-	-
非金属矿采选业	31752	-18
（三）制造业	4819691	10
其中：农副食品加工业	232780	18.7
酒、饮料和精制茶制造业	78182	89.6
纺织业	188076	22.6
纺织服装和服饰业	137969	5.4
家具制造业	25731	-35.6
文教体育用品制造业	87467	-15.6
化学原料及化学制品制造业	819731	39.4
医药制造业	118320	122.7
橡胶和塑料制品业	177528	-52.9
非金属矿制品业	571587	27.2
黑色金属冶炼和压延加工业	102662	93.7
金属制品业	161951	-29.2
通用设备制造业	535066	2.9
专用设备制造业	319925	-25.4
汽车制造业	93495	-43.4
电气机械及器材制造业	382204	-5.3
计算机、通信和其他电子设备制造业	165420	32.3
（四）电力、热力、燃气及水的生产和供应业	216907	1
（五）建筑业	598952	56.1
（六）批发和零售业	726352	37.5
（七）交通运输、仓储和邮政业	320148	-17
（八）住宿和餐饮业	297417	-32.4
（九）信息传输、软件和信息技术服务业	13250	-41.9
（十）金融业	25697	277.9
（十一）房地产业（不含房地产开发）	783225	23.6
（十二）租赁和商务服务业	343321	435
（十三）科学研究和技术服务业	102966	401.5
（十四）水利、环境和公共设施管理业	741134	-8.6
（十五）居民服务和其他服务业	86699	-16.8
（十六）教育	184367	175.4
（十七）卫生和社会工作	131244	263.5
（十八）文化、体育和娱乐业	188464	33.3
（十九）公共管理和社会组织	123318	-34.5

投资结构不断优化。第一产业投资24.1亿元，增长135.1%；第二产业投资579.3亿元，增长17.3%；第三产业投资634.8亿元，增长21.7%，高于投资增幅1.2个百分点，且占全部投资比重超过50%。

重点项目建设加快推进。累计新开工投资过亿元项目144 个，其中投资过 10 亿元大项目 11 个。全市 100 个重点项目入库的 76 个，完成投资 212.51 亿元。一批重大产业、民生、环保项目顺利建成或加快推进。

房地产市场运行平稳。房地产开发投资220.4亿元，增长23.4%。房屋施工面积2135.8万平方米，竣工面积273万平方米。销售新建商品住宅283.3万平方米，增长34.9%；销售额99.7亿元，增长39.3%。

保障性安居工程建设有序实施。全年已开工建设各类保障性住房6175套，完成目标任务的101.9%。其中，新开工保障性住房1890套，新开工棚户区改造住房4285套，全年保障性安居工程竣工住房23814套。

五、国内贸易

消费品市场运行平稳。社会消费品零售总额 627 亿元，增长 13.5%。分区域看，城镇零售额 455.1 亿元，增长 15.0%；乡村 171.9 亿元，增长 9.7%。分限额看，限额以上 296.8 亿元，增长 19.5%；限额以下 330.2 亿元，增长 1.1%。

图5：2012年以来社会消费品零售总额及其增幅（亿元，%）

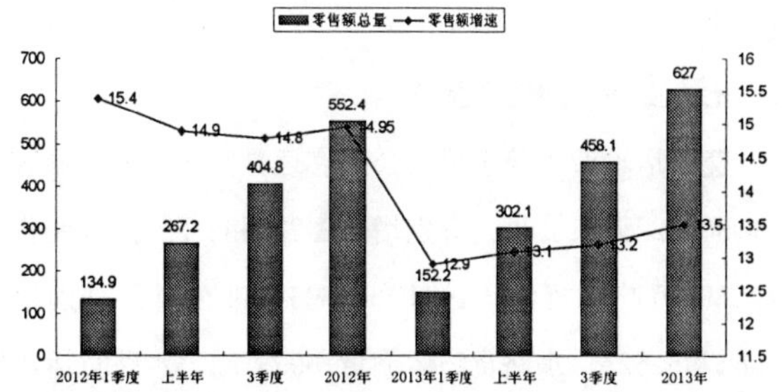

热点商品销售良好。限额以上法人企业实现汽车类零售额 43.7 亿元，增长 16.7%；服装鞋帽针纺织品类增长 3.6%；化妆品类增长 10.3%；金银珠宝类增长 39.6%；建筑及装潢材料类增长 33.8%；家用电器及音像器材类增长 13.6%；家具类增长 21.2%。

六、对外经济

招商引资成果进一步扩大。全市 189 个新建外来固定资产投资 5000 万元以上项目到位资金 150.4 亿元。新建外来固定资产投资 5000 万元以上项目中，机械制造产业集群项目 38 个，战略性新兴产业集群项目 25 个，现代服务业项目 45 个。

外贸发展质量进一步提升。进出口 125133 万美元，增长 10.7%。其中，出口 94656 万美元，增长 0.8%；进口 30477 万美元，增长 59.1%。进口天然橡胶 12329 万美元，占进口总额的 40.5%。化工、机电、高新技术产品分别出口 28108 万美元、15084 万美元、5613 万美元，合计占出口总额的 51.6%。玻璃、肥料、玩具等出口增势强劲，分别增长 122.4%、27.4%、16.0%。有进出口实绩企业 310 家，其中进出口过千万的企业达 25 家。开展进出口贸易的国家和地区达 145 个，对土耳其、俄罗斯、非洲、南美洲出口分别增长 74.1%、43.9%、27.5%、22.2%。对美国和欧洲分别增长 4.7%、8.1%。

实际到账外资稳步增长。全市实际到账外资 15850 万美元，增长 11.3%。新批外资项目 11 个，合同外资 7952 万美元。香港投资仍占主导地位。引进香港投资项目 5 个，实际到帐 10412 万美元，占实际到帐外资总量的 65.7%。离岸服务外包业务执行额 467 万美元，承接离岸服务外包来源地主要是美国和加拿大。

对外经济合作迈出新步伐。对外承包工程合同额 7748 万美元，增长 13.9%。完成对外承包劳务营业额 5013 万美元，增长 4.7%。新设立境外投资企业 5 家，是近年来设立境外企业最多的一年，实现境外投资 5393 万美元，投资分布区域是加拿大、美国、莫桑比克、巴基斯坦，涉及能源资源开发、文化贸易、批发零售业，对外承包工程和境外投资带动出口 700 万美元。

七、交通、邮电和旅游

交通运输业平稳发展。公路客运量7736万人，旅客周转量508622万人公里，分别增长2.23%和2.25%；公路货运量22894万吨，货物周转量2662805万吨公里，分别增长0.88%和5.52%。水路货物运输量1009万吨，水路货运周转量454885万吨公里，分别增长2.96%和2.12%。港口货物吞吐量2465.4万吨，增长16.26%。

民用汽车拥有量增加。民用汽车39.73万辆，增加2.71万辆。其中当年新注册4.26万辆；属于个人拥有34.70万辆，其中轿车21.91万辆；载客汽车31.92万辆，载货汽车6.03万辆；营运性汽车5.54万辆，其中载客汽车0.49万辆，载货汽车3.79万辆。

稳步推进交通基础设施建设。交通基础设施完成固定资产投资12.76亿元。年末公路通车里程达到8007公里（包括村道），其中，高速公路163.7公里。

邮政通信业稳步发展。邮政业务总量 1.42 亿元，增长 15%。电信业务总量 5.42 亿元，下降 5%；固定电话用户 65.68 万户，下降 1.9%。移动电话业务总量 50.90 亿元，增长 4.8%；移动电话用户 345.06 万户，增长 8.8%。

旅游业发展取得新突破。共接待国内游客1540.39万人次，增长13.51%；国内旅游收入111.12亿元，增长16.83%；入境游3.15万人次，其中外国人1.21万人，港澳台同胞1.94万人；旅游创汇770万美元。

八、财税、金融和保险业

财政收入平稳增长，财政支出向民生倾斜。公共财政预算收入130.72亿元，增长6.4%。公共财政预算收入占GDP的比重为7.1%，比上年提高0.3个百分点。公共财政预算支出207.80亿元，增长11.0%。其中，文化体育与传媒、节能环保、城乡社区事务、农林水事务、社会保障和就业等民生类支出分别增长77.2%、23.0%、27.9%、15.5%和26.4%，增幅均高于总支出增幅。

图 6：2012 年以来地方财政一般预算收入及增幅（亿元）

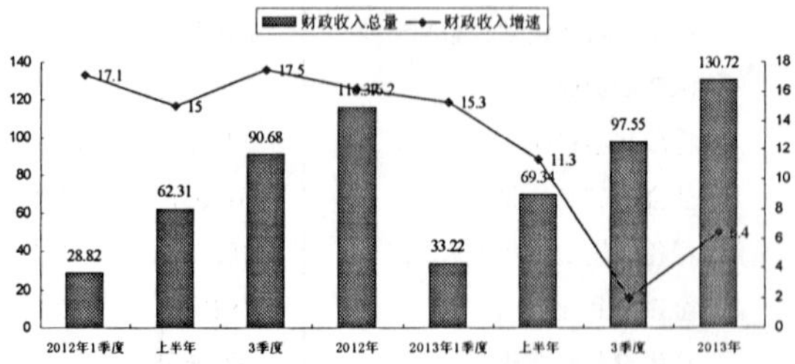

税收收入继续增加。国、地税收入166.0亿元，增长2.5%。其中，国税收入70.47亿元，下降2.2%；地税收入95.53亿元，增长6.3%。税收占GDP的比重9.1%，比上年下降0.4个点。

金融信贷规模扩大。年末金融机构本外币存款余额1249.85亿元，增加102.88亿元。其中，本外币储蓄存款余额781.64亿元，增加86.28亿元。年末各项本外币贷款余额975.08亿元，增加53.70亿元。

保险业稳步发展。实现保费收入43.51亿元，增长33.6%。其中财产险收入9.94亿元，增长9.8%；人身险收入33.57亿元，增长42.7%。支付赔款给付8.96亿元，增长43%。

九、科技和教育

科技事业取得新突破。获得省科技进步奖三等奖5项；获得省软科学优秀成果奖7项，其中一等奖1项、三等奖6项。取得市科技进步奖120项。鲁南技术市场完成技术合同登记385项，技术交易额突破5亿元，是上年的1.67倍。2013年推荐认定省级工程技术研究中心4个，新认定市级工程技术研究中心19个；新增省级院士工作站2个，新增技术创新战略联盟1个。

专利申请和授权数量基本稳定。专利申请3466件，增长15.6%，其中工业企业专利申请量1594件，增长12.2%；发明专利申请量997件，下降7.14%。专利授权量3084件，增长14.2%，其中工业企业专利授权量2084件，增长13.8%；发明专利授权量62件，增长0.5%。

教育事业全面发展。普通高等学校招生8820人，毕业7432人，在校生22605人。普通中等职业学校招生18275人，毕业14041人，在校生46565人。普通中学招生66238人，毕业70684人，在校生203087人，初中入学率100%，义务教育巩固率达98.89%。小学招生54542人，毕业41581人，在校生274379人，学龄儿童入学率100%。幼儿园在园儿童9.86万人。

十、文化、广播、卫生和体育

文化、档案、新闻出版稳定增长。艺术表演团体2个、文化馆7个、公共图书馆7个、博物馆13个、电影放映单位9个、档案馆8个，向社会开放档案卷数78650卷。

广播影视事业更加繁荣。拥有广播电台1个，电视台1个，中波转播台1座，电视转播台1座。广播综合人口覆盖率为96.6%，电视综合人口覆盖率为91.86%，有线电视传送模拟46套、数字146套电视节目，有线电视用户达46.1万户。

卫生服务水平不断提高。卫生机构2416个，床位16084张，卫生技术人员数27343人，其中执业医师6532人，执业助理医师7715人。乡镇卫生机构47个，床位2773张，卫生人员3715人。

体育事业蓬勃发展。共举办各类比赛113项，其中，国际级赛事2项、国家级赛事24项，省级赛事12项。成功举办了枣庄市第八届运动会。由我市创编的第四套健身秧歌被命名为山东省市级全民健身精品活动。投入600万资金对老城体育中心进行了大规模维修改造；农民体育健身工程覆盖到2669个村居；新城体育中心建设有序推进。

十一、城乡建设

城市服务功能明显提升。城市基础设施建设完成投资46亿元，比上年增长10.3%。新增道路面积130万平方米，新增绿地面积225公顷，新增供热面积661万平方米，新建改造城市供水管网60公里、燃气管网149公里、热力管网93公里。置换完成天然气用户13232户，城市燃气普及率达到99.5%、供水普及率达到99.5%。全市新增污水管网82公里，9座城市污水处理厂处理污水12208万吨，城市污水集中处理率达到93.5%。

新城建设成效显著。围绕增强大新城的承接、辐射和带动功能，新城各项设施建设顺利推进，总投资约118.3亿元，年度计划完成投资24.6亿元，实际完成投资约29.69亿元。围绕提升新城区人居环境，逐步形成布局合理、功能完备、安全可靠的基础支撑体系，让枣庄变得更加宜居。

农房建设与危房改造稳步推进。启动农房集中连片建设改造项目50个，启动绿色农房建设试点100户，新建农房2.08万户，改造危房2672户。

十二、环境和安全生产

水环境质量稳步改善。全市7条主要河流稳定达到南水北调调水水质标准，淮河流域"十二五"规划项目完成率达到70%。先后对142家工业企业点源实施限期治理，污水处理能力提升到56万吨/日，所有城市污水处理厂全部达到一级A排放标准，污泥日处理能力达到2000吨，再生水利用规模达到28万吨/日，建成截污导流工程7个，年拦蓄回用中水3182.9万吨。

空气环境质量趋稳向好。一些主要污染物如PM2.5、SO2、NO2浓度高于全省平均，全年改善幅度位居全省前列，蓝天白云天数达到144天，位居全省第八。先后对34家企业下达了限期治理脱硝任务，滕州新源热电有限公司等12家企业的21条生产线建成烟气脱硝设施并投入运行；华电十里泉发电厂等9家企业的18条生产线烟气脱硝工程正在建设。全市45家企业的露天物料堆场建设了14万平方米防风抑尘网（墙）或围挡。全市建成11家机动车环保检验机构，年检测机动车22.3万辆，合格20.1万辆，合格率90.9%。

生态枣庄建设稳步推进。滕州市柴胡店镇等12个乡镇被命名为国家级生态镇，全市82%以上（38个）的乡镇建成了省级以上国家级生态镇。滕州市经济开发区生态工业园创建试点稳步扎实推进。山东省滕州瑞达化工有限公司等11家企业通过了省清洁生产绩效考核。市中区逸夫小学等4所学校被评为省级绿色学校，市中区十电社区、滕州滨江花苑社区被评为省级绿色社区，滕州微山湖红荷湿地获首批全国环境教育基地称号。

全社会用电量增加。全社会用电量128.42亿千瓦时，增加8.01亿千瓦时，增长6.65%。

安全生产持续向好。共发生各类生产安全事故555起，下降10.19%；死亡130人，下降3.7%。

社会治安形势稳定。刑事案件立案件数11364件，破获各类刑事案件27146起，受理社会治安案件32327起。

十三、人口、人民生活和社会保障

人口保持低速平稳增长。年末全市公安户籍总人口396.0万人，其中，男性206.5万人，女性189.5万人。年末常住人口380.1万人。出生人口44903人，出生性别比115.9。出生率11.35‰，死亡率5.63‰，自然增长率5.72‰。

居民收入稳步增加。城市居民人均可支配收入25238元，增长9.9%；人均消费性支出16201元，增长8.6%，城市居民恩格尔系数（食品支出占消费性支出的比重）32.8%。农民人均纯收入10878元，增长13.2%；人均生活消费支出6787元，增长20.3%，农村居民恩格尔系数34.0%。

表5：每百户城乡居民主要耐用消费品拥有量

名　称	城市	农村
彩　电	126	99
摩托车	30	64
家用电脑	93	42
洗衣机	115	89
照相机	65	7
电冰箱	99	75
家用汽车	27	10
空调器	137	44
淋浴热水器	100	80
移动电话	248	206

社会保障体系日趋完善。城镇基本医疗保险覆盖率97%，参加失业保险职工人数36.5万，领取失业保险金人数10004人；参加养老保险职工人数577068人，参加养老保险的离退休人员118735人；参加基本医疗保险的职工人数56.43万人，参加基本医疗保险的离退休人员12.5万人；提供公益性岗位1823人，灵活就业人员8474人。民办非企业单位人员3157人；各类福利院床位数21511张；福利院收养人数18675人；城镇各种社区服务设施和服务中心2616个；得到最低生活保障救济人数178635人；接受社会捐赠2880.3万元；筹集社会福利资金4864万元。

注：1、GDP为初步核算数，部分数据为快报数。

2、GDP、各产业增加值绝对数按现行价格计算，增长速度按可比价格计算。

3、规模以上工业为全部年主营业务收入2000万元及以上的工业法人企业。

4、规模以上固定资产投资指计划总投资500万元以上项目在当年实际完成的固定资产投资额。

5、限额以上批发企业为年销售额在2000万元及以上的企业；限额以上零售企业为年销售额在500万元及以上的企业；限额以上住宿业为星级宾馆、饭店；限额以上餐饮业为年销售额200万元及以上的企业。

6、粮食种植面积及产量来源于国家统计局枣庄调查队。

2013年山东省
国民经济和社会发展统计公报

山　东　省　统　计　局
国家统计局山东调查总队
2014年2月28日

2013年，全省人民在省委、省政府的正确领导下，坚持以科学发展观为指导，积极应对复杂严峻的国内外环境，全面贯彻落实中央宏观调控各项措施，紧紧围绕主题主线，以提高经济增长质量效益为中心，积极作为、改革创新，全省经济呈现稳中有进发展态势，物价水平总体稳定，民生持续得到改善，社会事业全面进步，经济文化强省建设迈出新步伐。

一、综　合

经济运行稳中有进。初步核算，全省实现生产总值(GDP)54684.3亿元，按可比价格计算，比上年增长9.6%。其中，第一产业增加值4742.6亿元，增长3.8%；第二产业增加值27422.5亿元，增长10.7%；第三产业增加值22519.2亿元，增长9.2%。产业结构调整稳步推进，三次产业比例由上年的8.6:51.4:40.0调整为8.7:50.1:41.2。人均生产总值56323元，增长9.0%，按年均汇率折算为9094美元。

就业形势基本稳定。城镇新增就业119.98万人，新增农村劳动力转移就业133.3万人。失业人员再就业55.5万人，其中，困难群体再就业11.7万人，零就业家庭全部实现动态消零。城镇登记失业率为3.24%，低于4%的全年控制目标。

图1　2008-2013年全省生产总值及增长速度

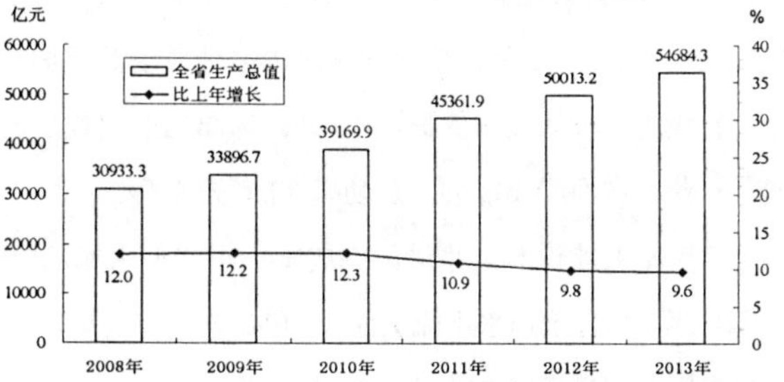

物价水平总体平稳。居民消费价格总水平上涨2.2%。其中，城市上涨2.1%，农村上涨2.5%；服务项目价格上涨1.8%，消费品价格上涨2.4%。农业生产资料价格上涨1.2%。工业生产者出厂、购进价格均下降1.6%。固定资产投资价格上涨0.4%。

图2　2013年各月居民消费价格指数（以上年同期为100）

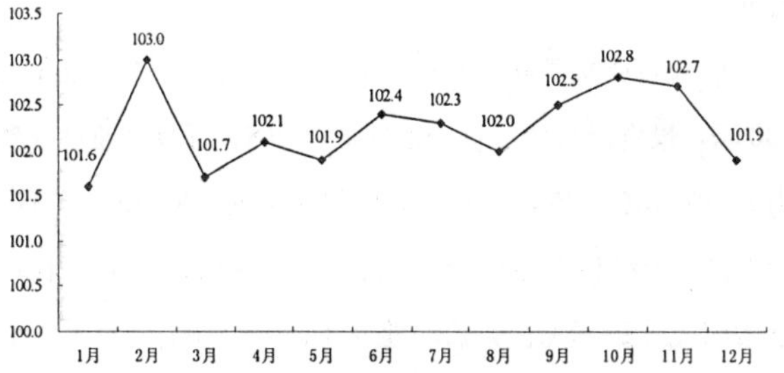

表1　2013年居民消费价格指数(以上年为100)

指　　标	全省	城市	农村
居民消费价格指数(CPI)	102.2	102.1	102.5
食品	104.8	104.3	105.8
粮食	107.3	106.3	109.6
油脂	102.6	103.3	101.6
肉禽及其制品	103.2	103.4	102.8
蛋	102.2	101.2	103.7
鲜菜	109.3	107.6	113.6
烟酒	100.3	100.3	100.2
衣着	103.3	103.4	102.7
家庭设备用品及维修服务	100.3	100.5	99.9
医疗保健和个人用品	101.0	100.8	101.5
交通和通信	99.3	98.8	100.3
娱乐教育文化用品及服务	101.3	101.4	101.0
居住	101.4	101.5	101.0

区域经济协调发展。山东半岛蓝色经济区实现生产总

值 25728.8 亿元，对全省经济增长的贡献率为 46.4%；黄河三角洲高效生态经济区、西部经济隆起带发展加快，分别实现生产总值 7985.2 亿元、16173.2 亿元，增速均超过全省 1.3 个百分点；省会城市群经济圈实现生产总值 19459.8 亿元，对全省经济增长的贡献率为 33.9%。县域经济实力不断壮大。公共财政预算收入过 10 亿元的县（市、区）达到 112 个，比上年增加 18 个。其中，过 50 亿元、80 亿元、100 亿元的县（市、区）分别达到 20 个、5 个和 2 个。

*市场主体增势良好。*年末实有各类市场主体 412.6 万户，比上年增长 12.1%；注册资本（金）49768.6 亿元，增长 20.7%；户均注册资本（金）120.6 万元。其中，年末实有各类企业 90.5 万户，增长 11.3%；注册资本（金）46338.4 亿元，增长 18.7%；户均注册资本（金）511.9 万元。

*重点领域改革稳步推进。*省政府取消和下放审批事项 230 项，投资项目省级核准事项减少 40%，行政事业性收费由 87 项缩减为 25 项。省以下财税关系进一步理顺，“营改增”试点为纳税人减负 45 亿元。地方金融机构改革和民间金融阳光化进程加快，启动建立了地方金融监管体系。农村土地承包经营权确权登记颁证试点顺利开展。整合城乡居民基本医疗保险意见已颁布，率先以省为单位推行新农合大病保险，30 个县级公立医院综合改革试点工作稳步推进。

*经济社会发展中存在的主要困难和问题：*经济稳中向好发展的基础尚不够稳固，转型升级任务较为艰巨，生态环境压力依然较大，区域协调发展水平和民生保障水平有待进一步提高。

二、农林牧渔业

*农林牧渔业稳定发展。*农业增加值 2649.0 亿元，比上年增长 4.3%；林业增加值 84.8 亿元，增长 8.8%；牧业增加值 975.1 亿元，增长 1.9%；渔业增加值 857.1 亿元，增长 3.0%。

*主要种植业产品质量提升。*粮食总产量 4528.2 万吨，比上年增长 0.4%，连续 11 年增产。果、菜标准化基地总面积 148.4 万公顷，无公害产地认定面积 113.7 万公顷。绿色食品原料产地环境监测面积 68.3 万公顷，增长 9.3%。“三品一标”（无公害农产品、绿色食品、有机农产品和农产品地理标志）产品 6100 个，新认证登记 835 个。

图3　2008-2013年粮食总产量

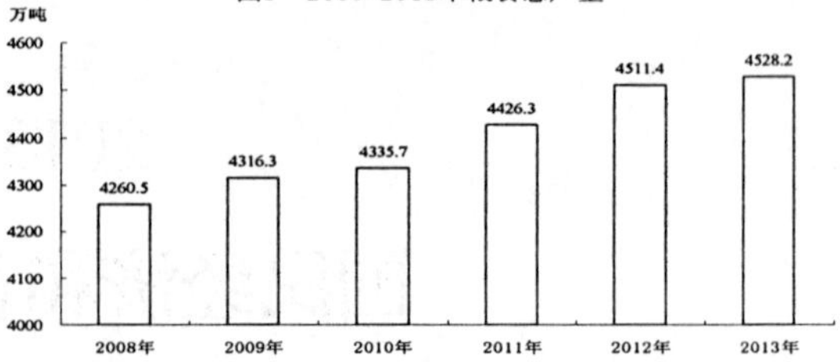

表 2　2013 年主要种植业产品产量及增长速度

产品名称	单位	产　量	比上年增长（%）
粮食	万吨	4528.2	0.4
夏粮	万吨	2219.4	1.8
秋粮	万吨	2308.8	-1.0
棉花	万吨	62.1	-11.1
油料	万吨	349.6	-0.4
蔬菜	万吨	9658.2	2.9
园林水果	万吨	1601.5	5.1

*林业生产稳固发展。*林地面积 331.3 万公顷，林木绿化率为 22.78%，活立木总蓄积 12360.7 万立方米。新增造林面积 22.0 万公顷，比上年增长 11.1%。完成水系绿化 12.6 万公顷。木材产量 464.0 万立方米。

*畜牧业生产基本稳定。*生猪存栏 2931.4 万头，增长 1.0%；生猪出栏 4797.7 万头，增长 4.3%；家禽存栏 62103.9 万只，下降 2.7%；家禽出栏 183726.7 万只，下降 2.5%。猪牛羊禽肉产量 763.3 万吨，增长 1.4%；禽蛋产量 396.2 万吨，下降 1.4%；牛奶产量 271.4 万吨，下降 4.4%。创建国家级、省级示范场分别为 24 个和 276 个。主要畜产品抽检合格率在 99%以上。

*渔业生产稳步增长。*水产品总产量（不含远洋渔业产量）851.9 万吨，比上年增长 2.8%。其中，海水产品产量 688.2 万吨，增长 2.3%；淡水产品产量 163.7 万吨，增长 5.1%。渔业资源修复养护力度加大，投放苗种 50.0 亿单位，建设人工鱼礁区 42 处，新建国家级水产种质资源保护区 5 处，省级水产种质资源保护区 10 处。远洋渔业快速发展，拥有专业远洋渔船 402 艘，总功率 39.0 万千瓦。

*农田水利建设扎实推进。*完成重点小二型水库除险加固 222 座。综合治理水土流失面积 1600.0 平方公里。国家级和省级水利风景区 217 处，新增 40 处。

*农村生产生活条件继续改善。*农机总值 795.0 亿元，

比上年增长6.3%；农机总动力1.27亿千瓦，增长2.5%；农作物生产综合机械化水平达到79.0%。农村自来水普及率达到93.0%；新建农村户用沼气池6.2万户。

三、工 业

工业企业发展壮大。规模以上工业企业38654家，比上年末净增1796家。其中，年主营业务收入过10亿元的企业1638家，增加237家；过100亿元的企业136家，增加13家。

工业生产平稳增长。全部工业增加值24222.2亿元，比上年增长10.9%。其中，规模以上工业增加值增长11.3%。在规模以上工业中，非公有企业增长13.2%，私营企业增长14.9%；41个行业大类中，39个行业实现增长，重要行业中，石油加工、炼焦和核燃料加工业增长18.9%，橡胶和塑料制品业增长17.2%，有色金属冶炼和压延加工业增长15.1%，汽车制造业增长14.9%，通用设备制造业增长14.6%，化学原料和化学制品制造业增长14.0%，电气机械和器材制造业增长12.5%。

工业企业效益稳步回升。规模以上工业企业实现主营业务收入132319.0亿元，比上年增长12.5%；实现利润8507.7亿元，增长12.4%；实现利税13690.0亿元，增长11.6%；亏损企业亏损额264.9亿元，下降21.4%。

表3　2013年规模以上工业增加值增长速度

指　　标	比上年增长（%）
规模以上工业总计	11.3
#轻工业	10.2
重工业	11.8
#国有企业	5.3
集体企业	10.6
股份合作企业	22.0
股份制企业	12.3
外商及港澳台商投资企业	10.3
其他经济类型企业	10.6

工业产品产销良好。在国家重点调度的120种工业产品中，产量增长的有80种，占66.7%。规模以上工业产品销售率为98.8%。出口交货值8216.1亿元，比上年增长4.5%。

表4　2013年主要工业产品产量及增长速度

产品名称	单位	产　量	比上年增长（%）
水泥	万吨	16217.8	5.3
平板玻璃	万重量箱	8279.7	7.5
粗钢	万吨	6351.0	3.0
钢材	万吨	8109.1	4.6
纱	万吨	871.5	4.5
布	亿米	128.5	-3.0
机制纸及纸板	万吨	2052.5	0.5
塑料制品	万吨	500.0	5.9
合成氨（无水氨）	万吨	783.1	2.1
啤酒	万千升	685.8	3.3
橡胶轮胎外胎	万条	42519.5	9.3
数控金属切削机床	万台	3.4	25.9
金属成形机床	万台	2.0	-13.0
动车组	辆	664	-34.7
汽车	万辆	150.9	14.3
摩托车整车	万辆	54.5	-20.8
发动机	万千瓦	22691.7	23.0
手机	万台	5096.7	23.9
彩色电视机	万台	1580.7	5.1
家用电冰箱	万台	524.4	-8.8
家用洗衣机	万台	651.4	4.9
化学药品原药	万吨	60.8	2.7
微型计算机设备	万台	119.1	-53.1
#笔记本计算机	万台	96.7	-58.6
环境污染防治专用设备	台（套）	74779	11.9
工业锅炉	蒸发量吨	84678.5	18.3

四、固定资产投资和建筑业

固定资产投资较快增长。固定资产投资（不含农户）35875.9亿元，比上年增长19.6%。新开工项目28682个，增长3.7%。其中，亿元以上新开工项目5720个，增长35.2%。重点领域投资力度加大。服务业投资18027.0亿元，增长19.7%；改建和技术改造投资11223.2亿元，增长29.1%；高新技术产业投资5687.0亿元，增长24.0%；基础设施投资4340.1亿元，增长32.2%；民间固定资产投资28998.5亿元，增长20.8%，占固定资产投资的比重为80.8%。

房地产市场运行平稳。房地产开发投资5444.5亿元，比上年增长15.6%。从商品房建设用途看，住宅投资3976.6亿元，增长14.5%；商业营业用房投资701.7亿元，增长21.8%。房屋施工面积50549.2万平方米，增长17.7%；房屋竣工面积7508.5万平方米，增长2.5%。商品房销售面积10329.8万平方米，增长19.7%，其中，住宅销售面积9300.3万平方米，增长20.1%。

保障性安居工程建设扎实推进。新开工各类保障性安居工程28.3万套，开工任务完成率为120.1%，连同往年结转项目基本建成24.6万套，基本建成任务完成率为144.8%。

建筑业稳定发展。全省具有资质等级的总承包和专业承包建筑业企业5949家，比上年增加102家。建筑业总产值8332.7亿元，增长14.4%；实现利税639.3亿元，增长15.0%。其中，国有及国有控股企业建筑业总产值1999.0亿元，增长10.3%，实现利税130.7亿元，增长12.9%；非国有企业建筑业总产值6333.7亿元，增长15.8%，实现利税508.6亿元，增长15.6%。

五、国内贸易

消费品市场稳步增长。社会消费品零售总额21744.8亿元，比上年增长13.4%。其中，餐饮收入2238.2亿元，增长10.7%；商品零售19506.6亿元，增长13.7%。城镇消费品零售额17453.6亿元，增长13.3%；乡村消费品零售额4291.2亿元，增长13.8%。

主要商品销售良好。在限额以上批发和零售企业中，粮油、食品、饮料、烟酒类零售额1911.0亿元，比上年增长15.8%；服装、鞋帽、针纺织品类零售额1055.9亿元，增长12.6%；日用品类零售额377.9亿元，增长14.5%；金银珠宝类零售额252.7亿元，增长32.3%；建筑及装潢材料类零售额339.2亿元，增长22.5%；家用电器和音像器材类零售额769.5亿元，增长17.5%；通讯器材类零售额140.0亿元，增长16.9%；汽车类零售额2478.2亿元，增长13.3%。

六、对外经济

对外贸易平稳增长。进出口总额2671.6亿美元，比上年增长8.8%。其中，出口1345.1亿美元，增长4.5%；进口1326.5亿美元，增长13.5%。主要出口市场中，对美国、欧盟出口分别增长5.8%和3.4%，对韩国、日本出口分别下降4.5%和6.0%，对大洋洲、东盟、非洲出口分别增长16.1%、14.1%和11.1%。私营企业外贸活力增强，实现进出口总额1158.5亿美元，增长22.0%，占全省进出口总额的43.4%。

利用外资结构继续优化。新批外商投资项目1405个，比上年增长5.4%；合同外资177.1亿美元，增长7.0%；实际到帐外资140.5亿美元，增长13.8%。其中，新批服务业投资项目734个，实际到帐外资67.9亿美元，增长52.0%；新批制造业投资项目570个，实际到帐外资61.8亿美元。新批总投资过亿美元的项目49个，增长16.7%。引进世界500强企业投资项目35个，实际到帐外资5.5亿美元。

对外经济合作积极推进。新核准设立境外企业（机构）443家，比上年增长22.7%；核准境外投资总额55.6亿美元，增长25.4%，其中，核准中方投资45.1亿美元，增长23.1%。对外承包工程完成营业额84.8亿美元，增长4.5%；外派各类劳务人员52591人，增长2.3%。

七、交通、邮电和旅游

交通运输业稳步发展。铁路、公路、水路共完成旅客运量26.9亿人次，比上年增长1.7%；完成货运量34.4亿吨，增长4.5%。年末高速公路通车里程4994.0公里。沿海港口货物吞吐量11.8亿吨，增长10.8%。年末民用汽车拥有量1277.4万辆，增长13.8%。其中，私人轿车644.1万辆，增长21.3%，占轿车拥有量的92.1%。

表5 2013年客货运输量及增长速度

	旅客			
	运输量（亿人次）	比上年增长（%）	周转量（亿人公里）	比上年增长（%）
合计	26.9	1.7	1892.8	3.3
公路	25.8	1.4	1331.4	1.6
铁路	0.8	10.9	549.9	7.9
水路	0.3	0.2	11.5	-7.7

表5续表

	货物			
	运输量（亿吨）	比上年增长（%）	周转量（亿吨公里）	比上年增长（%）
合计	34.4	4.5	10260.9	3.7
公路	31.2	5.1	7498.9	6.2
铁路	1.9	-3.9	1389.1	-7.0
水路	1.4	5.4	1372.9	2.1

邮电通信业稳定增长。邮电业务总量919.7亿元，比

上年增长8.3%。其中，电信业务总量863.7亿元，增长8.3%；邮政业务总量56.0亿元，增长8.5%。光缆线路总长度 64.0万公里，增长 9.6%；长途自动交换机容量 45.7 万路端。年末固定电话用户 1744.4 万户，下降 7.6%；移动电话用户 8333.4万户，增长9.8%。电话普及率为每百人 104 部。

旅游业较快发展。实现旅游总收入5183.9亿元，比上年增长 14.7%。其中，入境旅游收入 27.3 亿美元。共有 A 级旅游景区 667 家，新评 84 家。其中，5A 级景区 9 家，新评 2 家；4A 级景区 153 家，新评 12 家。省级旅游度假区 39 家，新评 12 家。

八、财政和金融

财政收支结构优化。公共财政预算收入 4560.0 亿元，比上年增长 12.3%。其中，税收收入 3533.3 亿元，增长 15.8%；占地方财政收入的比重为 77.5%，比上年提高 2.4 个百分点。公共财政预算支出 6692.9 亿元，增长 13.4%。民生支出 3826.8 亿元，增长 15.4%，占全省财政支出的比重为 57.2%，比上年提高 1.0 个百分点。其中，社会保障和就业支出增长 14.1%，医疗卫生支出增长 15.1%，城乡社区事务支出增长 32.9%。

图4 2008-2013年公共财政预算收入及增长速度

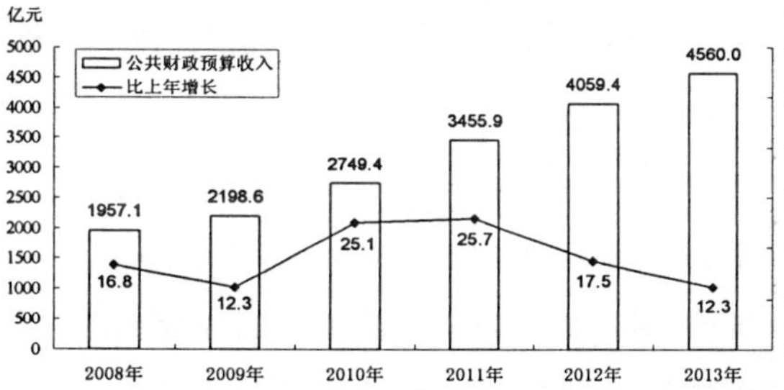

货币信贷平稳增长。年末金融机构本外币存款余额 63357.9 亿元，比年初增加 7916.8 亿元。其中，居民储蓄存款余额 29967.3 亿元，增加 3462.8 亿元。年末金融机构本外币贷款余额 47952.1 亿元，增加 5023.0 亿元。涉农贷款余额 19191.3 亿元，占全部贷款余额的 40.0%。县域贷款新增 2180.0 亿元，占全省新增贷款的 43.4%。小微企业贷款新增 1749.3 亿元，占全省企业新增贷款的 55.1%。

资本市场运行平稳。上市公司再融资 123.8 亿元。其中，境内上市公司再融资 92.6 亿元；境外上市公司再融资 31.2 亿元。证券公司总交易金额 3.6 万亿元，其中，股票基金交易额 2.5 万亿元。期货公司代理交易金额 10.0 万亿元。

保险业平稳较快发展。共有保险公司主体 79 家，法人机构 2 家，从业人员 37.1 万人，保险业总资产 2905.8 亿元，比上年增长 14.8%。保费收入 1280.4 亿元，增长 13.5%。其中，财产险保费收入 445.6 亿元，增长 16.5%；人身险保费收入 834.8 亿元，增长 12.0%。承担各类风险责任 29.1 万亿元，增长50.0%。支付各项赔款与给付 441.7 亿元，增长 36.1%。农业保险承保种植面积 618.8 万公顷，增长 11.7%；保费收入 10.0 亿元，增长 16.9%；为 1791 万户次农户提供了 322.8 亿元的风险保障。

九、科学技术

科技产出成果丰硕。获得国家级科技成果奖励 21 项，其中，国家自然科学奖 1 项，国家技术发明奖 7 项，国家科学进步奖 13 项。取得重要科技成果 2332 项，其中，农业领域 297 项，工业领域 866 项，医疗、卫生领域 718 项，其他领域 451 项。各项专利申请量 15.5 万件，比上年增长 20.6%，其中，发明专利申请量 6.8 万件，增长 67.5%。各项专利授权量 7.7 万件，增长 1.9%，其中，发明专利授权量 8913 件，增长 19.6%。每万人口发明专利授权数 0.92 件，比上年提高 0.15 件。

人才队伍建设成效明显。实施各类引智项目 548 项。新增“两院”院士 3 人，“百千万人才工程”国家级人选 12 人，享受国务院政府特殊津贴专家 115 人，山东省有突出贡献中青年专家 99 人，“泰山学者海外特聘专家”36 人。新设立博士后科研工作站 66 个，新招收博士后科研人员 700 人。新设立国家级高技能人才培训基地 3 家，国家级技能大师工作室 4 个，省高技能人才培训基地 6 家，省级技师工作站 11 个。新增高技能人才 26.2 万人，其中，技师、高级技师 7.5 万人。

创新平台建设步伐加快。新增国家火炬计划特色产业基地 3 家，国家级科技企业孵化器 7 家。拥有国家级可持续发展实验区 14 家，新增 3 家。国家农业科技园区 7 家，新增 3 家。国家级科技合作基地 32 个，新增 12 个。国家级、省级工程技术研究中心分别为 34 家和 1091 家。国家重点实验室 3 个，企业国家重点实验室 10 个，省部共建国家重点实验室培育基地 5 个，省重点实验室 215 个。院士工作站 256 个。国家级创新型（试点）企业 45 家。

信息产业发展良好。信息技术制造业实现主营业务收入 8030.0 亿元，比上年增长 16.5%；利润 506.4 亿元，增长 19.5%；利税 708.2 亿元，增长 17.2%。软件业实现

业务收入 2263.0 亿元，增长 30.2%；利润 86.3 亿元，增长 15.0%；利税 172.3 亿元，增长 15.2%。软件业务出口 7.4 亿美元，增长 3.3%。全国重点软件（百强）企业 6 家，软件产业园 14 个。地理信息产业加快发展，设区市全部建成数字城市地理空间框架，县级启动率达到 60%，建成率达到 40%。

质量强省战略深入实施。拥有国家地理标志保护产品 54 个，新增 3 个；山东名牌产品 1961 个，新增 135 个；山东省服务名牌 504 个，新增 59 个。海尔集团荣获首届中国质量奖。创建全国知名品牌创建示范区 3 个，山东省优质产品生产基地 76 个，龙头骨干企业 158 家。国家级、省级质检中心分别有 42 家和 113 家。建立公用计量标准 3687 项。获得质量管理体系认证有效证书 20377 张，环境管理体系认证有效证书 6671 张。现行有效地方标准 1990 项，新增 205 项。

气象地震服务水平提升。发布气象灾害预警信号68次，重要天气预报109期。防雹保护面积2.9万平方公里。新增24小时定量降水落区预报业务、中小河流和山洪地质灾害气象风险预警业务。地震监测预报、灾害防御、应急救援等防震减灾整体能力有效提升，共有测震台站127个，强震台站151个，新建县级地震台网中心10个。

十、教育、文化、卫生和体育

教育事业全面协调发展。共有研究生培养机构 33 所，招生 2.6 万人，在校生 7.3 万人；普通高等教育学校 140 所，普通本专科招生 52.8 万人，在校生 169.9 万人；中等职业学校（不含技工学校）525 所，招生 36.4 万人，在校生 103.2 万人；技工学校 207 所，招生 14.4 万人，在校生 36.9 万人；普通中学 3464 所，招生 158.5 万人，在校生 488.5 万人；小学 11151 所，招生 115.7 万人，在校生 626.0 万人。特殊教育学校 144 所，招生 3340 人，在校生 20946 人。幼儿园 1.9 万所，招生 116.1 万人，在园幼儿 262.4 万人。

文化事业与文化产业欣欣向荣。共有艺术表演团体 102 个，艺术表演场馆 93 个；博物馆 210 个，公共图书馆 151 个，群众艺术馆、文化馆 158 个，文化站 1828 个，农村文化大院 6.9 万个。省、市、县、乡、村五级公共文化服务体系不断健全，青岛市为首批国家公共文化服务体系示范区，烟台市进入第二批国家示范区创建行列，有 5 个市、17 个县市区为首批省级示范区。年末广播人口综合覆盖率为 98.49%，电视人口综合覆盖率为 98.22%。全年城市电影票房收入 7.55 亿元，比上年增长 30.3%；年末加入城市电影院线的影院达 278 家。全年出版各类图书 12132 种，报纸 87 种，杂志 261 种。共有国家级文化产业示范基地 12 个，省级文化产业示范基地 104 个。成功举办了第十届中国艺术节。

卫生服务水平稳步提升。拥有医疗卫生机构 75480 所，其中，医院 1783 所，基层医疗卫生机构 72108 所，专业公共卫生机构 1392 所，其他卫生机构 197 所。各类医疗卫生机构拥有床位 49.8 万张，卫生技术人员 60.1 万人，其中，执业医师及执业助理医师 23.4 万人，注册护士 24.1 万人。城乡居民健康档案规范化电子建档率为 81.5%。

全民体育运动深入开展。新建县、乡、村公共健身工程 5747 个，成功举办了全民健身运动会。竞技体育实现重大突破。在第十二届全运会上获得金牌 65 枚、银牌 47.5 枚、铜牌 43 枚，金牌总数和奖牌总数蝉联第一。16 人次获得世锦赛和世界杯冠军。青少年体育活动进展顺利，继续成功举办中小学六大联赛和高校三大球联赛。

十一、城乡建设

城镇化进程稳步推进。全省城镇化率达到 53.75%，比上年提高 1.32 个百分点。

村镇建设进展明显。村镇建设完成投资 1470 亿元，比上年增长 11.0%。新建农房 55 万户，改造危房 12 万户。全省农村集体土地所有权、宅基地使用权、集体建设用地使用权发证率分别为 99.21%、94.01%和 93.43%。

城市综合承载能力增强。城市基础设施建设完成投资 1200 亿元，比上年增长 10.1%。新建城市生活垃圾无害化处理场 4 座，新增生活垃圾日无害化处理能力 1850 吨；新建餐厨垃圾无害化处理场 2 座，新增餐厨垃圾日无害化处理能力 320 吨。新建城市污水处理厂 31 座，新增日污水处理能力 89 万立方米。新增城市道路面积 6000 万平方米，新增集中供热面积 6721 万平方米。

十二、资源、环境和安全生产

资源勘探取得新成果。新发现矿产地 14 处，新增查明金金属量 215.8 吨，银金属量 266.5 吨，铁矿石量 9.25 亿吨，煤炭资源量 4203 万吨，石膏矿石量 4.91 亿吨。

节能降耗成效明显。初步核算，万元 GDP 能耗降低率超额完成年度和进度目标任务。关停小火电机组 51.7 万千瓦。淘汰炼铁落后产能28.0万吨、炼钢300.0万吨、焦炭270.0万吨、铁合金0.3万吨、铜冶炼1.0万吨、铅冶炼6.5万吨、水泥（熟料）681.0万吨、造纸110.9万吨、酒精2.0万吨、印染6.2亿米、铅蓄电池极板319万千伏安时。在重点调查的76种单位产品能耗指标中，比上年下降的有55种，占72.4%。风力、光伏发电加快。风电装机容量累计500.2万千瓦，比上年增长30.9%；风力发电89.0亿千瓦时，增长40.8%。光伏发电装机容量累计11.8万千瓦，增长77.8%；光伏发电1.0亿千瓦时，增长40.5%。完成既有居住建筑节能改造2329.9万平方米，公共建筑节能改造243.5万平方米，太阳能光热建筑一体化应用面积2718.0万平方米。

生态建设取得新进展。四项主要污染物化学需氧量、氨氮、二氧化硫和氮氧化物排放量分别比上年下降3.93%、4.18%、5.94%和5.04%。重点流域化学需氧量和氨氮年均浓度分别下降3.3%和6.8%。大气污染防治体系基本建立，发布实施区域大气污染物重点行业排放标准5项，在全国率先建成省级机动车环保检测监控平台，淘汰黄标车3万辆。森林和湿地保护力度加大。森林公园总面积达到40.6万公顷。国家级森林公园42处，新建3处；省级森林公园72处，市级森林公园127处。湿地类型自然保护区17处，国家级湿地公园39处，新增25处；省级以上湿地公园81处。国家级生态城市3个，国家级生态乡镇407个，国家级生态村6个，国家级生态工业示范园区5个。

安全生产事故下降。八个行业（领域）发生各类生产安全事故3386起，比上年下降7.2%；死亡1752人，增长3.4%。亿元GDP生产安全事故死亡0.078人。

十三、人口、居民生活和社会保障

人口保持低速增长。全年出生人口110.78万人，出生率11.41‰；死亡人口62.14万人，死亡率6.40‰；自然增长率5.01‰。年末常住人口9733.39万人。其中，0-14岁人口占总人口的16.11%，15-65岁人口占72.94%，65岁及以上人口占10.95%。

居民生活质量稳步提升。城镇居民人均可支配收入28264元，比上年增长9.7%，扣除价格因素，实际增长7.4%。城镇居民家庭人均总收入中，人均工资性收入21562元，增长8.6%；人均经营净收入2996元，增长14.3%；人均财产性收入781元，增长10.8%；人均转移性收入5288元，增长9.6%。城镇居民人均消费性支出17112元，增长8.5%。其中，食品支出5626元，增长8.2%，城镇居民恩格尔系数为32.9%。农村居民人均纯收入10620元，比上年增长12.4%，扣除价格因素，实际增长9.7%。其中，人均工资性收入5127元，增长17.0%；人均家庭经营纯收入4525元，增长6.9%；人均财产性纯收入284元，增长10.4%；人均转移性纯收入684元，增长19.6%。农村居民人均生活消费支出7393元，增长9.1%。其中，食品支出2554元，增长10.0%，农村居民恩格尔系数为34.5%。

图5　2008-2013年城镇居民人均可支配收入及增长速度

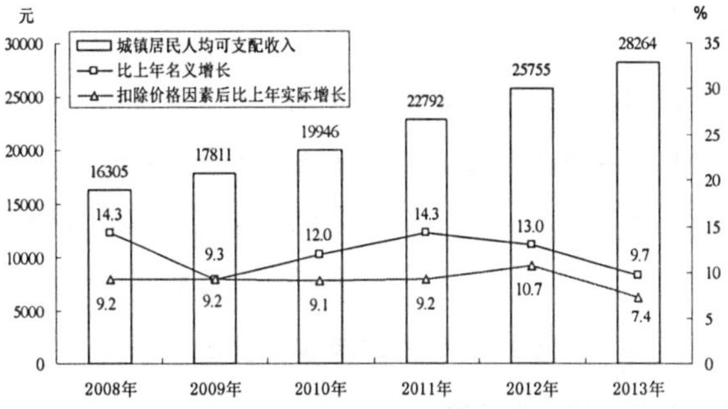

图6　2008-2013年农村居民人均纯收入及增长速度

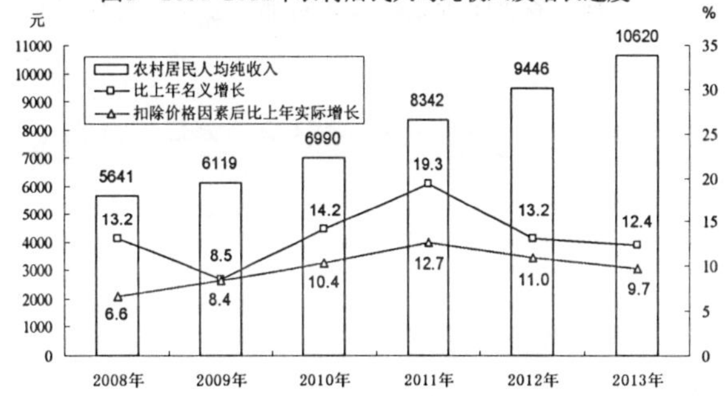

社会保障体系进一步健全。城镇职工基本养老、城镇基本医疗、失业、工伤、生育保险参保人数分别比上年末增加196.4万人、546.7万人、79.8万人、32.3万人和55.4万人。居民基本养老保险参保人数4512.8万人。企业退休人员基本养老金月人均达到2048元。职工政策范围内住院报销比例达到75%以上，城镇居民政策范围内住院报销比例达到70%。失业保险金标准平均增长14.7%，1至4级工伤职工伤残津贴平均增长12.0%。新型农村合作医疗覆盖面继续巩固扩大，参合人数为6378.8万人，参合率为99.93%，人均筹资标准350元，政策范围内住院报销比例达75%以上。

困难群众生活保障水平继续提高。城镇最低生活保障人数48.7万人，月人均保障标准421元，比上年提高51元。农村最低生活保障人数259.9万人，年人均保障标准2510元，比上年提高296元。

社会救助事业稳步发展。安排城乡医疗救助资金7.3亿元，比上年增长6.0%；救助和资助居民231.2万人次。已建救助管理站和流浪未成年人救助保护中心共计61处。共有收养性社会福利单位2473个，床位数38.6万张（不含社区床位7.6万张），收养25.8万人。其中，农村养老机构1589个，床位数24.6万张，集中供养率为75.1%。社会福利企业1298个，安置残疾人员就业3.7万人。各级慈善总会用于朝阳助学、夕阳扶老、情暖万家、康复助医、爱心助残五大工程的支出善款为11.3亿元。

注：

1. 本公报中数据均为初步统计数。

2. 全省生产总值、各产业增加值总量按现价计算，增长速度按不变价格计算。邮电业务总量按2010年不变价格计算。

3. 各类市场主体包括在工商部门登记注册的国有集体性质企业、外商投资企业、私营企业、个体工商户和农民专业合作社；各类企业包括在工商部门登记注册的国有集体性质企业、外商投资企业和私营企业。

4. 规模以上工业企业指年主营业务收入2000万元及以上的工业法人企业。

5. 固定资产投资（不含农户）包括城镇和非农户计划总投资500万元及以上固定资产投资项目的投资、房地产开发项目的投资。

6. 限额以上批发业企业指年主营业务收入2000万元及以上的批发业企业，限额以上零售业企业指年主营业务收入500万元及以上的零售业企业，限额以上住宿和餐饮业企业指年主营业务收入200万元及以上的住宿和餐饮业企业。

7. 各类生产安全事故起数、死亡人数统计范围包括生产经营性道路交通、水上交通、铁路交通、民航飞行、农业机械、渔业船舶、森林火灾和工矿商贸八个行业（领域）发生的事故，不再包括火灾事故和非生产经营性道路交通。

2013年国民经济和社会发展统计公报

中华人民共和国国家统计局

（2014年2月24日）

2013年，面对错综复杂的国内外形势，党中央、国务院团结带领全国各族人民深入贯彻落实党的十八大精神，坚持稳中求进工作总基调，坚持宏观政策要稳、微观政策要活、社会政策要托底的思路，统筹稳增长、调结构、促改革，探索创新宏观调控方式，经济社会发展稳中有进、稳中向好，实现了良好开局。

一、综合

年末全国大陆总人口为136072万人，比上年末增加668万人，其中城镇常住人口为73111万人，占总人口比重为53.73%，比上年末提高1.16个百分点。全年出生人口1640万人，出生率为12.08‰；死亡人口972万人，死亡率为7.16‰；自然增长率为4.92‰。全国人户分离的人口[2]为2.89亿人，其中流动人口[3]为2.45亿人。

表1　2013年年末人口数及其构成

单位：万人

指　标	年末数	比重%
全国总人口	136072	100.0
其中：城镇	73111	53.73
乡村	62961	46.27
其中：男性	69728	51.2
女性	66344	48.8
其中：0-15岁[4]（含不满16周岁）	23875	17.5
16-59岁（含不满60周岁）	91954	67.6
60周岁及以上	20243	14.9
其中：65周岁及以上	13161	9.7

国民经济平稳较快增长。初步核算，全年国内生产总值[5]568845亿元，比上年增长7.7%。其中，第一产业增加值56957亿元，增长4.0%；第二产业增加值249684亿元，增长7.8%；第三产业增加值262204亿元，增长8.3%。第一产业增加值占国内生产总值的比重为10.0%，第二产业增加值比重为43.9%，第三产业增加值比重为46.1%，第三产业增加值占比首次超过第二产业。

图1　2009-2013年国内生产总值及其增长速度

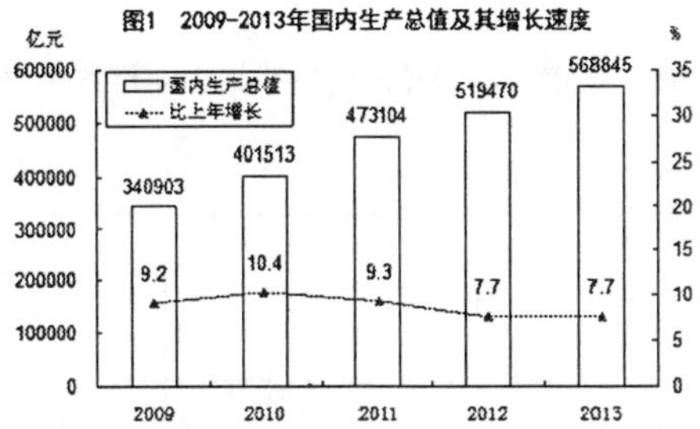

就业持续增加。年末全国就业人员76977万人，其中城镇就业人员38240万人。全年城镇新增就业1310万人。年末城镇登记失业率为4.05%，略低于上年末的4.09%。全国农民工[6]总量为26894万人，比上年增长2.4%。其中，外出农民工16610万人，增长1.7%；本地农民工10284万人，增长3.6%。

图2　2009-2013年城镇新增就业人数

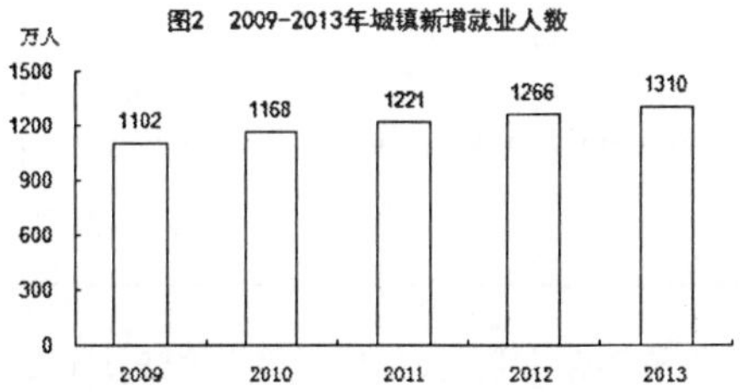

劳动生产率稳步提高。全年国内生产总值与全部就业人员的比率为66199元/人（以2010年不变价格计算），比上年提高7.3%。

图3　2009-2013年国内生产总值与全部就业人员比率（2010年不变价格）

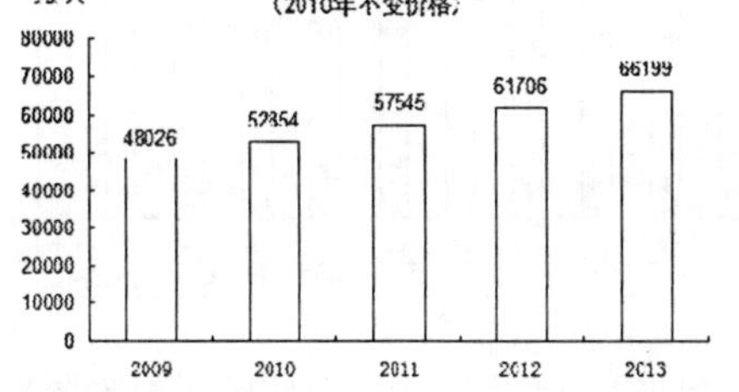

居民消费价格基本稳定。全年居民消费价格比上年上涨2.6%，其中食品价格上涨4.7%。固定资产投资价格上涨

0.3%。工业生产者出厂价格下降1.9%。工业生产者购进价格下降2.0%。农产品生产者价格[7]上涨3.2%。

图4　2013年居民消费价格月度涨跌幅度

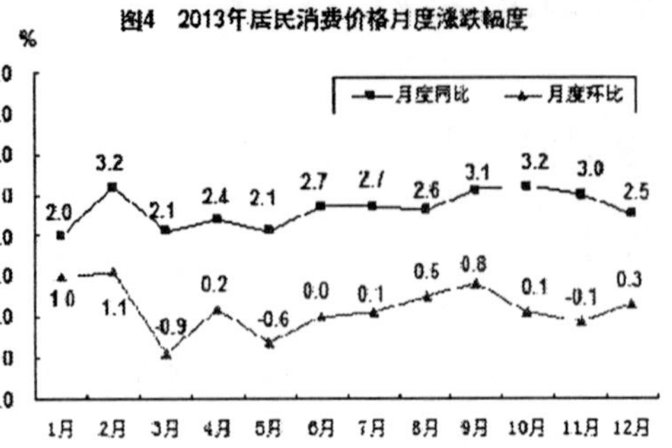

表2　2013年居民消费价格比上年涨跌幅度

单位：%

指　　标	全　国	城市	农村
居民消费价格	2.6	2.6	2.8
其中：食　品	4.7	4.6	4.9
烟酒及用品	0.3	0.1	0.8
衣　着	2.3	2.2	2.5
家庭设备用品及维修服务	1.5	1.5	1.3
医疗保健和个人用品	1.3	1.2	1.8
交通和通信	-0.4	-0.5	0.1
娱乐教育文化用品及服务	1.8	1.7	1.8
居　住	2.8	3.0	2.3

70个大中城市新建商品住宅销售价格月环比上涨的城市个数年末为65个。

图5　2013年新建商品住宅月环比价格下降、持平、上涨城市个数变化情况

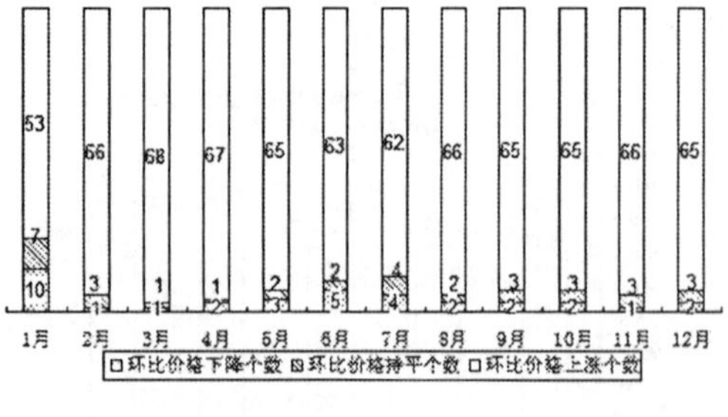

财政收入稳定增长。全年全国公共财政收入[8]129143亿元，比上年增加11889亿元，增长10.1%；其中税收收入110497亿元，增加9883亿元，增长9.8%。

图6　2009-2013年公共财政收入[9]

外汇储备继续增加。年末国家外汇储备38213亿美元，比上年末增加5097亿美元。年末人民币汇率为1美元兑6.0969元人民币，比上年末升值3.1%。

图7　2009-2013年年末国家外汇储备

二、农业

全年粮食种植面积11195万公顷，比上年增加75万公顷；棉花种植面积435万公顷，减少34万公顷；油料种植面积1408万公顷，增加15万公顷；糖料种植面积199万公顷，减少4万公顷。

粮食再获丰收。全年粮食产量60194万吨，比上年增加1236万吨，增产2.1%。其中，夏粮产量13189万吨，增产1.5%；早稻产量3407万吨，增产2.4%；秋粮产量43597万吨，增产2.3%。其中，主要粮食品种中，稻谷产量20329万吨，减产0.5%；小麦产量12172万吨，增产0.6%；玉米产量21773万吨，增产5.9%。

图8　2009-2013年粮食产量

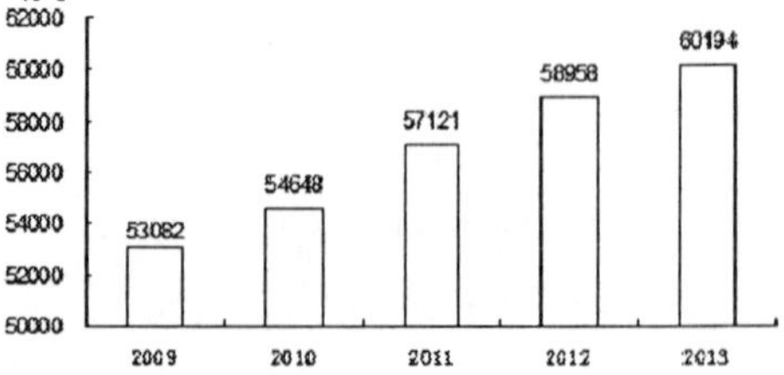

全年棉花产量631万吨，比上年减产7.7%。油料产量3531万吨，增产2.8%。糖料产量13759万吨，增产2.0%。茶叶产量193万吨，增产7.9%。

全年肉类总产量8536万吨，比上年增长1.8%。其中，猪肉产量5493万吨，增长2.8%；牛肉产量673万吨，增长1.7%；羊肉产量408万吨，增长1.8%；禽肉产量1798万吨，下降1.3%。年末生猪存栏47411万头，下降0.4%；生猪出

栏 71557 万头，增长 2.5%。禽蛋产量 2876 万吨，增长 0.5%。牛奶产量 3531 万吨，下降 5.7%。

全年水产品产量 6172 万吨，比上年增长 4.5%。其中，养殖水产品产量 4547 万吨，增长 6.0%；捕捞水产品产量 1625 万吨，增长 3.5%。

全年木材产量 8367 万立方米，比上年增长 2.3%。

全年新增有效灌溉面积 129 万公顷，新增节水灌溉面积 211 万公顷。

三、工业和建筑业

工业生产稳定增长。全年全部工业增加值 210689 亿元，比上年增长 7.6%。规模以上工业增加值增长 9.7%。在规模以上工业中，分经济类型看，国有及国有控股企业增长 6.9%；集体企业增长 4.3%，股份制企业增长 11.0%，外商及港澳台商投资企业增长 8.3%；私营企业增长 12.4%。分门类看，采矿业[10]增长 6.4%，制造业增长 10.5%，电力、热力、燃气及水生产和供应业增长 6.8%。

图9　2013年规模以上工业增加值增速(月度同比)

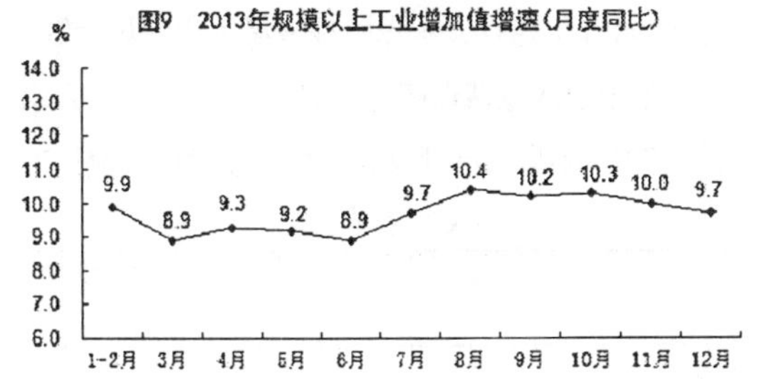

全年规模以上工业中，农副食品加工业增加值比上年增长 9.4%，纺织业增长 8.7%，通用设备制造业增长 9.2%，专用设备制造业增长 8.5%，汽车制造业增长 14.9%，计算机、通信和其他电子设备制造业增长 11.3%，电气机械和器材制造业增长 10.9%。六大高耗能行业[11]增加值比上年增长 10.1%，其中，非金属矿物制品业增长 11.5%，化学原料和化学制品制造业增长 12.1%，有色金属冶炼和压延加工业增长 14.6%，黑色金属冶炼和压延加工业增长 9.9%，电力、热力生产和供应业增长 6.2%，石油加工、炼焦和核燃料加工业增长 6.1%。高技术制造业增加值比上年增长 11.8%。

表 3　2013 年主要工业产品产量及其增长速度

产品名称	单　位	产　量	比上年增长%
纱	万吨	3200.0	7.2
布	亿米	882.7	4.0
化学纤维	万吨	4121.9	7.4
成品糖	万吨	1589.7	12.8
卷　烟	亿支	25604.0	1.8
彩色电视机	万台	12776.1	-0.4
其中：液晶电视机	万台	12290.3	4.5
家用电冰箱	万台	9261.0	9.9
房间空气调节器	万台	13057.2	5.3
一次能源生产总量	亿吨标准煤	34.0	2.4
原　煤	亿吨	36.8	0.8
原　油	亿吨	2.09	1.8
天然气[12]	亿立方米	1170.5	9.4
发电量	亿千瓦小时	53975.9	7.5
其中：火电	亿千瓦小时	42358.7	7.0
水电	亿千瓦小时	9116.4	5.6
核电	亿千瓦小时	1106.3	13.6
粗　钢	万吨	77904.1	7.6
钢　材[13]	万吨	106762.2	11.7
十种有色金属	万吨	4054.9	9.7
其中：精炼铜（电解铜）	万吨	649.0	12.7
原铝（电解铝）	万吨	2205.9	9.2
氧化铝	万吨	4437.2	17.7
水　泥	亿吨	24.2	9.3
硫　酸（折 100%）	万吨	8122.6	3.1
纯　碱	万吨	2434.9	1.6
烧　碱（折 100%）	万吨	2859.0	6.0
乙　烯	万吨	1622.6	9.1
化　肥（折 100%）	万吨	7037.0	3.0
发电机组（发电设备）	万千瓦	12572.8	-3.3
汽　车	万辆	2211.7	14.7
其中：基本型乘用车(轿车)	万辆	1210.4	12.4
大中型拖拉机	万台	58.7	11.4
集成电路	亿块	866.5	11.2
程控交换机	万线	3115.7	10.1
移动通信手持机	万台	145561.0	23.2
微型计算机设备	万台	33661.0	5.8

年末全国发电装机容量 124738 万千瓦，比上年末增长 9.3%。其中，火电装机容量 86238 万千瓦，增长 5.7%；水电装机容量 28002 万千瓦，增长 12.3%；核电装机容量 1461 万千瓦，增长 16.2%；并网风电装机容量 7548 万千瓦，增长 24.5%；并网太阳能发电装机容量 1479 万千瓦，增长 3.4 倍。

全年规模以上工业企业实现利润 62831 亿元，比上年增长 12.2%，其中国有及国有控股企业 15194 亿元，增长 6.4%；集体企业 825 亿元，增长 2.1%，股份制企业 37285 亿元，增长 11.0%，外商及港澳台商投资企业 14599 亿元，增长 15.5%；私营企业 20876 亿元，增长 14.8%。

全年全社会建筑业增加值 38995 亿元，比上年增长 9.5%。全国具有资质等级的总承包和专业承包建筑业企业实现利润 5575 亿元，增长 16.7%，其中国有及国有控股企业 1363 亿元，增长 20.1%。

图10 2009-2013年建筑业增加值

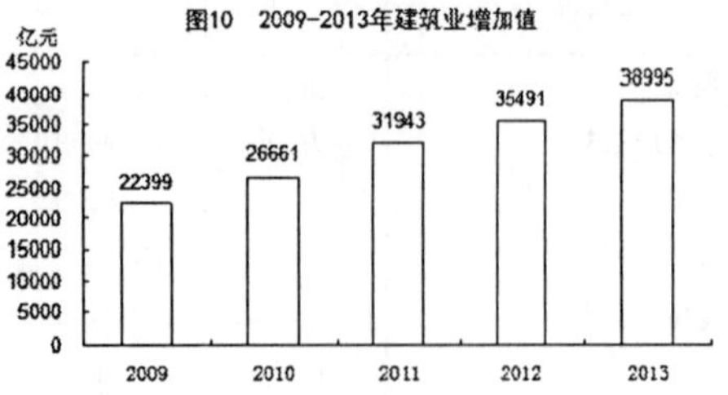

四、固定资产投资

固定资产投资较快增长。全年全社会固定资产投资447074亿元，比上年增长19.3%，扣除价格因素，实际增长18.9%。其中，固定资产投资（不含农户）436528亿元，增长19.6%；农户投资10547亿元，增长7.2%。东部地区投资[14]179092亿元，比上年增长17.9%；中部地区投资105894亿元，增长22.2%；西部地区投资109228亿元，增长22.8%；东北地区投资47367亿元，增长18.4%。

图11 2013年固定资产投资（不含农户）增速（累计同比）

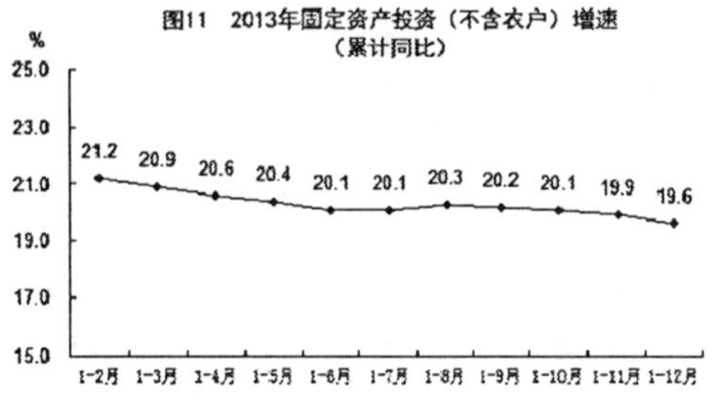

表4 2013年分行业固定资产投资（不含农户）及其增长速度

单位：亿元

行业	投资额	比上年增长%
总计	436528	19.6
农、林、牧、渔业	11611	32.4
采矿业	14750	10.9
制造业	147370	18.5
电力、热力、燃气及水生产和供应业	19744	18.4
建筑业	3737	1.4
批发和零售业	12695	30.0
交通运输、仓储和邮政业	36194	17.2
住宿和餐饮业	6001	17.5
信息传输、软件和信息技术服务业	3216	19.5
金融业	1250	35.3
房地产业[15]	111424	20.3
租赁和商务服务业	5922	26.1
科学研究和技术服务业	3149	27.2
水利、环境和公共设施管理业	37598	26.9
居民服务、修理和其他服务业	2037	20.8
教育	5486	19.1
卫生和社会工作	3184	21.7
文化、体育和娱乐业	5251	23.0
公共管理、社会保障和社会组织	5908	-2.3

在固定资产投资（不含农户）中，第一产业[16]投资9241亿元，比上年增长32.5%；第二产业投资184804亿元，增长17.4%；第三产业投资242482亿元，增长21.0%。

表5 2013年固定资产投资新增主要生产能力

指标	单位	绝对数
新增220千伏及以上变电设备	万千伏安	19631
新建铁路投产里程	公里	5586
其中：高速铁路[17]	公里	1672
增建铁路复线投产里程	公里	4180
电气化铁路投产里程	公里	4810
新建公路里程	公里	70274
其中：高速公路	公里	8260
港口万吨级码头泊位新增吞吐能力	万吨	33119
新增光缆线路长度	万公里	266

全年房地产开发投资86013亿元，比上年增长19.8%。其中，住宅投资58951亿元，增长19.4%；办公楼投资4652亿元，增长38.2%；商业营业用房投资11945亿元，增长28.3%。

全年新开工建设城镇保障性安居工程住房666万套（户），基本建成城镇保障性安居工程住房544万套。

表6 2013年房地产开发和销售主要指标完成情况、及其增长速度

指标	单位	绝对数	比上年增长%
投资额	亿元	86013	19.8
其中：住宅	亿元	58951	19.4
其中：90平方米及以下	亿元	19446	15.8
房屋施工面积	万平方米	665572	16.1
其中：住宅	万平方米	486347	13.4
房屋新开工面积	万平方米	201208	13.5
其中：住宅	万平方米	145845	11.6
房屋竣工面积	万平方米	101435	2.0
其中：住宅	万平方米	78741	-0.4
商品房销售面积	万平方米	130551	17.3
其中：住宅	万平方米	115723	17.5
本年到位资金	亿元	122122	26.5
其中：国内贷款	亿元	19673	33.1
其中：个人按揭贷款	亿元	14033	33.3

五、国内贸易

市场销售平稳较快增长。全年社会消费品零售总额237810亿元，比上年增长13.1%，扣除价格因素，实际增长11.5%。按经营地统计，城镇消费品零售额205858亿元，增长12.9%；乡村消费品零售额31952亿元，增长14.6%。按消费形态统计，商品零售额212241亿元，增长13.6%；餐饮收入额25569亿元，增长9.0%。

图12 2013年社会消费品零售总额增速（月度同比）

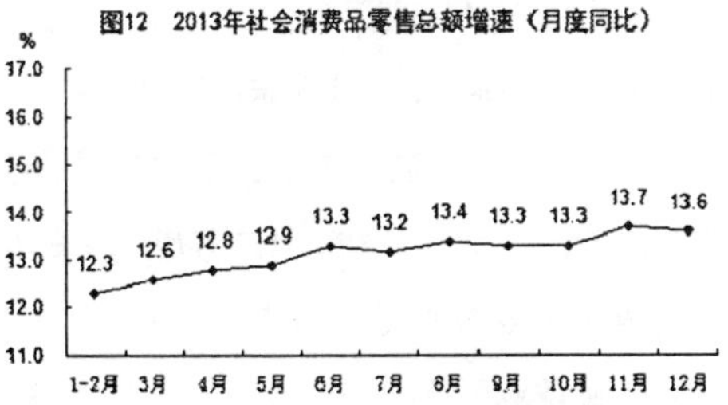

在限额以上企业商品零售额中，粮油、食品、饮料、烟酒类零售额比上年增长13.9%，服装、鞋帽、针纺织品类增长11.6%，化妆品类增长13.3%，金银珠宝类增长25.8%，日用品类增长14.1%，家用电器和音像器材类增长14.5%，中西药品类增长17.7%，文化办公用品类增长11.8%，家具类增长21.0%，通讯器材类增长20.4%，石油及制品类增长9.9%，汽车类增长10.4%，建筑及装潢材料类增长22.1%。

六、对外经济

进出口稳中有升。全年货物进出口总额258267亿元人民币，以美元计价为41600亿美元，比上年增长7.6%。其中，出口137170亿元人民币，以美元计价为22096亿美元，增长7.9%；进口121097亿元人民币，以美元计价为19504亿美元，增长7.3%。进出口差额（出口减进口）16072亿元人民币，比上年增加1514亿元人民币，以美元计价为2592亿美元，增加289亿美元。

图13 2009-2013年货物进出口总额

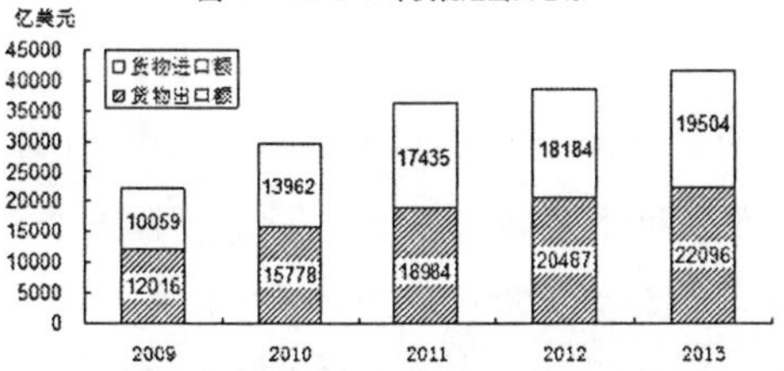

表8 2013年主要商品出口数量、金额及其增长速度

商品名称	单位	数量	比上年增长%	金额（亿美元）	比上年增长%
煤（包括褐煤）	万吨	751	-19.1	11	-33.1
钢材	万吨	6234	11.9	532	3.4
纺织纱线、织物及制品	—	—	—	1069	11.7
服装及衣着附件	—	—	—	1770	11.3
鞋类	—	—	—	508	8.4
家具及其零件	—	—	—	518	6.2
自动数据处理设备及其部	万台	187050	2.0	1822	-1.7
手持或车载无线电话	万台	118582	16.9	951	17.3
集装箱	万个	270	8.8	79	-6.4
液晶显示板	万个	326577	3.1	359	-1.0
汽车（包括整套散件）	万辆	92	-6.7	120	-5.3

表9 2013年主要商品进口数量、金额及其增长速度

商品名称	数量（万吨）	比上年增长%	金额（亿美元）	比上年增长%
谷物及谷物粉	1458	4.3	51	6.6
大豆	6338	8.6	380	8.6
食用植物油	810	-4.2	81	-16.7
铁矿砂及其精矿	81931	10.2	1059	10.4
氧化铝	383	-23.7	14	-22.7
煤（包括褐煤）	32708	13.4	290	1.1
原油	28192	4.0	2196	-0.5
成品油	3959	-0.6	320	-3.2
初级形状的塑料	2462	3.9	491	6.3
纸浆	1685	2.4	114	3.7
钢材	1408	3.1	170	-4.3
未锻造的铜及铜材	453	-2.5	353	-8.5

表10 2013年对主要国家和地区货物进出口额及其增长速度

单位：亿美元

国家和地区	出口额	比上年增长%	进口额	比上年增长%
欧盟	3390	1.1	2200	3.7
美国	3684	4.7	1525	14.8
东盟	2441	19.5	1996	1.9
中国香港	3848	19.0	162	-9.3
日本	1503	-0.9	1623	-8.7
韩国	912	4.0	1831	8.5
中国台湾	406	10.5	1566	18.5
俄罗斯	496	12.6	396	-10.2
印度	484	1.6	170	-9.6

全年服务进出口（按国际收支口径统计，不含政府服务，下同）总额5396亿美元，比上年增长14.7%。其中，服务出口2106亿美元，增长10.6%；服务进口3291亿美元，增长17.5%。服务进出口逆差1185亿美元。

全年非金融领域新批外商直接投资企业22773家，比上年下降8.6%。实际使用外商直接投资金额1176亿美元，增长5.3%。

表11 2013年非金融领域外商直接投资及其增长速度

行　业	企业数（家）	比上年增长%	实际使用金额（亿美元）	比上年增长%
总　计	22773	-8.6	1175.9	5.3
其中：农、林、牧、渔业	757	-14.2	18.0	-12.7
制造业	6504	-27.5	455.5	-6.8
电力、燃气及水的生产和供应业	200	7.0	24.3	48.2
交通运输、仓储和邮政业	401	1.0	42.2	21.4
信息传输、计算机服务和软件业	796	-14.0	28.8	-14.2
批发和零售业	7349	4.6	115.1	21.7
房地产业	530	12.3	288.0	19.4
租赁和商务服务业	3359	4.0	103.6	26.2
居民服务和其他服务业	166	-13.5	6.6	-43.6

全年非金融领域对外直接投资额 902 亿美元，比上年增长 16.8%。

全年对外承包工程业务完成营业额 1371 亿美元，比上年增长 17.6%；对外劳务合作派出各类劳务人员 52.7 万人，增长 2.9%。

七、交通、邮电和旅游

交通运输平稳较快增长。全年货物运输总量 451 亿吨，比上年增长 9.9%。货物运输周转量 186478 亿吨公里，增长 7.3%。全年规模以上港口完成货物吞吐量 106.1 亿吨，比上年增长 8.5%，其中外贸货物吞吐量 33.1 亿吨，增长 9.2%。规模以上港口集装箱吞吐量 18878 万标准箱，增长 6.7%。

表 12　2013 年各种运输方式完成货物运输量及其增长速度

指　　标	单　位	绝对数	比上年增长%
货物运输总量	亿　吨	450.6	9.9
铁路	亿　吨	39.7	1.6
公路	亿　吨	355.0	11.3
水运	亿　吨	49.3	7.5
民航	万　吨	557.6	2.3
管道[18]	亿　吨	6.6	6.3
货物运输周转量	亿吨公里	186478.4	7.3
铁路	亿吨公里	29173.9	0.0
公路	亿吨公里	67114.5	12.7
水运	亿吨公里	86520.6	5.9
民航	亿吨公里	168.6	2.9
管道	亿吨公里	3500.9	9.0

全年旅客运输总量 402 亿人次，比上年增长 5.6%。旅客运输周转量 36036 亿人公里，增长 7.9%。

表 13　2013 年各种运输方式完成旅客运输量及其增长速度

指　　标	单　位	绝对数	比上年增长%
旅客运输总量	亿人次	401.9	5.6
铁路	亿人次	21.1	10.8
公路	亿人次	374.7	5.3
水运	亿人次	2.6	1.8
民航	亿人次	3.5	10.9
旅客运输周转量	亿人公里	36036.0	7.9
铁路	亿人公里	10595.6	8.0
公路	亿人公里	19705.6	6.7
水运	亿人公里	76.3	-1.6
民航	亿人公里	5658.5	12.6

年末全国民用汽车保有量达到 13741 万辆（包括三轮汽车和低速货车 1058 万辆），比上年末增长 13.7%，其中私人汽车保有量 10892 万辆，增长 17.0%。民用轿车保有量 7126 万辆，增长 19.0%，其中私人轿车 6410 万辆，增长 20.8%。

全年完成邮电业务总量[19]16679 亿元，比上年增长 11.1%。其中，邮政业务总量 2725 亿元，增长 33.8%；电信业务总量 13954 亿元，增长 7.5%。邮政业全年完成邮政函件业务 63.20 亿件，包裹业务 0.69 亿件，快递业务量 91.9 亿件；快递业务收入 1442 亿元。电信业全年局用交换机容量减少 2697 万门，总容量 41052 万门；新增移动电话交换机容量[20]12522 万户，达到 196545 万户。年末固定电话用户 26699 万户。新增移动电话用户 11696 万户，年末达到 122911 万户，其中 3G 移动电话用户[21]40161 万户。电话普及率达到 110.5 部/百人。互联网上网人数 6.18 亿人，其中手机上网人数[22]5.0 亿人。互联网普及率达到 45.8%。

图14　2009-2013年年末电话用户数

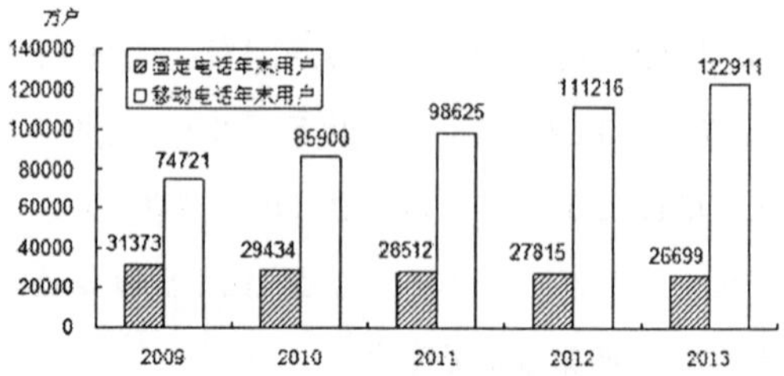

全年国内游客[23]32.6 亿人次，比上年增长 10.3%；国内旅游收入 26276 亿元，增长 15.7%。入境游客 12908 万人次，下降 2.5%。其中，外国人 2629 万人次，下降 3.3%；香港、澳门和台湾同胞 10279 万人次，下降 2.3%。在入境游客中，过夜游客 5569 万人次，下降 3.5%。国际旅游外汇收入 517 亿美元，增长 3.3%。国内居民出境 9819 万人次，增长 18.0%。其中因私出境 9197 万人次，增长 19.3%。

八、金融

金融市场运行总体平稳。年末广义货币供应量（M2）余额为 110.7 万亿元，比上年末增长 13.6%；狭义货币供应量（M1）余额为 33.7 万亿元，增长 9.3%；流通中现金（M0）余额为 5.9 万亿元，增长 7.2%。

全年社会融资规模[24]为 17.3 万亿元，按可比口径计算，比上年多 1.5 万亿元。年末全部金融机构本外币各项存款余额 107.1 万亿元，比年初增加 12.7 万亿元，其中人民币各项存款余额 104.4 万亿元，增加 12.6 万亿元。全部金融机构本外币各项贷款余额 76.6 万亿元，增加 9.3 万亿元，其中人民币各项贷款余额 71.9 万亿元，增加 8.9 万亿元。

表 14　2013 年年末全部金融机构本外币存贷款余额及其增长速度

单位：亿元

指　　标	年末数	比上年末增长%
各项存款余额	1070588	13.5
其中：住户存款	465437	13.5
其中：人民币	461370	13.6
非金融企业存款	380070	10.1
各项贷款余额	766327	13.9
其中：境内短期贷款	311772	16.3
境内中长期贷款	410346	12.8

年末主要农村金融机构（农村信用社、农村合作银行、农村商业银行）人民币贷款余额 91644 亿元，比年初增加 13324 亿元。全部金融机构人民币消费贷款余额 129721 亿元，增加 25401 亿元。其中，个人短期消费贷款余额 26558 亿元，增加 7198 亿元；个人中长期消费贷款余额 103163 亿元，增加 18203 亿元。

全年上市公司通过境内市场累计筹资[25]6885 亿元，比上年增加 1044 亿元。其中，A 股再筹资（包括配股、公开增发、非公开增发[26]、认股权证）2803 亿元，增加 710 亿元；上市公司通过发行可转债、可分离债、公司债筹资 4082 亿元，增加 1369 亿元。

全年发行公司信用类债券[27]3.67 万亿元，比上年减少 667 亿元。

全年保险公司原保险保费收入[28]17222 亿元，比上年增长 11.2%，其中寿险业务原保险保费收入 9425 亿元；健康险和意外伤害险业务原保险保费收入 1585 亿元；财产险业务原保险保费收入 6212 亿元。支付各类赔款及给付 6213 亿元，其中寿险业务给付 2253 亿元；健康险和意外伤害险赔款及给付 521 亿元；财产险业务赔款 3439 亿元。

九、人民生活和社会保障

城乡居民收入继续增加。全年农村居民人均纯收入 8896 元，比上年增长 12.4%，扣除价格因素，实际增长 9.3%；农村居民人均纯收入中位数[29]为 7907 元，增长 12.7%。城镇居民人均可支配收入 26955 元，比上年增长 9.7%，扣除价格因素，实际增长 7.0%；城镇居民人均可支配收入中位数为 24200 元，增长 10.1%。根据从 2012 年四季度起实施的城乡一体化住户调查[30]，全国居民人均可支配收入 18311 元，比上年增长 10.9%，扣除价格因素，实际增长 8.1%。农村居民食品消费支出占消费总支出的比重为 37.7%，比上年下降 1.6 个百分点；城镇为 35.0%，下降 1.2 个百分点。

图15　2009-2013年农村居民人均纯收入

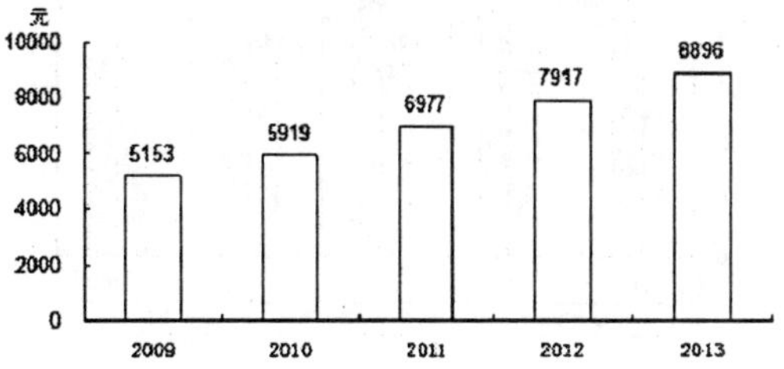

图16　2009-2013年城镇居民人均可支配收入

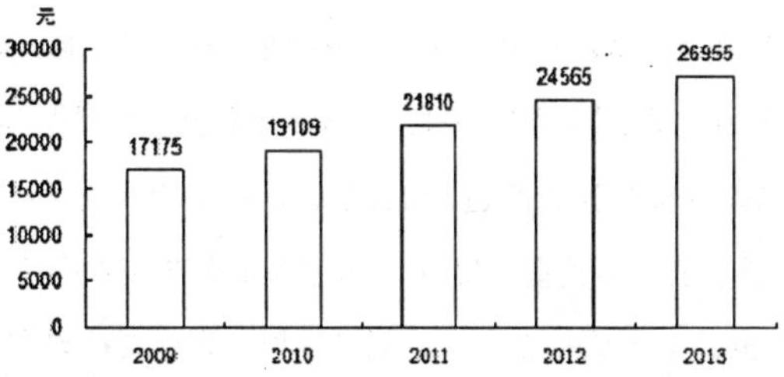

年末全国参加城镇职工基本养老保险人数 32212 万人，比上年末增加 1785 万人。参加城乡居民基本养老保险人数 49750 万人，增加 1381 万人。参加基本医疗保险人数 57322 万人，增加 3680 万人。其中，参加职工基本医疗保险人数 27416 万人，增加 930 万人；参加居民基本医疗保险人数 29906 万人，增加 2750 万人。参加失业保险人数 16417 万人，增加 1192 万人。年末全国领取失业保险金人数 197 万人。参加工伤保险人数 19897 万人，增加 887 万人，其中参加工伤保险的农民工 7266 万人，增加 86 万人。参加生育保险人数 16397 万人，增加 968 万人。年末，2489 个县（市、区）实施了新型农村合作医疗制度，新型农村合作医疗参合率 99.0%；1-9 月新型农村合作医疗基金支出总额[31]为 2067 亿元。按照年人均纯收入 2300 元（2010 年不变价）的农村扶贫标准计算，2013 年农村贫困人口为 8249 万人，比上年减少 1650 万人。

十、教育、科学技术和文化

教育科技文化事业持续发展。全年研究生招生 61.1 万人，在学研究生 179.4 万人，毕业生 51.4 万人。普通本专科招生 699.8 万人，在校生 2468.1 万人，毕业生 638.7 万人。中等职业教育[32]招生 698.3 万人，在校生 1960.2 万人，毕业生 678.1 万人。普通高中招生 822.7 万人，在校生 2435.9 万人，毕业生 799.0 万人。初中招生 1496.1 万人，在校生 4440.1 万人，毕业生 1561.5 万人。普通小学招生 1695.4 万人，在校生 9360.5 万人，毕业生 1581.1 万人。特殊教育招生 6.6 万人，在校生 36.8 万人，毕业生 5.1 万人。幼儿园在园幼儿 3894.7 万人。

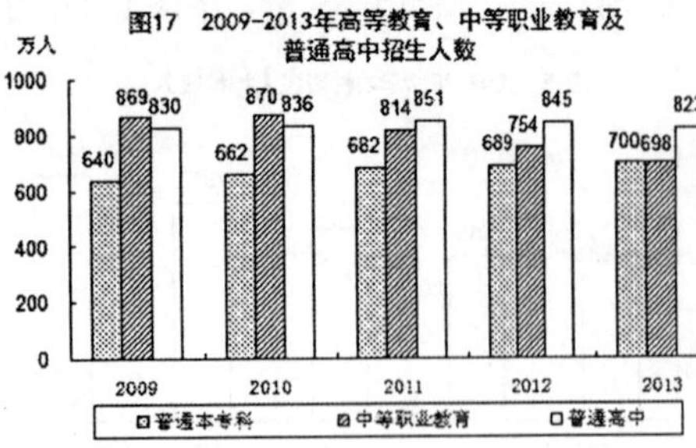

全年研究与试验发展（R&D）经费支出11906亿元，比上年增长15.6%，占国内生产总值的2.09%，其中基础研究经费569亿元。全年国家安排了3543项科技支撑计划课题，2118项“863”计划课题。累计建设国家工程研究中心132个，国家工程实验室143个，国家认定企业技术中心达到1002家。全年国家新兴产业创投计划[33]累计支持设立141家创业投资企业，资金总规模近390亿元，投资了创业企业422家。全年受理境内外专利申请237.7万件，其中境内申请221.0万件，占93.0%。受理境内外发明专利申请82.5万件，其中境内申请69.3万件，占84.0%。全年授予专利权131.3万件，其中境内授权121.0万件，占92.2%。授予发明专利权20.8万件，其中境内授权13.8万件，占66.6%。截至年底，有效专利419.5万件，其中境内有效专利352.5万件，占84.0%；有效发明专利103.4万件，其中境内有效发明专利54.5万件，占52.7%。全年共签订技术合同29.5万项，技术合同成交金额7469.0亿元，比上年增长16.0%。

全年成功发射卫星14次。神舟十号载人飞船与天宫一号目标飞行器成功实施首次绕飞交会试验，嫦娥三号探测器顺利实现首次在地外天体软着陆和巡视勘查，“蛟龙号”载人潜水器实现从深潜海试到科学应用的跨越。

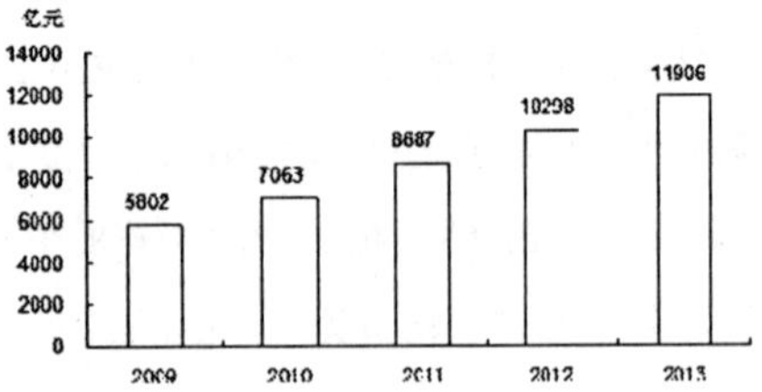

年末全国共有产品检测实验室30098个，其中国家检测中心556个。全国现有产品质量、体系认证机构174个，已累计完成对110949个企业的产品认证。全年制定、修订国家标准1870项，其中新制定1161项。全国共有地震台站1687个，区域地震台网32个。全国共有海洋观测站79个。测绘地理信息部门公开出版地图1585种。

年末全国文化系统共有艺术表演团体2055个，博物馆2638个。全国共有公共图书馆3073个，文化馆3298个。有线电视用户2.24亿户，有线数字电视用户1.69亿户。年末广播节目综合人口覆盖率为97.8%；电视节目综合人口覆盖率为98.4%。全年生产电视剧441部15783集，电视动画片199132分钟。全年生产故事影片638部，科教、纪录、动画和特种影片[34]186部。出版各类报纸478亿份，各类期刊34亿册，图书83亿册（张）。年末全国共有档案馆4122个，已开放各类档案12059万卷（件）。

全年我国运动员在22个运动大项中获得124个世界冠军，共创13项世界纪录。全年我国残疾人运动员在28项国际赛事中获得306个世界冠军。

十一、卫生和社会服务

卫生和社会服务事业不断进步。年末全国共有医疗卫生机构973597个，其中医院24720个，乡镇卫生院36978个，社区卫生服务中心（站）33976个，诊所（卫生所、医务室）184058个，村卫生室649080个，疾病预防控制中心3519个，卫生监督所（中心）2994个。卫生技术人员718万人，其中执业医师和执业助理医师279万人，注册护士278万人。医疗卫生机构床位618万张，其中医院458万张，乡镇卫生院113万张。

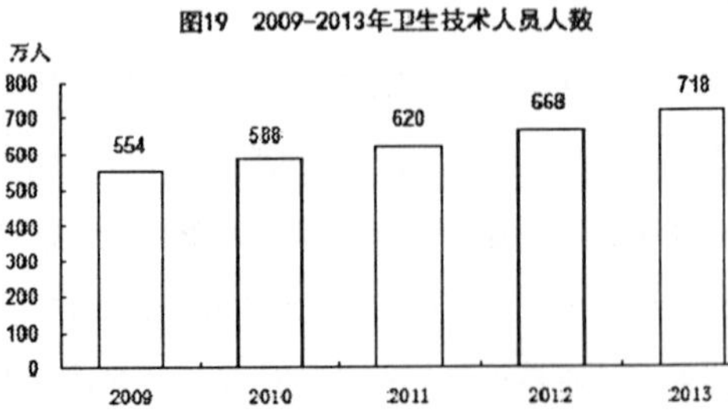

年末全国各类提供住宿的社会服务机构[35]4.7万个，床位509.4万张，收养救助各类人员310.0万人。其中，养老服务机构4.3万个，床位474.6万张，收留抚养各类人员294.3万人。年末共有社区服务中心1.9万个，社区服务站10.3万个。年末全国共有2061.3万人享受城市居民最低生活保障，5382.1万人享受农村居民最低生活保障，农村五保供养[36]538.2万人。全年资助1229.3万城市困难群众参加医疗保险，资助4132.5万农村困难群众参加新型农村合作医疗。

十二、资源、环境和安全生产

全年全国国有建设用地供应总量[37]73万公顷，比上年增长5.8%。其中，工矿仓储用地21万公顷，增长3.2%；房地产用地[38]20万公顷，增长26.8%；基础设施等其他用地32万公顷，下降2.9%。

全年水资源总量27860亿立方米。全年平均降水量665毫米。年末全国613座大型水库蓄水总量3488亿立方米，比上年末蓄水量减少5%。全年总用水量6170亿立方米，比上年增长0.6%。其中，生活用水增长2.7%，工业用水增长1.4%，农业用水下降0.1%，生态补水增长1.6%。万元国内生产总值用水量[39]121立方米，比上年下降6.5%。万元工业增加值用水量68立方米，下降5.7%。人均用水量453立方米，与上年基本持平。

全年完成造林面积609万公顷，其中人工造林418万公顷。林业重点工程完成造林面积249万公顷，占全部造林面积的40.9%。截至年底，自然保护区达到2697个，其中国家级自然保护区407个。新增水土流失治理面积5.7万平方公里，新增实施水土流失地区封育保护面积2.0万平方公里。

全年平均气温为10.2℃，共有9个台风登陆。

初步核算，全年能源消费总量37.5亿吨标准煤，比上年增长3.7%。煤炭消费量增长3.7%；原油消费量增长3.4%；天然气消费量增长13.0%；电力消费量增长7.5%。全国万元国内生产总值能耗下降3.7%。

十大流域[40]的704个水质监测断面中，Ⅰ～Ⅲ类水质断面比例占71.7%，劣Ⅴ类水质断面比例占8.9%。十大流域水质总体为轻度污染，水质保持基本稳定。

近岸海域301个海水水质监测点中，达到国家一、二类海水水质标准的监测点占66.4%，三类海水占8.0%，四类、劣四类海水占25.6%。

年末城市污水处理厂日处理能力达12246万立方米，比上年末增长4.4%；城市污水处理率达到87.9%，提高0.6个百分点。城市集中供热面积54.1亿平方米，增长4.5%。建成区绿地率达到36.0%，提高0.3个百分点。

全年农作物受灾面积3135万公顷，其中绝收384万公顷。全年因洪涝地质灾害造成直接经济损失1884亿元，因旱灾造成直接经济损失905亿元，因低温冷冻和雪灾造成直接经济损失260亿元，因海洋灾害造成直接经济损失165亿元。全年大陆地区共发生5级以上地震41次，成灾14次，造成直接经济损失995亿元。全年共发生森林火灾3929起，森林火灾受害森林面积1.4万公顷。

全年各类生产安全事故共死亡69434人。亿元国内生产总值生产安全事故死亡人数为0.124人，比上年下降12.7%；工矿商贸企业就业人员10万人生产安全事故死亡人数为1.52人，下降7.3%；道路交通万车死亡人数为2.3人，下降8.0%；煤矿百万吨死亡人数为0.288人，下降23.0%。

注释：

[1]本公报中数据均为初步统计数。各项统计数据均未包括香港特别行政区、澳门特别行政区和台湾省。部分数据因四舍五入的原因，存在着与分项合计不等的情况。

[2]人户分离的人口是指居住地与户口登记地所在的乡镇街道不一致且离开户口登记地半年以上的人口。

[3]流动人口是指人户分离人口中扣除市辖区内人户分离的人口。市辖区内人户分离的人口是指一个直辖市或地级市所辖区内和区与区之间，居住地和户口登记地不在同一乡镇街道的人口。

[4]考虑到我国劳动年龄下限为16周岁，从2013年开始公布16-59岁（含不满60周岁）人口数据。按照往年公报公布口径，2013年末，0-14岁（含不满15周岁）人口为22329万人，15-59岁（含不满60周岁）人口为93500万人。

[5]国内生产总值、各产业增加值绝对数按现价计算，增长速度按不变价格计算。

[6]年度农民工数量包括年内在本乡镇以外从业6个月以上的外出农民工和在本乡镇内从事非农产业6个月以上的本地农民工两部分。

[7]农产品生产者价格是指农产品生产者直接出售其产品时的价格。

[8]公共财政收入是指政府凭借国家政治权力，以社会管理者身份筹集以税收为主体的收入。

[9]图中2009年至2012年数据为公共财政收入决算数，2013年为执行数。

[10]根据《国民经济行业分类》（GB/T4754-2011），从2013年开始工业行业不再使用“轻工业”、“重工业”分类，而以采矿业、制造业、电力热力燃气及水生产和供应业的标准行业分类代替。

[11]六大高耗能行业分别为：化学原料和化学制品制造业、非金属矿物制品业、黑色金属冶炼和压延加工业、有色金属冶炼和压延加工业、石油加工炼焦和核燃料加工业、电力热力生产和供应业。

[12]天然气包括气田天然气、油田天然气（分为油田气层气、油田中伴生的溶解气）和煤田天然气（即与煤共生的瓦斯气）。

[13]钢材产量数据中含使用钢材加工成其他钢材的重复计算因素。

[14]固定资产投资按东部、中部、西部和东北地区计算的合计数据小于全国数据，是因为有部分跨地区的投资未计算在地区数据中。其中，东部地区是指北京、天津、河北、上海、江苏、浙江、福建、山东、广东和海南10省（市）；中部地区是指山西、安徽、江西、河南、湖北和湖南6省；西部地区是指内蒙古、广西、重庆、四川、贵州、云南、西藏、陕西、甘肃、青海、宁夏和新疆12省（区、市）；东北地区是指辽宁、吉林和黑龙江3省。

[15]房地产业投资除房地产开发投资外，还包括建设单位自建房屋以及物业管理、中介服务和其他房地产投资。

[16]根据《国民经济行业分类》（GB/T4754-2011），2013年对三次产业划分进行了修订，将“农、林、牧、渔业”中的“农、林、牧、渔服务业”，“采矿业”中的“开采辅助活动”，“制造业”中的“金属制品、机械和设备修理业”等三个大类调入第三产业。

[17]高速铁路是指最高营运速度达到200公里/小时及以上的铁路。

[18]2013年，管道运输统计口径在原中国石油天然气集团公司、中国石油化工集团公司基础上增加中国海洋石油总公司。

[19]邮电业务总量按2010年不变价格计算。

[20]移动电话交换机容量是指移动电话交换机根据一定话务模型和交换机处理能力计算出来的最大同时服务用户的数量。

[21]3G 是指第三代蜂窝移动通信系统（3rd-generation，简称3G），3G移动电话用户是指报告期末在计费系统拥有使用信息、占用3G网络资源的在网用户。

[22]手机上网人数是指过去半年通过手机接入并使用互联网的6周岁及以上中国居民数量。

[23]为规范指标名称，将往年公报中的出游人数、旅游人数、旅游者统一为游客。

[24]社会融资规模是指一定时期内实体经济从金融体系获得的资金总额，是增量概念。

[25]2013年没有首次公开发行股票。

[26]非公开增发又叫定向增发，不含资产认购部分。

[27]公司信用类债券包括非金融企业债务融资工具、企业债券以及公司债、可转债等。

[28]原保险保费收入是指保险企业确认的原保险合同保费收入。

[29]人均收入中位数是指将所有调查户按人均收入水平从低到高（或从高到低）顺序排列，处于最中间位置的调查户的人均收入。

[30]2012年四季度，国家统计局实施了城乡一体化住户调查改革，统一了城乡居民收入名称、分类和统计标准，在全国统一抽选了16万户城乡居民家庭，直接开展调查。在此基础上，计算了城乡可比的新口径全国居民人均可支配收入。同时，为保持年度可比，继续按老口径调查和计算农村居民人均纯收入、城镇居民人均可支配收入。

[31]按卫生计生委统计制度规定，新型农村合作医疗基金支出总额目前仅统计到1-9月份。

[32]中等职业教育包括普通中专、成人中专、职业高中和技工学校，其中技工学校数据为2012年数据。

[33]新兴产业创投计划是指中央财政专项资金通过与地方政府资金、社会资本共同发起设立创业投资企业，或以股权投资模式直接投资创业企业等方式，培育和促进新兴产业发展的活动。

[34]特种影片是指那些采用与常规影院放映在技术、设备、节目方面不同的电影展示方式，如巨幕电影、立体电影、立体特效（4D）电影、动感电影、球幕电影等。

[35]提供住宿的社会服务机构除收养性机构外，还包括救助类机构、社区类机构以及军休所、军供站等机构。

[36]农村五保供养是指老年、残疾和未满16周岁的村民，无劳动能力、无生活来源又无法定赡养、抚养、扶养义务人，或者其法定赡养、抚养、扶养义务人无赡养、抚养、扶养能力的村民，在吃、穿、住、医、葬方面得到的生活照顾和物质帮助。

[37]国有建设用地供应总量是指报告期内市、县人民政府根据年度土地供应计划依法以出让、划拨、租赁等方式将土地使用权提供给单位或个人使用的国有建设用地总量。

[38]房地产用地是指商服用地和住宅用地的总和。

[39]万元国内生产总值用水量、万元工业增加值用水

量和万元国内生产总值能耗按2010年不变价格计算。

[40]十大流域包括原七大水系（包括长江、黄河、珠江、松花江、淮河、海河、辽河）和浙闽片河流、西北诸河和西南诸河。

[41]国家于2013年实施了新的空气质量标准。由于全年数据正在汇总分析之中，新标准下的2013年空气质量数据暂缺。国家相关部门将于2014年3月正式发布2013年汇总数据。

资料来源：本公报中城镇新增就业、登记失业率、社会保障数据来自人力资源社会保障部；财政数据来自财政部；外汇储备和汇率数据来自外汇局；水产品产量数据来自农业部；木材产量、林业、森林火灾数据来自林业局；灌溉面积、水资源数据来自水利部；发电装机容量、新增220千伏及以上变电设备数据来自中电联；新建铁路投产里程、增建铁路复线投产里程、电气化铁路投产里程、铁路运输数据来自铁路局；新建公路里程、港口万吨级码头泊位新增吞吐能力、公路运输、水运、港口货物吞吐量数据来自交通运输部；新增光缆线路长度、电话交换机容量、电话用户、上网人数等通信数据来自工业和信息化部；保障性住房、城市污水处理、城市集中供热面积、建成区绿地率数据来自住房城乡建设部；货物进出口数据来自海关总署；服务进出口、外商直接投资、对外直接投资、对外承包工程、对外劳务合作等数据来自商务部；民航数据来自民航局；管道数据来自中石油、中石化、中海油；民用汽车、交通事故数据来自公安部；邮政业务数据来自邮政局；旅游数据来自旅游局、公安部；货币金融、公司信用类债券数据来自人民银行；上市公司数据来自证监会；保险业数据来自保监会；新农合、卫生数据来自卫生计生委；教育数据来自教育部；安排科技计划课题、技术合同等数据来自科技部；国家工程研究中心、企业技术中心、新兴产业创投等数据来自发展改革委；专利数据来自知识产权局；发射卫星数据来自国防科工局；质量检验、国家标准制定修订数据来自质检总局；地震数据来自地震局；海洋观测站、海洋灾害造成直接经济损失数据来自海洋局；测绘数据来自测绘地信局；艺术表演团体、博物馆、公共图书馆、文化馆数据来自文化部；广播电视、电影、报纸、期刊、图书数据来自新闻出版广电总局；档案数据来自档案局；体育数据来自体育总局；残疾人运动员数据来自中国残联；社会服务、低保和五保供养数据、农作物受灾面积、洪涝地质灾害造成直接经济损失、旱灾造成直接经济损失、低温冷冻和雪灾造成直接经济损失来自民政部；国有建设用地供应数据来自国土资源部；自然保护区、环境监测数据来自环境保护部；平均气温、登陆台风数据来自气象局；安全生产数据来自安全监管总局；其他数据均来自国家统计局。

第1篇 行政区划、人口和自然资源

1-1　行政区划一览表

(2013年)

镇、街名称	居委会个数(个)	村委会个数(个)	村、居委会名称
龙泉街道	51	—	黄山桥 府前东 宗鲁门 春秋阁 塔寺 杏坛 安居 泰山庙 荆东 岗子东 岗子西 润泽 钱庄 善国 荆善 善文 跻云桥 南秦 南侯庄 银钟里 前洪 后洪 郳城 梁场 贺庄 赵楼 张庄 双庙 东赵庄 任村 欧庄 董村 冯东 冯西 郭庄 金曈 孙堂 夏庄 程堂 巩村 唐村 前大庙 东大庙 西大庙 刁庄 龙泉苑 滨江花苑 樱花苑 阳光城 通盛花园 贵和
荆河街道	63	—	马号 北门里 南门里 南门外 幸福园 奎文 大同 平等 新兴南 安乐 公园 荆南 东寺院 城南 东南园 西南园 金城 金华 通衢 辛庄 平行路 曹庄 程庄 魏庄 荆庄 西潭 馍馍庄 蕃阳 郭彭 金平 振兴 魏园 西寺院 杜墁 三里河 刘楼 张明东 张明西 五里屯 张刘 王楼 俞庄 小河圈 韩桥 孙楼 朱李 前十里岗 后十里岗 西十里岗 东倪 西倪 何庄 袁庄 柳楼 鲁东 鲁西 西城 金州 书院 问天阁 德馨 铁西 滕都
北辛街道	60	—	杏花村 北平 东北坛 西北坛 金坛 新兴北 杏西 杏东 大同北 教场 新生 接官 赵东 赵西 北关村 北楼 双坛 文庙 善北 华孚 汤庄 北刘 前辛 后屯 孙庄 东七里沟 西七里沟 周楼 沈庄 岳庄 冯河 赵场 侉庄 小岗 王任 于岗 后荆沟 俞寨 于楼 兴隆 侯王 明王 李王 马王东 马王西 曹王 北秦 北黄 红旗 周庄 黄安 前十里铺 后十里铺 新华 丽都 解放街 新华西 科圣园 嘉誉 杏腾
善南街道	19	—	贾庄 五里坂 王庄 张北庄 鞠庄 南丁庄 高庄 南刘庄 小屯 王开一 王开二 王开三 小王开 七里堡 十里铺一 十里铺二 刘屯 张场 荆善南苑

1-1 续表 1

(2013年)

镇、街名称	居委会个数(个)	村委会个数(个)	村、居委会名称
东沙河镇	—	40	东沙河村 党村 单村 东史村 党桥村 周村 史楼村 后堌堆村 王村 张街村 郭堌堆村 康村 蔡村 王母殿村 步云庄村 南刘岗村 鲍庄村 颜吉山村 党吉山村 千年庄村 向阳山村 磨坑村 大养德村 二养德村 陈岗村 朝阳村 张洼村 万年庄村 小宫山村 姜桥村 江楼村 耿楼村 小宋庄村 前梁村 韩楼村 东孙庄村 马河口村 东小宫村 西小宫村 前荆沟村
洪绪镇	—	34	白龙湾村 金庄村 玉楼村 光明村 杜康村 徐王庄村 大巩庄村 沙官庄村 新丰村 郝洼村 杜场村 西侯庄村 南苗庄村 吕庄村 甘庄村 苗桥村 北陈楼村 大颜楼村 龙庄村 安庄村 东张楼村 东侯庄村 孔屯村 杨园村 轴村 东赵沟村 西赵沟村 团结村 堌堆村 唐庄村 任于庄村 幸福坝村 后洪绪村 前洪绪村
南沙河镇	—	38	南街村 北街村 南高庄村 魏村 前辛章村 后辛章村 前房村 后房村 南池村 北池村 北王铺村 上营村 南王铺村 陡铺村 东魏村 东朱庄村 于泉村 北古石村 西古石村 河汇村 南古石一村 南古石二村 南古石三村 南古石四村 杨杭村 冯庄西村 冯庄中村 冯庄东村 彭王楼村 崔庄村 上徐村 下徐村 新营村 南岗村 前仓沟村 中仓沟村 后仓沟村 后小庄村
大坞镇	—	65	大坞村 大坞南村 东坞村 小刘村 邓庄村 小坞村 两水泉东村 两水泉南村 两水泉西村 苗庄村 柳园村 西仓村 耿庙村 和福村 大市庄村 小市庄村 王寨村 战河村 福兴村 休城村 马楼村 金城村 石楼村 大邵庄村 吴楼村 东洋汶村 姜庄村 大刘庄东村 大刘庄南村 大刘庄西村 大刘庄北村 后岗子村 前岗子村 袁前村 袁北村 望凫村 牟庄村 池头集西村 池头集中村 池头集东村 洪山口村 任山村 任前村 西土山村 雷山村 西韩庄东村 西韩庄北村 西韩庄西村 东韩庄村 单庄村 西桥头南村 西桥头北村 东桥头村 后峄庄村 前峄庄东村 前峄庄中村 前峄庄西村 东郝楼村 西郝楼村 东立里村 西立里村 龙泉村 狄庄村 俭林村 东仓村

1-1 续表 2

(2013年)

镇、街名称	居委会个数(个)	村委会个数(个)	村、居委会名称
滨湖镇	—	90	田桥村 西董村 西洋汶西村 西洋汶中村 西洋汶东村 邱村 宋村 邵村 小刘庄村 王雷楼村 西谢庄村 生庄村 望庄村 刁村 严村 李村 东马村 西马村 陈宏楼村 南徐楼村 四合村 吕堂村 西周村 胡楼村 后辛安村 中辛安村 西辛安村 东周村 赫村 秦庄村 东盖村 西盖村 后盖村 胡路口村 东焦村 西焦村 北焦村 李仓村 下王庄村 徐楼村 黄桥村 人民庄村 七所楼村 奎子东村 奎子西村 花园村 岗头村 东屯前村 东屯后村 西屯村 稻屯村 王堂村 南陈庄村 前郁郎村 后郁郎村 秦村 民生村 坊上村 东官庄村 金马山村 山头村 苏坡村 东黄庄村 东陈庄村 三山村 前纸坊村 后纸坊村 孟楼村 郭楼村 代庄村 朱村 西黄庄村 屈庄村 阳关村 孙阁村 渔营村 后古村 东古民族村 西古村 朱寨村 北双井村 西双井村 东双井村 东迭湖村 中迭湖村 西迭湖村 卢庄村 上王庄村 西韩楼村 向阳村
级索镇	—	51	级索村 时庄村 千佛阁村 前杨岗村 后杨岗村 坝子涯村 姚庄村 前泉村 后泉村 郝屯村 前韩庄村 后韩庄村 董庄村 大龙庄村 徐孔庄村 颜庄村 港沟涯村 金坡村 水磨庄村 西韩桥村 羊二庄村 淤庄村 南官庄村 东田庄村 道沟村 大官庄村 小官庄村 潘楼村 刁楼村 东龙岗村 西龙岗村 西田庄村 西宗庄村 西杨楼村 西赵庄村 翟庄村 前王晁村 东王晁村 后王晁村 前牛集村 后牛集村 北杨楼村 满庄村 赵坡村 永丰村 西孔庄村 王坡村 前赵庄村 东孔庄村 西彭庄村 孔楼村
西岗镇	8	64	西岗一 西岗二 西岗三 前寨 后寨 北曹庄 大满庄 大王庄 西孙庄村 高庙东村 高庙西村 高庙南村 高庙北村 北赵庄村 东满庄村 北满庄村 东河岔村 西河岔村 西张庄村 西曹庄村 温堂村 孙寨村 大杨庄村 傅楼村 杜庄村 大孔庄村 孔满楼村 刘辛庄村 李庄村 卓楼村 西姜桥村 段庄村 王场村 半楼村 邓集村 甘桥村 丁堂村 东北田岗村 东南田岗村 西北田岗村 西南田岗村 小杨庄村 西丁庄村 程楼村 凌庄村 马庙村 半阁村 柴里东村 柴里中村 柴里西村 栾庄村 王陈庄村 南孔庄村 张大庄村 西刘仙村 东刘仙村 南曹庄村 南荒村 东祝陈村 西祝陈村 大屯村 郎庄村 清泉寺 杈子园村 杜庙村 郭孔庄村 野庄村 小花庄村 南魏庄村 东王庄村 北孔庄村 徐堂村

1-1 续表 3

(2013年)

镇、街名称	居委会个数(个)	村委会个数(个)	村、居委会名称					
姜屯镇	—	83	姜屯村	邱楼村	前邱庄村	西官庄村	东杨庄村	闫东村
			闫西村	东官庄村	西魏庄村	咸庄村	前李庄村	黄庄村
			前沙胡同西村	前沙胡同东村	后沙胡同村	种寨村	仇官庄村	阳平村
			仇庄村	赵庄村	田园村	葛疃村	张孔庄	后李店村
			前李店村	西卓庄村	武所屯村	黄坡村	西张坡村	后朱楼村
			建杨庄村	大朱楼村	西张楼村	西王楼村	白了寺村	后高地村
			前高地村	满园村	戚庄村	柳庄村	西庄里村	东王楼村
			白庄村	奚庄村	田高庄村	前孔庄村	庄里东村	庄里西村
			南黄庄村	东滕城村	西滕城村	燕庄村	南李楼村	颜楼村
			谭庄村	前徐庄村	后徐庄村	宋王楼村	南俞庄村	大彦东村
			大彦西村	大彦南村	苏桥村	王林村	韩场村	商村
			孙村	张寨村	西党村	北邢庄村	小洪疃村	罗岗村
			苏屯村	西马厂村	侯颜庄村	后刘楼村	胡村	北郝庄村
			沟里村	营里村	万福楼村	大洪疃东村	大洪疃西村	
鲍沟镇	—	66	鲍沟东村	鲍沟西村	鲍沟中村	鲍沟北村	薛岩前村	薛岩中村
			薛岩后村	圈里村	华庄村	西宁村	东宁村	侯楼村
			前皇甫村	东皇甫村	中皇甫村	西皇甫村	杨村	坝窝前村
			坝窝后村	北朱庄村	刘坡东村	刘坡西村	东石庙村	中石庙村
			西石庙村	吕坡村	马口村	丛屯村	于仓村	西宋庄村
			后汉宫村	汉宫村	徐村	赵泉楼村	官庄村	前鞋城村
			后鞋城村	邢庄村	甄洼村	邢寨村	兴刘庄村	关村
			三清阁村	褚村	张村	杨郝庄村	大刘庄村	大杨楼村
			卜庙村	郝寨村	闫庙村	琉璃庙村	郝庄村	南潭村
			张埠村	姜店村	南吴庄	河涯村	裴楼村	孙岗村
			大李楼村	闵楼村	西荆林村	东荆林村	南朱庄村	西磨庄村
张汪镇	—	83	颜村	葛村	大苏庄村	辛集村	北李庄村	北彭庄村
			北宋庄村	太和庄村	冯堂村	苑庄村	北贾庄村	大宗村
			小宗村	北陶庄村	南彭庄村	朱庄村	南郝庄村	承贤庄村
			俞河涯村	杜坦村	南宋庄村	西周楼村	前坝桥村	后坝桥村
			南贾庄村	前许楼村	闫道沟村	邱仓村	安村	杜村
			杏园村	大张庄村	小张庄村	轩庄村	蒋庄村	南宗庄村
			南任庄村	杨界村	柴楼村	多庄村	下魏楼村	魏河圈村
			南胡庄村	邓寨村	临薛村	南闫楼村	十字河村	五所楼村
			东邵桥村	渊子涯村	徐集村	辛庄村	陈楼村	段楼村
			王格庄村	苏河村	小于村	南陶庄村	张汪村	杨楼村
			洛庄村	丁楼村	孔集村	苏河涯村	后许楼村	陈堂村
			夏楼村	李桥村	刘堌堆村	白楼村	前寨子村	后寨子村
			小李楼村	北渠庄村	杨仓村	大孙楼村	皇殿岗村	尤楼村
			东渠庄村	孟仓村	沈仓村	城后张庄村	陈庄村	

1-1 续表 4

(2013年)

镇、街名称	居委会个数(个)	村委会个数(个)	村、居委会名称					
官桥镇	—	51	官桥村	车站村	东康留村	西康留村	太平庄村	前掌大村
			后掌大村	西王庄村	狄坡村	吕楼村	上魏楼村	史庄村
			前管庄村	后管庄村	大康留村	轩辕庄村	王园村	北辛村
			坝上村	良里村	西洪林村	中洪林村	东洪林村	西王公村
			东王公村	小河村	望河村	前莱村	东莱村	后莱村
			前公桥村	后公桥村	西公桥村	大韩村	中韩村	北韩村
			前善庄村	后善庄村	善官庄村	时村	时店村	北吴庄村
			东磨庄村	苏疃村	志门村	金马庄村	倪楼村	渠村
			苏叶村	东郑庄村	西郑庄村			
柴胡店镇	—	41	柴胡店村	钟辛村	高桥村	杨桥村	贾楼村	鲁庄村
			庵后村	坦山后村	王官庄村	郝王庄村	大王楼村	永福庄村
			四李庄村	南平村	官路口村	沙岗村	官场村	振兴庄村
			前黄庄村	后黄庄村	前闫村	后闫村	大庙村	姬庄村
			刘村	邵庄村	大石楼村	小石楼村	南董村	南胡楼村
			何庄村	沙庄村	簸箕掌村	南胡芦套村	郭沟村	黄连山村
			老君院村	龙山头村	前大官庄村	后大官庄村	南辛村	
羊庄镇	1	88	兴鲁	羊庄东村	羊庄南村	羊庄北村	王杭村	蒋杭村
			上屯村	大峪庙村	沈井村	上邱庄村	三姓庄村	尤山子村
			上曹村	下曹村	宋屯村	中顶山村	关山峪村	中黄沟村
			下黄沟村	洪山前村	羊山村	西江村	北台村	庄里村
			戴岗村	大北塘村	东塘村	民庄村	南塘村	前沙冯村
			后沙冯村	前毛堌村	后毛堌村	两河村	东薛河村	西薛河村
			大计河村	小计河村	东南宿村	西南宿村	前南宿村	东店村
			东石楼村	西石楼村	余粮店村	白杭村	东胡村	范村东村
			范村西村	陈村	东辛庄村	西辛庄村	钓鱼台村	洪村
			杜堂村	土城村	陶山东村	陶山西村	东于村	东南于村
			西于村	南于村	寒山前村	张河庄村	高村	小王公村
			东南王庄村	张坡村	杨坡村	于坡村	许坡村	幸福村
			黄屯村	杜屯村	史屯村	庞庄村	自庄村	东十湾村
			西十湾村	后十湾村	南台村	孟庄村	新安岭村	西南庄村
			腰庄村	后赵庄村	赵庄南村	小赵庄前村	小赵庄后村	
木石镇	4	38	木石一	木石二	东沂河	张秦庄	东峭村	西峭村
			北张庄村	杨岗村	前安村	中安村	后安村	亚庄村
			白塔村	独山前村	独山后村	粮峪村	北山头村	卓庄村
			连水西山村	前连水村	后连水村	东荒村	西荒村	化石沟村
			南涝坡村	木石三村	后木石村	尖山村	山口村	俭庄村
			杨套村	西店村	沂河南村	沂河北村	沂王庄村	谷山村
			桥口村	落凤山村	位庄民族村	西台村	东台村	南山头村

1-1 续表 5

(2013年)

镇、街名称	居委会个数(个)	村委会个数(个)	村、居委会名称
界河镇	1	63	马山头 南界河村 北界河村 小万院村 西万院村 东万院
			葛庄村 皇娘沟村 范庄村 崔官庄村 东张庄村 于园村
			兴隆村 后枣村 前枣村 大官庄村 东柳泉村 西柳泉村
			龚庄村 二十里铺村 南张庄村 北沙河村 李子行村 郑寨村
			赵辛街村 刘岗村 化里村 邱庄村 西陈庄村 孙马厂村
			王马厂村 单马厂村 陈马厂村 北杜庄村 北马楼村 李楼村
			东孟村 西孟村 小龙河村 土楼村 兴王庄村 宗庄村
			倪庄村 彭庄村 花庄村 汲庙村 徐营村 北孙庄村
			西李庄村 西西曹村 中西曹村 东西曹村 东曹东村 东曹西村
			唐楼村 北闫楼村 西安楼村 东安楼村 房岭村 幸福楼村
			西杨庄村 丁庄村 东李庄村 胡庄村
龙阳镇	—	55	龙阳村 史村 双河村 闫庄村 大寨村 小寨村
			刁沙土村 杜沙土村 李沙土村 张沙土村 董沙土村 尚河圈村
			从条村 苗堂村 张堂村 前司堂村 后司堂村 曾楼村
			河南张庄村 南王庄村 庄头村 冯营村 魏寺村 林村
			龙山村 耿庄村 大陈庄村 上司堂村 糜庄村 望龙庄村
			田侯庄村 河北李庄村 小蒋庄村 龙山屯村 高岭村 新宁村
			卧龙庄村 冯庄村 谷堆石村 张山口村 小河子村 西南岭村
			焦庄村 何岭村 徐岭村 跨河村 黄岭村 彭河村
			朱庄二村 朱庄三村 东杨庄村 顾庙村 柳沟村 北王庄村
			西朱仇村
东郭镇	—	89	瓦峪东村 瓦峪西村 上黄庄村 王李庄村 北马庄村 北丁庄村
			丛庄村 吴哨村 石羊山村 安上村 夏庄村 小党山村
			大党山村 林岭村 谷山庄村 磨石山村 欣阳村 前李岭村
			唐林村 相岭村 小任庄村 张任庄村 北蒋庄村 新田村
			北高庄村 马河村 牛皮岭村 白河村 香台村 京台村
			前明村 中明村 后明村 东明村 西明村 田庄村
			黄园村 东朱仇村 大绪庄村 大堂门村 小堂门村 常庄村
			前张坡村 后张坡村 秦林村 黄金坡村 东赵坡村 玉泉村
			屯里村 巴庄村 龙王庄村 南唐林村 罗庄村 南徐村
			后梁村 东坞沟村 西坞沟村 后坞沟村 前坞沟村 大坞沟村
			苏楼村 風城店村 邵疃村 辛绪村 陶庄村 马庄村
			杨明庄村 东冯庄村 刘庄村 西郭村 东郭前村 东郭中村
			东郭后村 武楼村 楼里村 温庄村 山前村 上户主村
			下户主村 许沃新村 黑石岭村 冯沟村 北徐庄村 李沟村
			前任厂村 后任厂村 岭头村 魏沟村 朱洼村

1-2　人口和自然资源

	单位	2013年
一、人口		
年末户籍总户数	户	527501
年末户籍总人口	人	1692967
# 城镇人口	人	528167
乡村人口	人	1164800
# 男	人	886067
女	人	806900
人口出生率	‰	11.1
人口死亡率	‰	5.8
人口自然增长率	‰	5.3
人口密度	人/平方公里	1132
二、土地		
全市土地面积	平方公里	1495
海拔最高点(东郭镇莲青山)	米	597
海拔最低点(滨湖镇湖东村)	米	33.5
三、气候		
年平均气温	摄氏度	14.6
年降水量	毫米	802.9
年日照时间	小时	2171.2
四、矿产资源保有量		
煤炭	万吨	62339
水泥用灰岩	万吨	13135
饰面用花岗岩	万吨	28001

1-3 主要大中型水库基本情况

(2013年)

水库名称	流域面积(平方公里)	蓄水量(总库容万M^3)
马河水库(大型)	240	13800
户主水库(中型)	44	2026

1-4 主要河流基本情况

(2013年)

河流名称	流域面积(平方公里)	滕州境内河长(公里)
界　　河	241	25.4
北 沙 河	519	37.5
城　　河	903	42.7
郭　　河	221	32.0
新 薛 河	851	30.0

1-5 主要高山高度

(2013年)

山 名	海拔高度(米)	山 名	海拔高度(米)
莲青山	597	狐 山	327
灵泉山	415	官 山	326
龙山(东)	415	大白山	308
龙山(西)	411	草 山	303
莲花池	355		

1-6 全市气象情况

(2013年)

	平均气温(℃)	降水量(毫米)	日照时数(小时)
1月	-1.3	2.9	121.7
2月	2.6	12.3	94.0
3月	9.5	10.9	210.4
4月	14.4	12.4	236.4
5月	21.4	96.7	204.8
6月	25.3	24.7	186.6
7月	28.4	396.7	121.0
8月	28.7	160.8	261.9
9月	22.1	45.8	170.3
10月	15.7	7.1	234.5
11月	7.9	32.6	178.2
12月	1.0	0.0	151.4

第2篇

综　　合

2-1　国民经济主要指标

	单位	2013年	比上年增长%
国民经济核算			
地区生产总值	亿元	902.64	10.4
第一产业	亿元	71.87	3.3
第二产业	亿元	481.51	12.5
第三产业	亿元	349.26	8.5
人均地区生产总值	元	54237	9.6
财政收支			
境内财政收入	亿元	120.00	6.9
地方财政收入	亿元	61.01	12.2
地方财政支出	亿元	72.17	9.6
金　融			
银行存款余额	亿元	420.44	7.3
# 居民储蓄余额	亿元	302.80	15.5
银行贷款余额	亿元	402.91	-1.3
农　业			
农林牧渔业总产值(按当年价格计算)	亿元	132.70	3.4
农业总产值	亿元	92.80	3.5
林业总产值	亿元	0.59	4.3
牧业总产值	亿元	26.37	1.0
渔业总产值	亿元	3.97	4.0
农林牧渔服务业总产值	亿元	8.98	10.7
主要产品产量：粮　食	万吨	88.15	1.0
# 夏　粮	万吨	42.18	0.2
秋　粮	万吨	45.97	1.6
蔬　菜	万吨	273.79	3.7
油　料	万吨	3.68	3.0
水　果	万吨	5.74	3.4
肉　类	万吨	11.85	-4.8
禽　蛋	万吨	4.07	-2.8
奶　类	吨	1096.1	-18.9
水产品	万吨	5.8	3.6

2-1 续表 1

	单位	2013年	比上年增长%
工　业			
工业总产值(按当年价格计算)	亿元	1494.43	7.0
# 规模以上工业总产值	亿元	1341.13	8.8
# 高新技术产业总产值	亿元	293.7	13.5
工业增加值	亿元	429.63	12.6
# 规模以上工业增加值	亿元	-	12.4
主营业务收入(规模以上工业,下同)	亿元	1360.16	10.0
利税总额	亿元	145.56	16.9
利润总额	亿元	78.48	21.3
产品销售率	%	99.37	下降0.11点
工业六大支柱产业主营业务收入	亿元	1220.43	9.3
工业六大支柱产业利税总额	亿元	130.54	18.4
工业六大支柱产业利润总额	亿元	67.16	21.3
供　电			
全社会用电量	万千瓦时	583847	8.4
# 全部工业用电量	万千瓦时	449200	8.0
滕州供电公司售电量	万千瓦时	261185	8.3
# 市属大工业用电量	万千瓦时	125714	5.5
居民生活用电量	万千瓦时	63249	13.2
运输　邮电			
货运量(公路)	万吨	8940	1.7
客运量(公路)	万人	2874	4.5
固定电话用户	万户	23.28	-3.4
移动电话用户	万户	140.22	-1.7
互联网用户	万户	22.89	15.6
贸易　物价			
社会消费品零售总额	亿元	291.05	13.7
进出口总额(海关数)	万美元	46708	14.6
# 进口额	万美元	12989	96.9
出口额	万美元	33719	-1.3
居民消费价格总指数	%	101.8	1.8点

2-1 续表 2

	单位	2013年	比上年增长%
居民生活			
从业人员平均工资	元	38904	-
# 在岗职工平均工资	元	39461	-
城镇居民人均可支配收入	元	25238	9.9
城镇居民人均消费性支出	元	16201	8.6
农村居民人均纯收入	元	12053	13.4
农村居民人均生活消费支出	元	7125	13.0
农村居民人均使用房屋面积	平方米	48.6	4.5
建筑 投资			
建筑业总产值	亿元	177.63	35.1
房屋建筑施工面积	万平方米	1524.46	28.7
固定资产投资总额	亿元	457.12	21.0
# 工业投资	亿元	200.44	15.6
招商引资			
新签合同项目	个	396	-
实际利用资金	亿元	446.4	20.3
# 利用境外资金	万美元	5560	-1.2
非公有制(民营)经济情况			
非公有制经济单位数	户	91762	13.4
非公有制经济从业人员	人	357711	6.9
非公有制经济注册资金	万元	2507491	14.8
非公有制经济纳税额	万元	550719	4.3
个体工商户数	户	82456	12.7
个体工商户从业人员	人	223911	8.4
个体工商户注册资金	万元	484430	22.7
个体工商户纳税额	万元	119257	50.8
私营企业个数	个	9156	19.6
私营企业从业人员	人	108800	5.5
私营企业注册资金	万元	1995061	13.3
私营企业纳税额	万元	35243	-7.4

2-2 国民经济主要比例关系

单位：%

	2013年	2012年
一、生产总值比例		
第一产业	8.0	7.8
第二产业	53.3	54.6
第三产业	38.7	37.6
二、人口比例		
按性别分		
男	52.3	52.3
女	47.7	47.7
按城乡分		
城镇人口	31.2	31.2
乡村人口	68.8	68.8
三、农林牧渔业总产值比例		
农　业	69.9	68.4
林　业	0.4	0.4
牧　业	19.9	21.5
渔　业	3.0	3.1
农林牧渔服务业	6.8	6.6
四、粮食与经济作物播种面积		
粮食作物	65.6	65.4
经济和其他作物	34.4	34.6
五、工业总产值中轻重工业比例		
轻工业	27.3	26.2
重工业	72.7	73.8
六、高新技术产业产值占总产值比重	**21.38**	**19.99**
七、地方财政收入占GDP比重	**6.8**	**6.5**
八、税收占GDP比重	**9.5**	**9.6**
九、出口占GDP比重	**2.3**	**2.6**
十、非公有制经济纳税额占税收比重	**64.4**	**63.2**

2-3 国民经济和社会发展主要指标占枣庄市的比重

	单位	2013年			2012年		
		滕州市	枣庄市	占枣庄比重(%)	滕州市	枣庄市	占枣庄比重(%)
1、年末总人口	万人	169.30	395.96	42.8	169.07	394.83	42.8
2、土地面积	平方公里	1495	4563	32.8	1495	4563	32.8
3、农业总产值	亿元	132.70	282.05	47.0	120.6	251.94	47.9
4、地区生产总值	亿元	902.64	1830.63	49.3	830.85	1702.92	48.8
第一产业	亿元	71.87	149.81	48.0	65.14	133	49.0
第二产业	亿元	481.51	1037.55	46.4	453.45	991.33	45.7
第三产业	亿元	349.26	643.27	54.3	312.26	578.59	54.0
5、主要产品产量							
粮食	万吨	88.15	171.21	51.5	90.65	198.87	45.6
油料	万吨	3.68	9.56	38.5	3.57	9.3	38.4
水产品	万吨	5.8	9.29	62.4	5.6	8.85	63.3
水果	万吨	5.74	25.2	22.8	5.55	24.56	22.6
原煤	万吨	486.54	2923.07	16.6	440.4	2818.78	15.6
发电量	亿千瓦时	57.3	130.84	43.8	57.5	131.95	43.6
水泥	万吨	209	2319.75	9.0	203.1	2246.53	9.0
布	亿米	2.1	3.85	54.5	2.2	5.83	37.7
啤酒	万千升	13.8	30.07	45.9	9.6	23.52	40.8
合成氨	万吨	39.99	39.99	100.0	42.9	45.22	94.9
6、固定资产投资额	亿元	457.12	1238.21	36.9	373.69	1044.62	35.8
7、公路货物周转量	亿吨公里	83.51	266.28	31.4	79.4	252.36	31.5
8、地方财政收入	亿元	61.01	130.72	46.7	54.37	116.37	46.7
9、地方财政支出	亿元	72.17	207.8	34.7	65.82	187.22	35.2
10、城乡居民储蓄存款余额	亿元	302.8	781.64	38.7	262.13	693.48	37.8
11、进口总额	万美元	12989	30477	42.6	6596	19168	34.4
12、出口总额	万美元	33719	94656	35.6	34158	94017	36.3
13、实际利用外资	万美元	5560	15850	35.1	5627	14241	39.5
14、社会消费品零售额	亿元	291.05	645.08	45.1	256.02	552.45	46.3
15、在岗职工平均工资	元	39461	42497	92.9	35017	38990	89.8
16、农民人均纯收入	元	12053	10878	110.8	10633	9606	110.7
17、医院床位数	张	4655	15087	30.9	3512	13612	25.8
18、卫生技术人员数	人	9015	27343	33.0	8913	16796	53.1
19、执业医师数	人	2220	6532	34.0	2046	5869	34.9

2-4 社会主要经济人均水平

	单位	2013年	2012年
地区生产总值	元	54237	50519
第一产业增加值	元	4318	3960
第二产业增加值	元	28933	27572
第三产业增加值	元	20986	18987
农业总产值	元	7838	7135
工业总产值	元	88271	82618
固定资产投资	元	27001	22107
实际利用市外资金	元	26368	21954
社会消费品零售总额	元	17191	14725
城乡居民用电量	千瓦时	374	330
境内财政收入	元	7088	6643
# 地方财政收入	元	3604	3216
城乡居民储蓄余额	元	17886	15507
在岗职工年人均工资	元	39461	35017
农民人均纯收入	元	12053	10633
医院床位数	张/万人	27	21
卫生技术人员	人/万人	38	49
粮 食	公斤	521	536
油 料	公斤	22	21
蔬 菜	公斤	1618	1563
水 果	公斤	34	33
肉 类	公斤	70	74
禽 蛋	公斤	24	25

2–5 平均每天主要社会经济活动

	单位	2013年	2012年
一、全市每天创造的财富			
地区生产总值	万元	24730	22763
第一产业增加值	万元	1969	1785
第二产业增加值	万元	13192	12423
第三产业增加值	万元	9569	8555
农业总产值	万元	3636	3304
工业总产值	万元	40942	38261
境内财政收入	万元	3288	3076
# 地方财政收入	万元	1671	1490
粮　　食	吨	2415	2484
油　　料	吨	101	98
蔬　　菜	吨	7501	7236
肉　　类	吨	325	341
禽　　蛋	吨	112	115
原　　煤	吨	13330	12066
白　　酒	千升	11	11
机 制 纸	吨	422	548
合 成 氨	吨	1096	1175
水　　泥	吨	5726	5564
二、每天其他社会经济活动			
固定资产投资完成额	万元	12524	10238
社会消费品零售总额	万元	7974	6819
公路货运量	万吨	24	24
公路客运量	万人	8	8
新增移动电话用户	户	-	361
新增银行存款	万元	787	1725
# 居民新增储蓄额	万元	1114	1315
新增银行贷款	万元	-142	958
出生人口	人	61	70
死亡人口	人	28	36

2-6 地区生产总值

(2013年)　　单位：亿元、%

	当年价格	按可比价格计算 以上年为100的增速
地区生产总值	**902.64**	**10.4**
第一产业	71.87	3.3
第二产业	481.51	12.5
工　业	429.63	12.6
建筑业	51.88	12.1
第三产业	349.26	8.5
交通运输、仓储和邮政业	46.16	8.2
批发和零售业	113.14	15.3
批发业	86.29	17.1
零售业	26.85	9.3
住宿和餐饮业	26.36	3.5
住宿业	1.16	16.3
餐饮业	25.20	2.8
金融业	22.00	5.4
房地产业	28.59	13.2
房地产业(K门类)	10.92	25.5
居民自有住房服务	17.67	5.0
营利性服务业	42.85	-1.1
信息传输、计算机服务和软件业	22.32	4.7
其他营利性服务业	20.52	-7.7
非营利性服务业	70.16	6.7
公共管理和社会组织	35.17	6.4
其他非营利性服务业	34.99	7.0

第3篇

农林牧渔业

3-1 农村基本情况及农业生产条件

指 标 名 称	单位	2013年	2012年
一、农村基层组织情况			
镇(街道)个数	个	21	21
其中：镇个数	个	17	17
村委会个数	个	1155	1154
二、农村基础设施			
自来水受益村	个	1155	1154
通汽车村数	个	1155	1154
通电话村数	个	1155	1154
三、乡村人口及从业人员情况			
乡村户数	万户	35.16	35.12
乡村人口	万人	127.52	127.25
乡村劳动力资源数	万人	80.3	80.01
乡村从业人员数	万人	74.82	74.53
1、男	万人	39.7	39.55
2、女	万人	35.12	34.98
农林牧渔业从业人员	万人	37.17	37.57
其中：农业从业人员	万人	32.71	33.05
工业从业人员	万人	11.27	11.05
建筑业从业人员	万人	10.49	10.39
交通运输、仓储和邮电业从业人员	万人	4.37	4.30
信息传输、计算机服务和软件业	万人	0.91	0.86
批发与零售业从业人员	万人	4.86	4.73
住宿和餐饮业从业人员	万人	2.77	2.67
其它从业人员	万人	2.98	2.98
在本乡镇以外从业人员数	万人	7.27	6.88
四、农业主要能源及物资消耗			
1、农村用电量	万千瓦时	119901	109300
2、农用塑料薄膜使用量	吨	3039	2991
其中：地膜使用量	吨	1575	1557
地膜覆盖面积	万亩	23.8	23.45
3、农用柴油使用量	吨	4293	4172
4、农药使用量	吨	1717	1653
5、化肥施用量			
按实物量计算	吨	374038	371695
氮 肥	吨	116762	117069
磷 肥	吨	17069	16959
钾 肥	吨	15648	15220
复合肥	吨	224558	222447
按折纯法计算	吨	123054	122703
氮 肥	吨	32319	32542
磷 肥	吨	4104	3914
钾 肥	吨	5109	4893
复合肥	吨	81522	81354

3-2 农林牧渔业总产值

(2013年) 单位：万元

指　标　名　称	按现行价格计算
农林牧渔业合计	**1326997**
一、农　业	**928007**
(一)谷物及其他作物	250515
1、谷物	189770
2、薯类	1250
3、油料作物	21416
4、豆类	7014
5、棉　花	2698
6、其它农作物	28367
(二)蔬菜、园艺作物	634056
1、蔬菜(含菜用瓜)	630913
2、食用菌	2118
3、其他园艺作物	1025
(三)水果、坚果和饮料	43436
1、水果	34159
2、坚果	1304
3、香料原料	7973
二、林　业	**5865**
(一)林木的培育和种植	5069
1、育种育苗(当年新育)	1555
2、造林(当年新造)	820
3、抚育和管理(当年)	2694
(二)木材竹材采运(全社会)	774
(三)林产品的采集	22
三、牧　业	**263693**
(一)牲畜的饲养	39419
1、牛	11344
2、羊	25766
3、奶产品	421
4、毛绒产品	1888
(二)猪的饲养	87883
(三)家禽的饲养	117820
1、肉禽	83825
2、禽蛋	33995
(四)其它畜牧业	18571
四、渔　业	**39652**
五、农林牧渔服务业	**89780**

3−3　农林牧渔业增加值

(2013年)　　单位：万元

指标名称	一、总产值	二、中间消耗	1、物质消耗	2、生产服务支出	三、增加值
农林牧渔业	1326997	608332	486424	121908	718665
一、农　业	928007	404523	323392	81131	523484
二、林　业	5865	2712	1600	1112	3153
三、牧　业	263693	147370	127279	20091	116323
四、渔　业	39652	14373	9486	4887	25279
五、农林牧渔服务业	89780	39354	24667	14687	50426
补充资料：					
农民家庭兼营的商品性工业	40401	21408	19980	1428	18993

3−4　农作物播种面积和产量

(2013年)

指标名称	面　积 (亩)	总产量 (吨)	单　产 (公斤/亩)
农作物总播种面积	**2576027**		
一、粮食作物	1690419	881492	522
1、夏　粮	843451	421809	500
2、秋　粮	846968	459683	543
#玉　米	785301	431511	550
谷　子	225	57	251
高　粱	469	157	334
豆　类	34683	13075	377
地　瓜	26290	14883	566
二、油　料	104500	36779	352
#花　生	103232	36562	354
三、棉　花	13562	1345	99
四、药　材	48		
五、蔬菜及食用菌	752205	2737857	3640
六、瓜果类	14677	65348	4452
七、其它农作物面积	616		

3-5 水果生产情况

	单位	2013年	2012年
一、果品总产量	**吨**	**67296**	**63408**
二、干果产量	**吨**	**9872**	**7870**
# 板　栗	吨	1080	330
核　桃	吨	975	420
白　果	吨	100	100
三、水果产量	**吨**	**57424**	**55538**
# 苹　果	吨	29889	28018
梨	吨	9711	10301
葡　萄	吨	604	608
桃	吨	8579	8058
杏	吨	740	800
枣	吨	1780	1685
柿　子	吨	3384	3382
山　楂	吨	805	804
其　他	吨	1932	1882
四、年末桑园面积	**公顷**		
五、年末果园面积	**公顷**	**2800**	**2757**
# 苹果园	公顷	1143	1136
梨　园	公顷	264	275
葡萄园	公顷	41	43
桃　园	公顷	346	323

3-6 林业生产情况

指 标 名 称	单位	2013年	2012年
一、造林面积	公顷	3884	3739
1、用材林	公顷	119	202
2、经济林	公顷	1295	1363
3、防护林	公顷	2365	2174
4、特种用途林	公顷	105	
二、更新造林	公顷	80	67
三、四旁(零星)植树	万株	230	225
四、实有封山育林面积	公顷		1447
五、低产低效林改造面积	公顷	1050	1586
六、未成林抚育作业面积	公顷次	22752	46300
七、中、幼龄林抚育面积	公顷	7584	7100
八、林木种子采集量	吨	10	6
九、当年苗木产量	万株	2580	2270
十、育苗面积	公顷	2247	1381
本年新增	公顷	866	720

3-7 畜牧业生产情况

指标名称	单位	2013年
一、牛年末头数	头	17653
其中：肉牛	头	17296
奶牛	头	357
二、猪年末头数	万头	45.27
# 能繁殖的母猪	万头	4.75
三、羊年末只数	万只	40.93
其中：山羊	万只	40.45
绵羊	万只	0.48
四、当年牲畜出栏情况		
当年出栏肉猪头数	万头	60.31
当年出售和自宰的肉用牛	头	22899
当年出售和自宰的肉用羊	万只	64.24
五、肉类总产量	吨	118540
1.猪肉产量	吨	44491
2.牛肉产量	吨	3121
3.羊肉产量	吨	5535
4.禽肉产量	吨	60777
6.兔肉产量	吨	4615
六、奶类产量	吨	1096
# 牛奶产量	吨	1017
七、毛绒产量	吨	193
山羊毛产量	吨	182
绵羊毛产量	吨	11
# 半细羊毛	吨	9
八、蜂蜜产量	吨	13
九、家禽存养数合计	万只	1228.56
1.鸡	万只	998.54
其中：蛋鸡	万只	350.00
2.鸭	万只	226.51
3.鹅	万只	3.46
十、禽蛋产量	吨	40749
1.鸡 蛋	吨	31543
2.鸭 蛋	吨	8850
3.鹅 蛋	吨	355
十一、家禽出栏数	万只	4369.31
1.鸡	万只	3499.88
2.鸭	万只	867.85
3.鹅	万只	1.55
十二、兔存养数	万只	169.26
十三、出栏兔	万只	310.12

3–8 渔业生产情况

指标名称	单位	2013年
水产品产量合计	**吨**	**58068**
一、淡水养殖产量	吨	57433
1、鱼　类	吨	57316
#鲤　鱼	吨	13158
鲢　鱼	吨	1983
草　鱼	吨	5862
鲫　鱼	吨	8325
罗非鱼	吨	746
其他鱼	吨	27242
2、虾蟹类	吨	112
3、贝　类	吨	
4、其它(甲鱼)	吨	5
在水产品产量中:	吨	58068
养　殖	吨	57433
捕　捞	吨	635
二、养殖面积	公顷	6734

3-9 农业机械化情况

指 标 名 称	单位	2013年
一、农业机械原值	万元	122683
农业机械净值	万元	95693
二、农业机械总动力	千瓦	1701550
柴油发动机动力	千瓦	1310798
汽油发动机动力	千瓦	42644
电动机动力	千瓦	348108
三、拖拉机及配套机械		
(一)拖拉机	台	11794
	千瓦	417453
其中：大中型	台	10360
	千瓦	404010
小 型	台	1434
	千瓦	13443
(二)配套农具	台	42671
其中：大中型	台	37509
小 型	台	5162
四、种植业机械		
(一)耕整地机械		
其中：耕整机	台	8327
	千瓦	50568
机引犁	台	10134
旋耕机	台	5782
深松机	台	271
机引耙	台	7411
(二)种植施肥机械		
其中：播种机	台	7411
化肥深施机	台	122
(三)农用排灌机械		
其中：排灌动力机械	台	34296
	千瓦	246273
农用水泵	台	26831
节水灌溉类机械	台	3310

3-9 续表 1

指 标 名 称	单位	2013年
(四)田间管理机械		
其中：机动喷雾(粉)机	台	4312
	千瓦	8915
(五)收获机		
其中：联合收获机	台	3772
	千瓦	190119
割晒机	台	485
	千瓦	5947
(六)收获后处理机械		
其中：机动脱粒机	台	6317
种子加工机	台	6
五、运输机械		
其中：农用运输车	台	34209
	千瓦	517198
其中：三轮汽车	台	31334
	千瓦	301548
低速载货汽车	台	2875
	千瓦	215650
农用挂车	台	8634
六、畜牧业机械	台	1411
	千瓦	15207
七、机械耕地面积	千公顷	87.14
八、机械播种面积	千公顷	116.43
九、机械收割面积	千公顷	128.91
十、机械植保面积	千公顷	161.68

3—10　农田水利情况

指　标　名　称	单位	2013年
一、本年灌溉面积达到	千公顷	77.51
其中：有效灌溉面积	千公顷	74.65
二、实际耕地灌溉灌面积	千公顷	71.83
三、本年节水灌溉面积达到	千公顷	50.7
四、灌溉机电井眼数	眼	24457
其中：规模以上机电井眼数	眼	14666
规模以下机电井眼数	眼	9791

3—11　农村自然灾害情况

(2013年)

指 标 名 称	数　量 (公顷)
受灾面积合计	**7260**
1、旱　　灾	
2、水　　灾	2466
3、风 雹 灾	4794
4、低温冷冻灾	
5、病　　虫	
成灾面积合计	**3494**
1、旱　　灾	
2、水　　灾	1364
3、风 雹 灾	2130
4、低温冷冻灾	
5、病　　虫	

第4篇

工业和能源

4－1 工业总产值

（2013年）

	单位个数（个）	按当年价格计算（万元）
总　　计	**14653**	**14944254**
一、规模以上工业企业	484	13411254
1、中央省驻滕工业企业	4	319868
2、市直工业企业	43	1753292
3、镇街工业企业	437	11338094
二、规模以下工业企业	3390	977200
三、城镇及农村个体工业	10779	555800

4－2 规模以上工业主要产品产量

（2013年）

产品名称	单位	数量
原煤	万吨	486.5
白酒	万千升	0.4
啤酒	万千升	13.8
卷烟	亿支	115.0
纱	万吨	6.7
布	亿米	2.1
机制纸及纸板	万吨	15.4
焦炭	万吨	231.8
纯苯	万吨	12.0
精甲醇	万吨	135.4
合成氨	万吨	40.0
化肥(折纯)	万吨	31.7
水泥	万吨	209.0
平板玻璃	万重量箱	1620.0
金属切削机床	万台	3.0
发电量	亿千瓦小时	57.3

4-3 分类型规模以上工业企业主要经济指标

(2013年) 单位：万元

	企业单位数(个)	亏损企业(个)	工业总产值(当年价格)	工业销售产值(当年价格)	出口交货值
总　　计	**484**	**21**	**13411254**	**13314352**	**171933**
一、按登记注册类型分组：					
内资企业	468	17	12759119	12670477	114317
国有企业	7	4	415260	402890	
集体企业	2	1	5919	5919	3357
有限责任公司	167	7	4681237	4639491	9646
股份有限公司	3	1	96637	94289	20143
私营企业	289	4	7560066	7527888	81171
港、澳、台商投资企业	8	2	271230	264620	40633
外商投资企业	8	2	380905	379255	16983
二、按经济组织类型分组					
独资企业	20	7	794564	774924	43881
股份有限公司	7	1	188494	185894	43102
有限责任公司	457	13	12428196	12353534	84950
三、在总计中：亏损企业	21	21	830767	816443	20340
在总计中：国有控股企业	20	6	1450653	1418801	4474
在总计中：轻工业	133	5	3541788	3521987	30599
重工业	351	16	9869466	9792365	141334
在总计中：大型企业	8	1	908539	885568	44998
中型企业	52	10	1959256	1934427	44025
小型企业	424	10	10543459	10494357	82910

4-3 续表 1

(2013年) 单位：万元

	资产总计	流动资产合计	应收帐款	存货	产成品
总　　计	**6437334**	**2049614**	**281748**	**413077**	**224756**
一、按登记注册类型分组：					
内资企业	5915514	1837546	243861	358984	200166
国有企业	1143228	366924	24756	23711	3372
集体企业	11665	4469	190	662	603
有限责任公司	2998007	929217	134719	190098	106886
股份有限公司	137997	103441	7271	18481	8034
私营企业	1624616	433495	76925	126032	81271
港、澳、台商投资企业	259715	116586	35457	34932	17822
外商投资企业	262106	95482	2430	19161	6768
二、按经济组织类型分组					
独资企业	1426160	479620	59317	59540	21794
股份有限公司	160608	108632	7988	18819	8325
有限责任公司	4850566	1461362	214443	334718	194637
三、在总计中：亏损企业	1224675	315299	34174	60474	19680
在总计中：国有控股企业	2380754	762995	73467	91268	43314
在总计中：轻工业	856505	231695	44970	50986	28632
重工业	5580829	1817919	236778	362091	196124
在总计中：大型企业	1480088	527530	43415	101538	57170
中型企业	2188126	755645	110094	122732	45672
小型企业	2769120	766439	128239	188807	121914

4-3 续表 2

(2013年) 单位：万元

	固定资产合计	固定资产原价	累计折旧	负债合计	流动负债合计	非流动负债合计
总　计	**4090236**	**5437832**	**1573019**	**3473789**	**2696932**	**651996**
一、按登记注册类型分组:						
内资企业	3802886	4958402	1376044	3141515	2459691	557032
国有企业	736528	900711	316587	849042	663811	185232
集体企业	5095	7495	2432	11357	11242	15
有限责任公司	1862598	2469793	655063	1726593	1319775	361468
股份有限公司	22023	37302	17422	91189	43009	2500
私营企业	1176642	1543101	384540	463334	421854	7817
港、澳、台商投资企业	121151	154859	35010	169213	113516	55629
外商投资企业	166219	324571	161965	163061	123725	39335
二、按经济组织类型分组						
独资企业	885881	1086967	355639	1028330	784511	242436
股份有限公司	39443	62784	25485	94954	46624	2650
有限责任公司	3164912	4288081	1191895	2350505	1865797	406910
三、在总计中:亏损企业	818308	1177006	445577	1056792	760898	295884
在总计中:国有控股企业	1443231	2032106	744839	1763151	1307619	418149
在总计中:轻工业	593986	782631	197942	281285	245425	30149
重工业	3496250	4655201	1375077	3192504	2451507	621847
在总计中:大型企业	838866	1119072	404414	1134602	980537	125322
中型企业	1300913	1771657	544220	1440783	958804	429690
小型企业	1950457	2547103	624385	898404	757591	96984

4-3 续表 3

(2013年)　　单位：万元

	所有者权益合计	主营业务收入	主营业务成本	主营业务税金及附加	销售费用	管理费用
总　计	**2949922**	**13601573**	**11781123**	**81731**	**355846**	**490734**
一、按登记注册类型分组：						
内资企业	2765065	12992560	11244729	78942	338100	463592
国有企业	294185	401278	350768	3178	7276	33699
集体企业	308	8162	5644	151	106	2634
有限责任公司	1264950	4589083	3954462	30717	112882	162438
股份有限公司	46809	93818	82907	159	2743	5439
私营企业	1158813	7900219	6850948	44737	215093	259382
港、澳、台商投资企业	87001	264712	238265	907	6048	8979
外商投资企业	97856	344301	298129	1882	11698	18163
二、按经济组织类型分组						
独资企业	396615	778947	685569	4990	17123	48110
股份有限公司	65654	190967	164433	689	7147	9825
有限责任公司	2487653	12631659	10931121	76052	331576	432799
三、在总计中：亏损企业	167841	744851	716000	2339	13769	48125
在总计中：国有控股企业	617603	1231839	1043897	13590	29954	80305
在总计中：轻工业	570398	3526551	3051002	24958	95835	121986
重工业	2379524	10075022	8730121	56773	260011	368748
在总计中：大型企业	345486	894761	773365	4537	26535	49081
中型企业	744910	1907065	1613585	14992	45727	100447
小型企业	1859526	10799747	9394173	62202	283584	341206

4—3 续表 4

(2013年) 单位：万元

	财务费用	利息支出	营业利润	利润总额	亏损企业亏损总额
总　　计	**171120**	**155777**	**756230**	**784792**	**57462**
一、按登记注册类型分组：					
内资企业	156914	141038	740658	765017	51022
国有企业	35762	37117	-17877	-6632	36484
集体企业	305	305	-620	-674	765
有限责任公司	75926	64259	269784	282910	10926
股份有限公司	1114	747	1589	1577	1797
私营企业	43807	38610	487782	487836	1050
港、澳、台商投资企业	3753	4775	6828	6791	2779
外商投资企业	10453	9964	8744	12984	3661
二、按经济组织类型分组					
独资企业	40991	43368	-6196	4901	40028
股份有限公司	1248	881	7758	7745	1797
有限责任公司	128881	111528	754668	772146	15637
三、在总计中:亏损企业	48616	48087	-67357	-57462	57462
在总计中:国有控股企业	75547	70452	13315	41184	42863
在总计中:轻工业	15011	13289	216649	217822	1546
重工业	156109	142488	539581	566970	55916
在总计中:大型企业	35948	34902	15079	27424	26648
中型企业	61675	57264	90376	106707	16502
小型企业	73497	63611	650775	650661	14312

4-3 续表 5

(2013年)　　单位：万元

	利税总额	本年应付职工薪酬	本年应交增值税	全部从业人员年平均人数（人）
总　　计	**1455564**	**402313**	**587987**	**121447**
一、按登记注册类型分组：				
内资企业	1414992	373508	570009	114177
国有企业	16395	37543	19746	7988
集体企业	-183	2779	335	1555
有限责任公司	529315	160474	215284	44078
股份有限公司	3737	4362	2001	2336
私营企业	865728	168350	332643	58220
港、澳、台商投资企业	12523	11816	4804	3136
外商投资企业	28050	16988	13174	4134
二、按经济组织类型分组				
独资企业	39696	54933	29685	13776
股份有限公司	14822	6406	6389	3022
有限责任公司	1401046	340974	551913	104649
三、在总计中：亏损企业	-38687	65300	16328	15625
在总计中：国有控股企业	122995	110393	68044	21623
在总计中：轻工业	388770	97695	145490	32381
重工业	1066794	304618	442497	89066
在总计中：大型企业	63434	57096	31466	13470
中型企业	226015	122582	103844	32263
小型企业	1166115	222635	452677	75714

4-4 分行业规模以上工业企业主要经济指标

（2013年） 单位：万元

	企业单位数（个）	亏损企业（个）	工业总产值（当年价格）	工业销售产值（当年价格）	出口交货值
总　计	**484**	**21**	**13411254**	**13314352**	**171933**
一、采矿业	**50**	**3**	**1264720**	**1258785**	
煤炭开采和洗选业	50	3	1264720	1258785	
二、制造业	**428**	**17**	**11900612**	**11810044**	**171933**
农副食品加工业	27	2	748462	747797	23878
食品制造业	16		404028	402874	
酒、饮料和精制茶制造业	3		79352	79021	
烟草制品业	1		152260	143982	
纺织业	21	1	520877	518311	
纺织服装、服饰业	4		39828	39536	
木材加工和木、竹、藤、棕、草制品业	14		298041	296822	
家具制造业	4		99103	98501	
造纸和纸制品业	12		337026	335765	
印刷和记录媒介复制业	3		98028	97539	
文教、工美、体育和娱乐用品制造业	10		281493	280972	6722
石油加工、炼焦和核燃料加工业	3	1	350746	349108	
化学原料和化学制品制造业	50	7	2038877	2019105	12890
医药制造业	3	1	82643	81832	
橡胶和塑料制品业	20	1	588933	587452	36688
非金属矿物制品业	72	2	1848051	1826482	23067
黑色金属冶炼和压延加工业	8		250865	249782	
有色金属冶炼和压延加工业	1		37691	37612	
金属制品业	12	1	422002	414800	40524
通用设备制造业	67	1	1443954	1433770	27999
专用设备制造业	32		776164	772919	
汽车制造业	2		14120	13479	
电气机械和器材制造业	31		758438	755296	165
计算机、通信和其他电子设备制造业	5		104543	102966	
仪器仪表制造业	7		125087	124321	
三、电力、燃气及水的生产和供应业	**6**	**1**	**245922**	**245523**	
电力、热力生产和供应业	4		212548	212149	
燃气生产和供应业	1		30068	30068	
水的生产和供应业	1	1	3306	3306	

4-4 续表 1

(2013年)

单位：万元

	资产总计	流动资产合　计	应收帐款	存货	产成品
总　　计	**6437334**	**2049614**	**281748**	**413077**	**224756**
一、采矿业	**843762**	**365531**	**25426**	**24725**	**14526**
煤炭开采和洗选业	843762	365531	25426	24725	14526
二、制造业	**5152570**	**1604647**	**229486**	**379118**	**206515**
农副食品加工业	168408	70242	18676	19419	13134
食品制造业	65349	14045	3309	3417	2233
酒、饮料和精制茶制造业	68910	12367	737	3796	522
烟草制品业					
纺织业	108700	21182	3944	4352	3207
纺织服装、服饰业	8332	3361	1312	1093	607
木材加工和木、竹、藤、棕、草制品业	73194	25320	2798	13630	8558
家具制造业	15655	4649	794	962	776
造纸和纸制品业	133543	36479	4441	2618	1777
印刷和记录媒介复制业	10993	2875	534	544	437
文教、工美、体育和娱乐用品制造业	29289	10258	1686	1659	1209
石油加工、炼焦和核燃料加工业	293526	115759	9123	43926	33249
化学原料和化学制品制造业	1545477	358950	23548	63586	17618
医药制造业	36239	14863	2480	2343	412
橡胶和塑料制品业	284144	87857	5925	36052	27008
非金属矿物制品业	1009017	362086	53366	52754	23056
黑色金属冶炼和压延加工业	84403	23539	3661	3395	2766
有色金属冶炼和压延加工业	18775	3754	226	1192	817
金属制品业	248009	104799	33752	33871	17087
通用设备制造业	530594	230133	37885	63142	36337
专用设备制造业	170916	51012	10474	13711	9640
汽车制造业	15409	2547	579	1567	850
电气机械和器材制造业	194197	33342	7425	7551	3577
计算机、通信和其他电子设备制造业	17914	9689	1850	3290	1068
仪器仪表制造业	21577	5539	961	1248	570
三、电力、燃气及水的生产和供应业	**441002**	**79436**	**26836**	**9234**	**3715**
电力、热力生产和供应业	382295	50183	24947	2496	
燃气生产和供应业	31652	19320	590	3715	3715
水的生产和供应业	27055	9933	1299	3023	

4-4 续表 2

(2013年) 单位：万元

	固定资产合计	固定资产原价	累计折旧	负债合计	流动负债合计	非流动负债合计
总　计	**4090236**	**5437832**	**1573019**	**3473789**	**2696932**	**651996**
一、采矿业	**405936**	**505475**	**173535**	**392068**	**358542**	**26864**
煤炭开采和洗选业	405936	505475	173535	392068	358542	26864
二、制造业	**3341944**	**4425434**	**1232469**	**2731398**	**2105015**	**508185**
农副食品加工业	88935	116443	29191	100648	98870	986
食品制造业	44697	60479	16957	20638	17181	
酒、饮料和精制茶制造业	51651	62084	12847	36351	14107	22243
烟草制品业						
纺织业	82426	107410	25020	17727	17612	3
纺织服装、服饰业	4550	5737	1188	3678	2489	
木材加工和木、竹、藤、棕、草制品业	47874	63516	15643	12490	12490	
家具制造业	10981	14771	4064	3000	3000	
造纸和纸制品业	97064	132554	35522	27475	27375	
印刷和记录媒介复制业	8118	11105	2987	1711	1711	
文教、工美、体育和娱乐用品制造业	19031	25996	6965	10172	10112	
石油加工、炼焦和核燃料加工业	135084	208497	73455	213474	197474	16000
化学原料和化学制品制造业	1159924	1525474	482778	1196917	847210	349698
医药制造业	21285	21920	3560	10971	9073	1899
橡胶和塑料制品业	186093	231046	54042	137717	106227	18150
非金属矿物制品业	592881	802629	208908	449612	407245	35130
黑色金属冶炼和压延加工业	60865	83039	22174	15971	15971	
有色金属冶炼和压延加工业	15021	17030	2010	4620	4620	
金属制品业	123526	157265	34445	167632	111571	55587
通用设备制造业	278530	369157	99795	207301	119911	8179
专用设备制造业	119182	156140	39218	40699	40699	
汽车制造业	12862	13034	172	10856	1186	
电气机械和器材制造业	160457	211762	54089	26930	24345	38
计算机、通信和其他电子设备制造业	8225	11124	2899	6943	6943	
仪器仪表制造业	12682	17222	4540	7865	7593	272
三、电力、燃气及水的生产和供应业	**342356**	**506923**	**167015**	**350323**	**233375**	**116947**
电力、热力生产和供应业	316969	475833	158864	313824	202545	111279
燃气生产和供应业	12332	12332	2447	16695	16045	650
水的生产和供应业	13055	18758	5704	19804	14785	5018

4-4 续表 3

(2013年) 单位：万元

	所有者权益合计	主营业务收入	主营业务成本	主营业务税金及附加	销售费用	管理费用
总　计	**2949922**	**13601573**	**11781123**	**81731**	**355846**	**490734**
一、采矿业	**446502**	**1306039**	**1114447**	**10261**	**27890**	**68145**
煤炭开采和洗选业	446502	1306039	1114447	10261	27890	68145
二、制造业	**2413930**	**12051867**	**10470862**	**69185**	**325167**	**417546**
农副食品加工业	64161	773275	688905	3977	17321	18684
食品制造业	43550	424621	368310	2432	9546	13064
酒、饮料和精制茶制造业	32560	79021	63031	5438	2801	4144
烟草制品业						
纺织业	90932	541252	459048	3437	17399	22511
纺织服装、服饰业	4651	41815	36555	320	1327	1531
木材加工和木、竹、藤、棕、草制品业	60704	309583	264739	2765	8801	12457
家具制造业	12655	100172	82613	1070	3961	4198
造纸和纸制品业	106069	349082	301707	1488	7747	14461
印刷和记录媒介复制业	9281	101251	85674	548	3563	4215
文教、工美、体育和娱乐用品制造业	19117	299470	254483	1691	11695	12689
石油加工、炼焦和核燃料加工业	80052	356484	320611	560	12961	9609
化学原料和化学制品制造业	348560	2002503	1773371	7063	49362	80445
医药制造业	25268	87927	75667	369	1651	2887
橡胶和塑料制品业	146427	638482	569833	3480	13967	17646
非金属矿物制品业	558307	1903502	1616187	14564	54336	61401
黑色金属冶炼和压延加工业	68433	256086	220828	1234	6372	7839
有色金属冶炼和压延加工业	14155	38512	32905	468	1066	1105
金属制品业	80359	418993	374162	1237	11372	13441
通用设备制造业	322019	1488093	1286692	6929	41632	50676
专用设备制造业	130217	803569	694970	4936	20901	28249
汽车制造业	4553	11159	9207	55	239	246
电气机械和器材制造业	167217	784950	683587	3910	19884	25893
计算机、通信和其他电子设备制造业	10971	109891	95889	569	2779	3423
仪器仪表制造业	13712	132174	111888	645	4484	6732
三、电力、燃气及水的生产和供应业	**89490**	**243667**	**195814**	**2285**	**2789**	**5043**
电力、热力生产和供应业	68471	210775	174331	2018	244	989
燃气生产和供应业	13768	29586	19290	241	2000	2478
水的生产和供应业	7251	3306	2193	26	545	1576

4-4 续表 4

(2013年)　　单位：万元

	财务费用	利息支出	营业利润	利润总额	亏损企业亏损总额
总　　计	**171120**	**155777**	**756230**	**784792**	**57462**
一、采矿业	**13966**	**12450**	**79212**	**80954**	**5088**
煤炭开采和洗选业	13966	12450	79212	80954	5088
二、制造业	**141102**	**127368**	**653465**	**676370**	**52158**
农副食品加工业	4903	3741	39563	39918	1273
食品制造业	2332	2341	28081	27983	
酒、饮料和精制茶制造业	559	578	3067	4061	
烟草制品业					
纺织业	2172	1839	36668	36535	55
纺织服装、服饰业	187	187	1994	2038	
木材加工和木、竹、藤、棕、草制品业	1210	1139	19613	19613	
家具制造业	261	261	6918	6850	
造纸和纸制品业	1500	1435	22192	22192	
印刷和记录媒介复制业	299	299	7024	6952	
文教、工美、体育和娱乐用品制造业	229	229	18684	18684	
石油加工、炼焦和核燃料加工业	5570	2940	8237	8101	1797
化学原料和化学制品制造业	73335	68730	39687	50524	43541
医药制造业	514	483	6853	6959	2
橡胶和塑料制品业	5856	5850	30062	29971	2671
非金属矿物制品业	15911	12486	142507	154339	28
黑色金属冶炼和压延加工业	3441	2790	16374	16371	
有色金属冶炼和压延加工业	416	416	2552	2552	
金属制品业	4835	5822	15212	15204	2778
通用设备制造业	8171	7480	93925	93490	13
专用设备制造业	5860	5057	48654	48515	
汽车制造业	204	205	967	967	
电气机械和器材制造业	2512	2283	50084	50033	
计算机、通信和其他电子设备制造业	378	363	6541	6541	
仪器仪表制造业	447	414	8006	7977	
三、电力、燃气及水的生产和供应业	**16052**	**15959**	**23553**	**27468**	**216**
电力、热力生产和供应业	16091	15955	18394	21835	
燃气生产和供应业	-106		5682	5849	
水的生产和供应业	67	4	-523	-216	216

4-4 续表 5

(2013年)　　单位：万元

	利税总额	本年应付工资总额	本年应交增值税	全部从业人员年平均人数（人）
总　　计	**1455564**	**402313**	**587987**	**121447**
一、采矿业	**167882**	**79855**	**76654**	**18740**
煤炭开采和洗选业	167882	79855	76654	18740
二、制造业	**1242409**	**312982**	**495982**	**100268**
农副食品加工业	70791	20735	26876	7604
食品制造业	49208	8998	18649	3372
酒、饮料和精制茶制造业	12914	3101	3416	780
烟草制品业		5959		611
纺织业	63799	13542	23720	4402
纺织服装、服饰业	4126	2077	1768	900
木材加工和木、竹、藤、棕、草制品业	35781	8687	13404	2704
家具制造业	12692	3512	4711	925
造纸和纸制品业	38322	6520	14643	2870
印刷和记录媒介复制业	12472	2893	4908	805
文教、工美、体育和娱乐用品制造业	33346	9749	12972	2974
石油加工、炼焦和核燃料加工业	16608	12406	7948	2651
化学原料和化学制品制造业	154133	52302	96545	13563
医药制造业	10004	2154	2675	679
橡胶和塑料制品业	55059	13052	21572	5112
非金属矿物制品业	249644	51273	80655	15817
黑色金属冶炼和压延加工业	28713	3762	11107	1521
有色金属冶炼和压延加工业	4648	1091	1627	281
金属制品业	26785	12853	10344	3790
通用设备制造业	163407	42274	62652	15384
专用设备制造业	85899	14309	32449	5709
汽车制造业	1022	614		208
电气机械和器材制造业	87700	15160	33738	5375
计算机、通信和其他电子设备制造业	11361	2143	4250	911
仪器仪表制造业	13975	3816	5353	1320
三、电力、燃气及水的生产和供应业	**45273**	**9476**	**15351**	**2439**
电力、热力生产和供应业	38157	4024	14239	1113
燃气生产和供应业	6997	2728	906	396
水的生产和供应业	119	2724	206	930

4-5 规模以上工业企业分镇(街、部门)主要经济指标

(2013年)　　单位：万元

项目	企业单位数(个)	主营业务收入	利润总额	利税总额
总计	**484**	**13601573**	**784792**	**1455564**
中央省驻滕企业	4	164908	29852	47800
煤炭局	6	119331	2419	22905
机电办	9	243950	7824	13403
化建办	9	719584	-20183	19973
轻纺办	4	59892	3211	11233
住建局	2	38532	6708	8227
牧工商	2	47639	-1273	-1104
水务局	1	3306	-216	119
商业办	2	97887	3411	3700
其它工业	8	314958	16324	32673
龙泉	25	568858	36284	63555
荆河	23	645780	40589	69142
北辛	22	566491	40254	72485
善南	18	510475	30314	51166
东沙河	16	326572	22025	39120
洪绪	25	764751	47823	86246
南沙河	31	698530	41635	72276
大坞	18	478430	30726	54849
滨湖	14	291081	16470	28798
级索	32	920761	61658	108276
西岗	28	1032399	45254	83093
姜屯	20	471489	29213	49488
鲍沟	32	996631	62452	115561
张汪	16	350830	21242	34942
官桥	27	488797	33438	60781
柴胡店	13	362280	22829	41367
羊庄	11	338908	31016	47838
木石	22	656853	38559	70734
界河	21	607055	40055	67047
龙阳	11	285291	17386	30299
东郭	12	429324	27493	49572

4-6 规模以上工业企业水消费(取水总量)

单位：万立方米

行 业 名 称	2013年	2012年
全部工业企业	**9792.96**	**9367.58**
(一)采矿业	500.64	493.03
煤炭开采和洗选业	500.64	493.03
(二)制造业	4289.91	4188.10
农副食品加工业	267.27	310.87
食品制造业	32.89	34.84
酒、饮料和精制茶制造业	64.90	54.87
烟草制品业	14.85	12.25
纺织业	26.35	26.73
纺织服装、服饰业	0.30	0.29
木材加工和木、竹、藤、棕、草制品业	30.53	34.83
家具制造业	3.05	3.26
造纸和纸制品业	104.25	101.11
印刷和记录媒介复制业	5.99	6.16
文教、工美、体育和娱乐用品制造业	4.80	5.36
石油加工、炼焦和核燃料加工业	324.44	337.83
化学原料和化学制品制造业	2772.36	2585.77
医药制造业	17.67	16.87
橡胶和塑料制品业	31.89	28.31
非金属矿物制品业	360.81	379.94
黑色金属冶炼和压延加工业	5.87	5.88
有色金属冶炼和压延加工业	2.15	2.01
金属制品业	29.75	40.43
通用设备制造业	66.49	69.11
专用设备制造业	49.40	55.91
汽车制造业	0.06	
电气机械和器材制造业	70.79	72.11
计算机、通信和其他电子设备制造业	0.95	0.68
仪器仪表制造业	2.10	2.65
(三)电力、热力、燃气及水生产和供应业	5002.41	4686.45
电力、热力生产和供应业	1507.39	1442.15
燃气生产和供应业	0.48	0.44
水的生产和供应业	3494.54	3243.87

4-7 规模以上工业企业能源购进、消费与库存情况

(2013年)

能源名称	计量单位	年初库存量	购进量		消费量					年末库存量
			实物量	金额(千元)	合计	1.工业生产消费	用于原材料	2.非工业生产消费	合计中:运输工具消费	
原煤	吨	355562	14023797	8451888	13979034	13932578	96182	46456		413114
洗精煤	吨	144608	4621708	3731369	4629095	4629095	1461459			137221
其它洗煤	吨									
煤制品	吨	5	976	556	974	968		6		7
焦炭	吨	6535	82801	123925	86559	86559	85697			2777
焦炉煤气	万立方米		806	6102	1219	1219				
天然气(气态)	万立方米		5486	150193	5486	5482		4		
汽油	吨	98	1651	13784	1692	1013		680	493	57
煤油	吨	0	9	95	9	9				0
柴油	吨	726	2442	18558	2343	1927		415	511	825
石油焦	吨	19572	142783	162699	136651	136651				25705
热力	百万千焦		3652781	173560	3652781	3640064		12717		
电力	万千瓦时		359359	2348227	421415	418841		2574	67	
煤矸石用于燃料	吨	15000	658967	138474	658967	658967				15000
余热余压	百万千焦				3634081	3634081				
能源合计	吨标准煤				15416620	15380784		35837		

4-8 规模以上工业企业能源购进、消费与库存情况附表情况

(2013年)

能源名称	计量单位	工业生产消费量	加工转换投入合计	火力发电	供热	原煤入洗	炼焦	能源加工转换产出	回收利用
原煤	吨	12827517	10730211	2483970	178487	8067754			
洗精煤	吨	3935799	3167636				3167636	6010171	
其它洗煤	吨							490256	
煤制品	吨								
焦炭	吨							2317794	
焦炉煤气	万立方米	413	413	413				4027	
天然气(气态)	万立方米	4895							
汽油	吨	16							
煤油	吨	3							
柴油	吨	1335	782	746	36				
石油焦	吨	136651							
热力	百万千焦	1093185						4182748	
电力	万千瓦时	219232						573339	
煤矸石用于燃料	吨	658967	658967	494050	164917				
余热余压	百万千焦	3634081	3634081	3634081					3634081
能源合计	吨标准煤	13497476	10631145	1845918	171558	5762796	2850872	9089758	123922

4-9 规模以上工业企业分行业产值能耗表

指标	2013年		2012年	
	综合能源消费量（吨标准煤）	产值能耗（吨标准煤/万元）	综合能源消费量（吨标准煤）	产值能耗（吨标准煤/万元）
全部工业企业	**6167104**	**0.45**	**5863085**	**0.46**
（一）采矿业	159164	0.11	216713	0.15
煤炭开采和洗选业	159164	0.11	216713	0.15
（二）制造业	4885955	0.40	4511739	0.41
农副食品加工业	101257	0.14	106008	0.14
食品制造业	17625	0.04	21587	0.06
酒、饮料和精制茶制造业	9378	0.12	7686	0.12
烟草制品业	3824	0.03	3745	0.03
纺织业	39724	0.08	49628	0.10
纺织服装、服饰业	3626	0.11	4620	0.16
木材加工和木、竹、藤、棕、草制品业	9699	0.03	11582	0.04
家具制造业	1994	0.02	2324	0.03
造纸和纸制品业	35463	0.10	41186	0.12
印刷和记录媒介复制业	5001	0.05	4758	0.06
文教、工美、体育和娱乐用品制造业	12250	0.04	12773	0.05
石油加工、炼焦和核燃料加工业	323385	0.92	296064	0.82
化学原料和化学制品制造业	3374460	1.61	3046300	1.69
医药制造业	5987	0.07	5555	0.09
橡胶和塑料制品业	39599	0.07	35117	0.07
非金属矿物制品业	704105	0.39	641556	0.39
黑色金属冶炼和压延加工业	19105	0.07	19947	0.08
有色金属冶炼和压延加工业	2814	0.07	3423	0.10
金属制品业	40376	0.10	37008	0.09
通用设备制造业	63292	0.04	74095	0.05
专用设备制造业	38305	0.05	46025	0.06
汽车制造业	25			
电气机械和器材制造业	29228	0.04	33481	0.05
计算机、通信和其他电子设备制造业	3314	0.03	4247	0.05
仪器仪表制造业	2120	0.02	3025	0.03
（三）电力、热力、燃气及水生产和供应业	1121985	4.53	1134632	4.60
电力、热力生产和供应业	1120259	5.23	1133023	5.19
燃气生产和供应业	375	0.01	307	0.01
水的生产和供应业	1351	0.41	1302	0.44

第5篇 固定资产投资和建筑业

5-1 固定资产投资完成情况

(2013年) 单位：万元、平方米

	固定资产投资	固定资产投资(不含房地产)	房地产开发
本年完成投资	**4571181**	**3716685**	**854496**
本年完成投资中：			
建筑工程	2342507	1794043	548464
安装工程	433780	342459	91321
设备购置	1436348	1413159	23189
其他投资	358546	167024	191522
本年完成投资中：			
第一产业	54391	54391	-
第二产业	2204679	2204679	-
第三产业	2312111	1457615	854496
其中:住宅	634047	-	634047
本年新增固定资产	2769953	2430179	339774
本年施工房屋面积	11704367	3216766	8487601
其中：住宅	6546623	-	6546623
本年竣工房屋面积	2826467	1503995	1322472
其中：住宅	1090900	-	1090900
施工项目个数	511	455	56
本年投产(竣工)项目个数	408	392	16
本年资金来源合计	4990147	3854205	1135942

5-2 房地产开发情况

单位：万元、平方米

指标名称	2013年	指标名称	2013年
房地产企业个数	64	施工房屋面积	8487601
本年完成投资	854496	住宅	6546623
其中：商品房建设投资	761250	商业营业用房	1212947
按工程用途分：		其他	667031
住宅	634047	竣工房屋面积	1322472
商业营业用房	116083	住宅	1090900
办公楼	11120	商业营业用房	136894
其他	93246	其他	94678
本年新增固定资产	339774	竣工房屋价值	331152
本年购置土地面积	218556	住宅	275857
本年资金来源合计	1135942	商业营业用房	33681
上年末结余资金	100144	其他	21614
本年资金来源小计	1035798	房屋销售面积	1415427
国内贷款	54948	住宅	1295115
自筹资金	643855	商业营业用房	85068
其他资金来源	336995	其他	35244
本年各项应付款合计	173388	房屋销售额	558492
其中：工程款	58427	住宅	473831
竣工房屋住宅套数合计(套)	7457	商业营业用房	63851
商品住宅销售套数(套)	11403	其他	20810

5-3 房地产企业主要经济指标

单位：万元

指 标 名 称	2013年	2012年
一、年末资产负债		
流动资产合计	2844436	2345168
其中：应收账款	125900	87136
固定资产原价	63952	58388
累计折旧	13745	9108
资产总计	3083194	2932636
负债合计	2334684	2248109
所有者权益合计	748509	684527
其中：实收资本	228592	175925
二、损益及分配		
主营业务收入	752514	401660
主营业务成本	585001	334795
主营业务税金及附加	50109	26896
其他业务利润	24	1122
销售费用	11684	6673
管理费用	20169	15816
财务费用	5194	6853
营业利润	80101	10107
利润总额	77824	10277

5-4 建筑业资质以

(2013年)

	企业个数(个)	签订的合同额	建筑业总产值	按构成分的	
				装饰装修产值	在外省完成产值
总　计	**93**	**28501853**	**17762500**	**3196142**	**3769042**
其中：国有及国有控股企业	6	1875314	1256206	116942	39175
一、按登记注册类型分组					
内资企业	93	28501853	17762500	3196142	3769042
国有企业	4	1305060	761505	116942	28175
集体企业	11	4686500	2966468	149621	218550
有限责任公司	43	15502376	9349589	2374774	1943745
股份有限公司	6	3110078	1760097	78640	885174
私营企业	29	3897839	2924841	476165	693398
其他企业					
外商投资企业					
中外合资经营企业					
二、按国民经济行业分组					
房屋建筑业	44	21680682	12808261	819188	2638141
土木工程建筑业	14	1250906	1272890	15170	71050
建筑安装业	19	2405624	1422694	341497	166310
建筑装饰业	13	2657963	2121068	2020287	858337
其他建筑业	2	385758	38247		25534
三、按隶属关系分组					
省					
地	3	221491	150192	1350	
县及县以下	40	19045691	10741829	2409729	1937849
四、按企业资质等级分组					
施工总承包	46	23122322	13678962	1135010	2670131
一　级	5	10076428	4716833	670816	967740
二　级	27	10352650	7523159	365190	1482000
三级及以下	14	2693244	1438970	99004	220391
专业承包	47	5379531	4083538	2061132	1098911
一　级	4	2754778	2177348	1656400	738015
二　级	20	1679591	1154844	376237	247131
三级及以下	23	945162	751346	28495	113765

上企业生产情况

单位：千元

建筑业总产值			竣工产值	房屋建筑施工面积（平方米）	房屋建筑竣工面积（平方米）	
建筑工程	安装工程	其他产值				住 宅
15562413	**1618157**	**581930**	**10611342**	**15244644**	**5565089**	**3407857**
1130038	120238	5930	735778	1352341	172213	172213
15562413	1618157	581930	10611342	15244644	5565089	3407857
635337	120238	5930	357437	927441	105213	105213
2664081	285201	17186	1311777	2973101	773651	502579
8159287	898211	292091	6159439	7949094	3416260	2565498
1728054	4800	27243	1212487	1331455	414904	15072
2375654	309707	239480	1570202	2063553	855061	219495
11706925	799985	301351	8159284	13933989	4970232	3049063
900579	344343	27968	592501	255000	28000	9500
974765	427829	20100	1304798	1055655	566857	349294
1855270	46000	219798	470932			
25534		12713	8207			
118910	29932	1350	90252	59070	47870	38520
9583223	858094	300512	6537979	10128701	3589887	2589313
12279475	873098	526389	9058487	14370242	5189179	3387808
3831623	410338	474872	3747059	5297467	1908433	1253138
7065438	406204	51517	3938787	6742295	2265402	1378600
1382414	56556		1372641	2330480	1015344	756070
3282938	745059	55541	1552855	874402	375910	20049
2175302		2046	521787	235680	235680	
762074	380057	12713	557335	241000	46699	20049
345562	365002	40782	473733	397722	93531	

5-4

(2013年)

	房屋建筑竣工价值	住宅	年末自有施工机械设备 净 值	总台数（台）	总功率（千瓦）
总　计	**7672088**	**4383544**	**984398**	**21800**	**304652**
其中：国有及国有控股企业	157360	157360	80766	2854	12106
一、按登记注册类型分组					
内资企业	7672088	4383544	984398	21800	304652
国有企业	100970	100970	22069	2594	6442
集体企业	1164287	720749	171820	4542	49114
有限责任公司	4387449	3186116	480035	9382	171127
股份有限公司	1093500	93150	81897	1011	5856
私营企业	925882	282559	228577	4271	72113
其他企业					
外商投资企业					
中外合资经营企业					
二、按国民经济行业分组					
房屋工程建筑	6922448	3881754	710968	16690	257015
土木工程建筑业	21920	6100	75774	937	11063
建筑安装业	727720	495690	80842	2083	18101
建筑装饰业			109843	1661	10465
其他建筑业			4188	33	122
三、按隶属关系分组					
省					
地	85490	65000	408	410	1920
县及县以下	4935022	3473971	599532	12808	183505
四、按企业资质等级分组					
施工总承包	7384928	4367634	735558	16665	244593
一　级	2943547	1782419	240703	4743	68848
二　级	3151250	1642057	432082	9519	147877
三级及以下	1290131	943158	62773	2403	27868
专业承包	287160	15910	248840	5135	60059
一　级	189500		120413	779	11076
二　级	39220	15910	74206	2520	25805
三级及以下	58440		54221	1836	23178

续表

单位：千元

从业人员情况(人)				主要建筑材料消耗量		
直接从事生产经营活动的平均人数	年末从业人数	工程技术人员	一级建造师	钢材(吨)	木材(立方米)	水泥(吨)
95594	**79600**	**10177**	**239**	**839279**	**467933**	**3784032**
4616	4390	738	24	31953	22637	198242
95594	79600	10177	239	839279	467933	3784032
2557	2500	427	21	26256	22316	134006
15754	14397	1660	34	156061	101540	397555
49793	42433	4151	110	425983	212109	2373117
7864	5386	1815	29	66811	50974	323979
19626	14884	2124	45	164168	80994	555375
5379	4082	863	15	26543	3778	87782
7704	7342	1186	8	86345	13287	100727
7695	5088	630	51	36683	1866	5388
136	149	35		841	87	1043
559	867	202	2	2625	980	2312
56564	47674	4803	140	519182	295926	2501676
79211	66801	8022	160	637100	428980	3666891
22449	18703	1372	73	277625	187130	1608928
44363	37666	5120	86	283838	209957	1797576
12399	10432	1530	1	75637	31893	260387
16383	12799	2155	79	202179	38953	117141
7159	4379	363	46	85827	154	239
5845	5201	1017	28	79735	31159	88801
3379	3219	775	5	36617	7640	28101
7086	3385	757	4	35373	1079	7507

5-5 建筑业企

(2013年)

	流动资产合计	存货	固定资产合计	固定资产原价	累计折旧
总　计	**6024508**	**1118978**	**2333780**	**2813334**	**727358**
其中：国有及国有控股企业	648206	232045	168633	214837	46204
一、按登记注册类型分组					
内资企业	6024508	1118978	2333780	2813334	727358
国有企业	481446	215957	87739	102421	14682
集体企业	732483	107832	350527	524748	206960
有限责任公司	2833148	497146	1242392	1383556	301300
股份有限公司	700055	120837	222244	287218	64974
私营企业	1277376	177206	430878	515391	139442
其他企业					
外商投资企业					
中外合资经营企业					
二、按国民经济行业分组					
房屋建筑业	4364985	777838	1568433	1874903	511859
土木工程建筑业	503692	109593	174514	248377	78800
建筑安装业	590558	175720	241446	270066	52807
建筑装饰业	470696	45105	323136	368320	58475
其他建筑业	16110	3427	5610	7985	2375
三、按隶属关系分组					
省					
地	244582	12540	14156	20820	6664
县及县以下	3424541	753640	1419827	1683624	439228
四、按企业资质等级分组					
施工总承包	4601441	825871	1594108	1925697	534848
一　级	1196866	292528	389199	582039	210808
二　级	2681629	417287	910254	1072163	273336
三级以下	722946	116056	294655	271495	50704
专业承包	1423067	293107	739672	887637	192510
一　级	391160	24016	344077	396318	57889
二　级	473815	115923	206977	262287	77743
三级以下	558092	153168	188618	229032	56878

业财务状况

单位：千元

本年折旧	在建工程	资产合计	流动负债合计	非流动负债合计	负债合计	所有者权益合计	实收资本
126752	**177375**	**8488449**	**3948348**	**87149**	**4333378**	**4155071**	**1462243**
19176		818273	441741		466287	351986	149180
126752	177375	8488449	3948348	87149	4333378	4155071	1462243
6740		570619	342222		342222	228397	69080
23032	27771	1104604	568293	15218	655829	448775	197606
63856	124746	4106475	1738148	63590	2001479	2104996	751941
12794		922368	455366	951	461663	460705	43180
20330	24858	1784383	844319	7390	872185	912198	400436
84640	143489	6029865	2806646	76496	3151721	2878144	1005903
17878	3150	696585	362062	3420	381027	315558	195440
10130	17445	847270	419737	2731	425178	422092	147690
11397	13291	793839	278633		289680	504159	98030
377		21782	6430		6430	15352	6680
2485		258738	231929		231929	26809	20529
79086	136093	4871665	2170139	72925	2512857	2358808	794898
99903	142424	6289407	3038164	78006	3384751	2904656	1063783
34074	17968	1587471	787520	61450	848970	738501	191768
56932	75277	3677562	2010778	13411	2038075	1639487	667973
8897	49179	1024374	239866	3145	497706	526668	204042
26849	34951	2199042	910184	9143	948627	1250415	398460
8936	5628	735237	244016		244016	491221	70870
11485	14402	709424	313409	4518	335726	373698	146680
6428	14921	754381	352759	4625	368885	385496	180910

5—5

（2013年）

	主营业务收入	主营业务成本	主营业务税金及附加	管理费用	税金
总　计	**16885392**	**14127527**	**664269**	**670395**	**66485**
其中：国有及国有控股企业	1246876	1034519	51511	75239	6460
一、按登记注册类型分组					
内资企业	16885392	14127527	664269	670395	66485
国有企业	752175	652455	27451	30409	3611
集体企业	2583639	2263091	98525	111098	6375
有限责任公司	9134883	7448523	345586	399998	40334
股份有限公司	1717645	1514830	97400	26531	1815
私营企业	2697050	2248628	95307	102359	14350
其他企业					
外商投资企业					
中外合资经营企业					
二、按国民经济行业分组					
房屋工程建筑	12124266	10195613	497742	433061	39019
土木工程建筑业	1224139	998229	43721	77410	12518
建筑安装业	1381354	1182621	48110	46662	8907
建筑装饰业	2018046	1628257	69839	107764	5736
其他建筑业	38247	32810	1489	831	254
三、按隶属关系分组					
省(自治区、直辖市)					
地区(州、盟、省辖市)	129692	105765	6230	4028	722
县及县以下	10208670	8458754	378174	453601	45026
四、按企业资质等级分组					
施工总承包	13029409	10966219	530755	489833	45035
一　级	4675806	4026418	172031	183244	8494
二　级	6953301	5831197	303766	207165	24945
三级以下	1400302	1108604	54958	99424	11596
专业承包	3855983	3161308	133514	180562	21450
一　级	2058094	1686854	69478	95919	6652
二　级	1116407	946066	42542	44006	4258
三级以下	681482	528388	21494	40637	10540

续表

单位：千元

财务费用	营业利润	利润总额	应交所得税	应付职工薪酬	建筑业企业在境外完成的营业收入	应收工程款
126300	**1062537**	**1065809**	**198563**	**2831253**	**148215**	**2756600**
13489	54267	54267	11225	198393		171928
126300	1062537	1065809	198563	2831253	148215	2756600
4808	34534	34534	8132	105387		37267
11324	93771	93709	17305	569886		443665
79199	702008	705247	124392	1439856	148215	1298390
14208	51395	51395	12811	274179		228814
16761	180829	180924	35923	441945		748464
100966	769742	769680	133353	2168075	32000	2125061
11649	65057	66430	13248	206783		214203
7193	86739	86839	18546	249528		234824
4656	139958	141853	33220	188815	116215	149724
773	796	796	143	4691		4925
251	13065	13065	1762	17898		12373
89739	683614	686791	127163	1706222	148215	1565701
109697	799130	799068	144611	2382429	32000	2199737
56436	183069	183333	47232	710666		431859
45037	508049	507723	80888	1329939	32000	1284905
8224	108012	108012	16491	341824		482973
16603	263407	266741	53952	448824	116215	556863
2893	139405	141305	33903	198643	116215	137788
6382	63848	63781	12898	148790		207647
7328	60154	61655	7151	101391		211428

第
6
篇

交通运输、邮电通信业

6–1 全社会公路客货运输量

	单位	2013年	2012年
一、客运量	万人	2874	2751
二、旅客周转量	万人公里	195895	189432
三、货运量	万吨	8940	8790
四、货运周转量	万吨公里	835098	793962

6–2 城 市 公 共 交 通

	单位	2013年	2012年
一、运营车辆数	辆	646	570
标准运营车辆数	标台	670	581
当年新增	辆	137	53
二、运营线路条数	条	47	37
运营线路总长度	公里	914	717
三、运营货运量	万人次	6516	6181
四、从业人员数	人	1470	1022

6–3 城 市 出 租 汽 车

	单位	2013年	2012年
一、运营车辆数	辆	706	706
当年新增	辆		300
三、运营货运量	万人次	1601.1	1111
四、从业人员数	人	1233	1321

6–4 公路情况

单位：公里

公路等级	2013年	2012年
合　计	**3343.7**	**2982.4**
高速公路	59.9	59.9
一级公路	99.9	99.9
二级公路	276.8	283.6
三级公路	232.2	230.9
四级公路	2674.8	2285.6

6–4 续表 1

单位：公里

道路类别	2013年	2012年
合　计	**3343.7**	**2982.4**
国　道	95.3	95.3
省　道	202.5	202.5
市　道	185.6	185.6
乡　道	183.8	183.8
专用公路	46.6	46.6
村　道	2629.8	2268.5

6–4 续表 2

单位：米

桥梁类别	2013年	2012年
合　计	**23245.0**	**22533.9**
大　桥	9711.8	8999.7
中　桥	7049.1	6997.1
小　桥	6484.0	6537.1

6–5　公路运输营业性运输工具拥有数

(2013年)

	单　位	合　计	其中：个体
一、汽车	**辆**	**13187**	**8775**
1、载客汽车	辆	468	
	客位	13375	
# 出租车	辆	706	
	位	2824	
2、载货汽车	辆	11134	7606
	吨位	125585	77725
# 普通载货挂车	辆	1409	725
	吨位	42870	22061
专用载货挂车	辆	231	
	吨位	6771	
二、其他机动车	**辆**	**468**	**437**
	吨位	480	440
三、轮胎式拖拉机	**辆**		
	吨位		

6-6 邮政电信业务情况

	单 位	2013年	2012年
一、邮政网点			
邮政局所总计	处	28	28
# 设在农村的	处	22	22
# 电子化局所	处	6	6
邮政储蓄点	处	26	26
物流专门营销网点	处	176	337
信筒、信箱	个	59	60
二、分类业务			
邮政业务总量	万件	18.60	22.02
国内函件	万件	16.78	20.02
国外函件	万件	0.02	0.01
包 件	万件	1.80	1.99
订销报纸累计	万份	1199.50	1156.53
订销杂志累计	万份	39.53	39.85
特快专递	万件	5.78	6.80
机要文件	万件	0.55	0.39
邮送广告	万件	40.28	77.88
邮政汽车	辆	19	21
ATM自动柜员机	台	26	26
邮资机	台	5	5
计算机总数	台	75	75
城市投递段道	条	27	27
固定电话用户	万户	23.28	24.09
移动电话用户	万户	140.22	142.64
电话普及率	部/百人	97.00	98.60
互联网用户数	万户	22.89	19.79

第
7
篇

批发零售和住宿餐饮业

7-1 社会消费品零售总额

单位：万元

	2013年	2012年
总　　计	**2910510**	**2560231**
一、按销售地区分		
1、城镇零售额	2387245	1853886
2、乡村零售额	523265	706345
二、按规模分		
1、限额以上零售额	613504	569383
2、限额以下零售额	2297006	1990848
三、按行业分		
1、批发零售贸易业	2279086	1934120
2、住宿餐饮业	549977	554967
3、其他	81447	71144

注：年度社会消费品零售总额包括了“其他”零售额，即非批发零售住宿餐饮法人附营的限额以下产业单位零售额及非批发零售住宿餐饮法人的直接零售额，由枣庄市局年底反馈。

7–2 限额以上批发零售业商品销售总额

(2013年) 单位：万元

	销售总额	
	小计	其中：零售额
总　　计	**4374841**	**1130512**
#国有及国有控股	395317	74918
一、按登记注册类型分组		
内资企业	3270435	771240
国有企业	392004	71605
集体企业	31388	7336
股份有限公司	71740	43830
有限责任公司	1577576	332460
私营企业	952964	293619
其他	244763	22390
港、澳、台商投资企业	4890	
个体经营户	1099516	359272
二、按国民经济行业分组		
食品、饮料、烟草批发业	2749104	582597
#烟草制品批发业	392004	71605
矿产品、建材及化工产品批发业	928940	7762
#化肥批发业	65687	6075
机械、五金及电子产品批发业	32940	264
综合零售业	75605	74191
文化、体育用品零售业	13131	13053
家用电器零售业	69013	68518
其他零售业	397849	380835

7-3 限额以上批发零售业商品销售类值

(2013年) 单位：万元

	销售总额	
	小计	# 零售额
农、林、牧产品类	70833	3292
#谷物、豆及薯类	11640	
食品、饮料及烟酒类	2828517	588928
#粮油米面类	12985	1666
肉禽蛋类	441686	152733
酒、饮料及茶叶类	39445	29478
烟草类	392004	71605
其他食品类	21345	16322
纺织、服装及日用品类	31125	26896
#服装、鞋帽类	17818	17818
其他日用品类	5571	5571
文化、体育用品及器材类	13131	13131
#文具用品类	2421	2421
珠宝首饰类	6084	6084
医药及医疗器材类	23119	11568
汽车类	85122	85122
家用电器及电子产品类	69013	68518
#家电类	44500	44006
计算机类	16961	16961
通讯器材类	7552	7552
家具类	19450	19450
建材类	188976	65258
煤炭及制品类	541088	1688
化工材料类	161127	
金属材料类	29672	
机电产品及设备类	32940	
#农机类	13650	

7-4 限额以上批发零售业财务状况

单位：万元

指标名称	2013年	2012年
一、年末资产负债		
流动资产合计	397250	236408
#存货	91810	54713
固定资产原价	219071	94584
累计折旧	47416	27720
资产总计	658872	338065
负债合计	266157	147034
所有者权益合计	392715	191031
二、损益及分配		
主营业务收入	3123202	1635419
主营业务成本	2570214	1307230
主营业务税金及附加	36918	21047
主营业务利润	516070	307142
销售费用	79438	26924
管理费用	49278	38394
财务费用	6447	5793
营业利润	384531	205762
三、工资福利及增值税		
本年应付工资总额	37521	28385
本年应交增值税	111429	17674

7-5　限额以上批发零售和住宿餐饮业基本情况

(2013年)

	企业单位 (个)	产业活动单位 (个)	从业人数 (人)
总　　计	**635**	**6**	**19234**
一、批发业	**276**	**6**	**7963**
1、国有企业	1	6	969
2、集体企业	10		609
3、有限责任公司	44		1749
4、股份有限公司	4		121
5、私营企业	52		1958
6、个体经营户	112		848
7、港、澳、台商投资企业	1		37
8、其他	52		1672
二、零售业	**210**		**6157**
1、国有企业			
2、集体企业	2		88
3、有限责任公司	56		2167
4、股份有限公司	4		557
5、私营企业	81		1997
6、个体经营户	59		1147
7、其他	8		201
三、住宿业	**19**		**796**
#个体经营户	6		151
四、餐饮业	**130**		**4318**
#个体经营户	109		3021

第8篇

财政、税收和金融

8-1 财政一般预算收入

单位：万元

	2013年	2012年
本年收入合计	**610086**	**543700**
一、增值税	52704	47459
二、营业税	86308	50893
三、企业所得税	32923	39573
四、个人所得税	8224	4142
五、资源税	8455	6320
六、固定资产投资方向调节税		
七、城市维护建设税	75822	70948
八、房产税	69090	62562
九、印花税	7271	5796
十、城镇土地使用税	77887	75097
十一、土地增值税	15208	13843
十二、车船使用和牌照税	2674	2487
十三、耕地占用税	18221	22213
十四、契税	23526	18667
十五、专项收入	17776	16652
十六、行政事业性收费收入	19624	16939
十七、罚没收入	23223	16704
十八、国有资本经营收入	14586	40358
十九、国有资源有偿使用收入	15460	7956
二十、其他收入	41104	25091

8-2 财政一般预算支出

单位：万元

	2013年	2012年
本年支出合计	**721675**	**658215**
一、一般公共服务	116457	102663
二、外交		
三、国防	704	
四、公共安全	24112	19755
五、教育	146175	137821
六、科学技术	3818	2964
七、文化体育与传媒	7894	3909
八、社会保障和就业	74076	56561
九、医疗卫生	52456	50489
十、环境保护	11279	12540
十一、城乡社区事务	43371	40143
十二、农林水事务	70032	56943
十三、交通运输	14124	13966
十四、资源勘探电力信息等事务	138004	119987
十五、商业服务业等事务	3655	17129
十六、金融监管等事务支出	102	48
十七、地震灾后恢复重建支出		
十八、国土资源气象等事务	3185	1556
十九、住房保障支出	9758	19972
二十、粮油物资储备管理事务	371	591
二十二、国债还本付息支出	597	526
二十三、其他支出	1505	652

8-3 国税收入

单位：万元

	2013年	2012年
国税收入合计	**391260**	**383607**
一、按级次分		
中央级	315894	309745
省　级		
枣庄级		
滕州级	75366	73862
二、按行业分		
(一)第一产业	627	8
(二)第二产业	291908	297075
1、采矿业	81400	95788
2、制造业	186484	186389
3、电力、燃气及水的生产和供应业	23938	14783
4、建筑业	86	115
(三)第三产业	98725	86524
1、交通运输、仓储及邮政业	1310	195
2、信息传输、计算机服务和软件业	10	65
3、批发和零售业	71206	60871
4、住宿和餐饮业	6	8
5、金融业	9111	8802
6、房地产业	2621	3879
7、租赁和商务服务业	374	30
8、科学研究和技术服务业	152	-38
9、居民服务和其他服务业	278	174
10、教育	2	6
11、卫生、社会保险和社会福利业	13	46
12、文化、体育和娱乐业	27	50
13、公共管理和社会组织	13550	12336
14、其他行业	65	100

8-4　地税收入情况

单位：万元

	2013年	2012年
地税收入合计	**463451**	**433872**
一、按级次分		
中央级	31373	50936
省　级	145	20805
枣庄级	69	47
滕州级	431864	362084
二、按行业分		
(一)第一产业		
(二)第二产业	203531	234683
1、采矿业	63982	91402
2、制造业	99091	105651
3、电力燃气及水的生产和供应业	5338	4583
4、建筑业	35120	33047
(三)第三产业	259920	199189
1、交通运输业	56509	49375
2、批发零售业	54395	47081
3、房地产业	84156	52835
4、住宿和餐饮业	7925	4555
5、金融业	22113	19718
6、信息传输、计算机服务和软件业	570	487
7、租赁和商务服务业	8560	9999
8、居民服务和其他服务业	6746	4810
9、文化、体育和娱乐业	1981	1866
10、卫生、社会保险和社会福利业	737	1087
11、其他行业	16228	7376

8—5　金融机构信贷收支情况

单位：万元

	2013年	比年初增加数
各项存款	**4204379**	**287164**
1、单位存款	1142797	-145168
2、个人存款	3028002	406728
3、财政性存款	2889	733
4、临时性存款	20680	14935
5、其他存款	10011	9936
6、委托存款		
各项贷款	**4029081**	**-51893**
1.短期贷款	1753694	8353
(1)个人贷款及透支	404499	-50630
(2)单位普通贷款及透支	1215137	52260
(3)贸易融资	133418	7583
(4)银团贷款	640	-860
2.中长期贷款	2187908	-54900
(1)个人贷款	823720	107656
(2)单位普通贷款	1338778	-162216
(3)普通并购贷款	7700	7700
(4)银团贷款	17710	-8040
3.票据融资	78905	-11507
4.各项垫款	8574	6161
5.其他贷款		

第9篇 从业人员和劳动报酬

9-1 分类型城镇非私营单位个数和年底从业人员数

(2013年) 单位：个、人

	单位数	从业人员			
		总计	国有单位	城镇集体单位	其他单位
总 计	**1031**	**185982**	**58167**	**19485**	**108330**
其中：女性		51253	22726	2490	26037
一、按隶属关系分					
中央	9	2624	2624		
省	9	2950	2950		
枣庄市	11	4540	4540		
滕州市	1002	175757	47942	19485	108297
二、按企业、事业、机关分					
企业	661	139458	15558	15570	108297
其中：地方	646	137107	13207	15570	108297
事业	252	35926	35763	173	
其中：地方	251	35926	35753	173	
机关	118	6846	6846		
其中：地方	117	6583	6583		

9–2 分行业城镇非私营单位个数和年底从业人员数

(2013年)　　单位：个、人

	单位数	从业人员			
		总计	国有单位	城镇集体单位	其他单位
农林牧渔业	4	297	297		
采矿业	12	10586	3255		7331
制造业	193	45206	3896	835	40475
电力、热力、燃气及水生产和供应业	6	2446	939		1507
建筑业	67	64948	3024	14802	47122
批发和零售业	190	8617	1375	2104	5138
交通运输、仓储和邮政业	33	3107	1923	152	1032
住宿和餐饮业	29	1513		236	1277
金融业	8	1104	216	846	42
房地产业	73	3741	1055	147	2539
租赁与商务服务业	31	1273	472	125	676
科学研究和技术服务业	22	1003	760	72	171
水利、环境和公共设施管理业	14	1936	1689	10	237
居民服务和其他服务业	8	334	35		299
教育	113	19673	19356	7	310
卫生和社会工作	39	7549	7395	129	25
文化、体育和娱乐业	15	469	312	20	137
公共管理、社会保障和社会组织	171	12180	12168		12

9–3　分类型城镇非私营单位从业人员工资总额

（2013年）　　单位：千元

	总计	国有单位	城镇集体单位	其他单位
总　　计	**7062031**	**2615781**	**711517**	**3734733**
一、按隶属关系分				
中央	140035	140035		
省	188150	188150		
枣庄市	196453	196453		
滕州市	6533758	2087508	711517	3734733
二、按企业、事业、机关分				
企业	4906955	5947985	520125	3733845
其中：地方	4784205	530235	520125	3733845
事业	1614178	1607723	6455	
其中：地方	1613602	1607147	6455	
机关	355073	355073		
其中：地方	338364	338364		

9—4 分行业城镇非私营单位从业人员工资总额

(2013年) 单位：千元

	总计	国有单位	城镇集体单位	其他单位
农林牧渔业	10942	10942		
采矿业	498841	192605		306236
制造业	1501221	166631	26526	1308064
电力、热力、燃气及水生产和供应业	86229	17554		68675
建筑业	2377923	118993	571202	1687728
批发和零售业	267665	67019	48621	152025
交通运输、仓储和邮政业	85347	52330	5014	28003
住宿和餐饮业	40837		5431	35406
金融业	48718	9456	38258	1004
房地产业	135413	39636	3944	91833
租赁与商务服务业	39785	15320	3812	20653
科学研究和技术服务业	45370	36293	2810	6267
水利、环境和公共设施管理业	77052	70830	306	5916
居民服务和其他服务业	10768	1673		9095
教育	888359	878906	229	9224
卫生和社会工作	344969	339916	4492	561
文化、体育和娱乐业	17981	13332	872	3777
公共管理、社会保障和社会组织	584611	584345		266

9-5 分类型城镇非私营单位从业人员平均工资

(2013年)　　单位：元

	总计	国有单位	城镇集体单位	其他单位
总　计	**38904**	**45655**	**38494**	**35318**
一、按隶属关系分				
中央	57297	57297		
省	64215	64215		
枣庄市	42412	42412		
滕州市	38117	44243	38494	35318
二、按企业、事业、机关分				
企业	36293	42696	36639	35320
其中：地方	35963	40405	36639	35320
事业	45690	45735	36676	
其中：地方	45687	45732	36676	
机关	51851	51851		
其中：地方	49432	51384		

9-6 分行业城镇非私营单位从业人员平均工资

(2013年) 单位：元

	总计	国有单位	城镇集体单位	其他单位
农林牧渔业	39502	39502		
采矿业	47083	59391		41653
制造业	33145	43091	30315	32258
电力、热力、燃气及水生产和供应业	35354	18875		45510
建筑业	38819	41693	41482	37813
批发和零售业	31269	48705	23241	29856
交通运输、仓储和邮政业	27719	27397	32987	27535
住宿和餐饮业	27134		23111	27879
金融业	44289	44187	45169	25746
房地产业	37263	39321	26293	37089
租赁与商务服务业	32189	33670	32146	31340
科学研究和技术服务业	46918	49648	39028	
水利、环境和公共设施管理业	38994	40359	30600	28038
居民服务和其他服务业	33031	47800		31254
教育	46209	46478	32714	29948
卫生和社会工作	46599	46911	34030	22440
文化、体育和娱乐业	37460	41404	43600	27370
公共管理、社会保障和社会组织	48021	48047		22167

第10篇

教育、科技、文化和广播电视

10-1 教育基本情况

(2013年)

	学校数 (所)	在校学生数 (人)	毕业生数 (人)	招生数 (人)	教职工数 (人)	#专任教师数 (人)
一、高、中等学校						
枣庄科技职业学院	1	10894	3696	5710	865	420
山东化工高级技工学校	1	6122	2542	3173	145	116
二、基础教育						
普通高中	10	33115	11230	10457	2569	2118
普通初中	36	51142	17705	16455	5089	4394
普通小学	223	87756	15829	16720	7512	7148
学前教育	205	29763	11011	6757	2496	1526
特殊教育学校	1	82	13	19	46	29

10-2 科技成果情况

	计算单位	2013年	2012年
科技进步对经济增长的贡献率	%	58	59
取得重要科技成果	项	196	192
科技成果转化率	%	90	93
申报国家专利	项	1267	955
国家级重点新产品	项	3	
厂办科研机构	家	117	112
民办科技企业	家	50	50
国家高新技术企业	家	39	29
实施国家专利技术	项	556	426
实施火炬计划：国家级	项	2	3
省　级	项	3	6
实施星火计划：国家级	项	3	3
省　级	项	3	3
科技投入	万元	1600	1500

10-3 规模以上工业企业科技活动情况

(2013年)

指标名称	企业个数(个)	#有R&D活动	R&D人员合计(人)	#女性	#研究人员	#全时人员
总　　计	**484**		**3851**	**868**	**1612**	**2333**
一、按登记注册类型分组						
内资企业	468		3406	759	1505	1958
港、澳、台商投资企业	8		340	100	103	304
外商投资企业	8		105	9	4	71
二、按国民经济行业分组						
采矿业	50		55	3	31	8
煤炭开采和洗选业	50		55	3	31	8
制造业	428		3796	865	1581	2325
农副食品加工业	27		22	6	6	11
食品制造业	16		79	30	26	65
造纸及纸制品业	12					
化学原料及化学制品制造业	50		1303	288	608	590
医药制造业	3		208	54	96	186
橡胶制品业	20		72	20	25	55
非金属矿物制品业	72		141	64	75	112
通用设备制造业	67		1163	221	441	670
专用设备制造业	32		86	17	27	62
电气机械及器材制造业	31		323	75	147	252
仪器仪表及文化、办公用机械制造业	7		76	12	37	66
电力、燃气及水的生产和供应业	6					
电力、热力的生产和供应业	4					
三、按企业控股情况分组						
国有控股	20		1081	208	613	378
集体控股	8		107	37	54	78
私人控股	408		2098	496	729	1372
港澳台商控股	6		287	68	81	265
外商控股	3					
其他	39		278	59	135	240

10-3 续表 1

(2013年)

指标名称	R&D经费内部支出合计(万元)	应用研究支出	试验发展支出	(二)按支出用途分组 经常费支出	资产性支出	(三)按资金来源分组 政府资金	企业资金
总　　计	**73924**	**82**	**73842**	**62250**	**11674**	**2603**	**70721**
一、按登记注册类型分组							
内资企业	61694	82	61612	50971	10723	2512	58583
港、澳、台商投资企业	6979		6979	6140	839	91	6888
外商投资企业	5251		5251	5139	112		5251
二、按国民经济行业分组							
采矿业	1131		1131	1131			1131
煤炭开采和洗选业	1131		1131	1131			1131
制造业	72793	82	72711	61119	11674	2603	69590
农副食品加工业	226		226	216	10	6	220
食品制造业	998		998	877	121		998
造纸及纸制品业							
化学原料及化学制品制造业	18294		18294	15994	2300	609	17086
医药制造业	4667		4667	4166	501	459	4208
橡胶制品业	3074		3074	2318	756	138	2936
非金属矿物制品业	3722		3722	2973	749	14	3708
通用设备制造业	19531		19531	15686	3845	1074	18457
专用设备制造业	2875		2875	2593	282	30	2845
电气机械及器材制造业	10639	82	10557	9250	1389	153	10486
仪器仪表及文化、办公用机械制造业	1637		1637	1236	401	20	1617
电力、燃气及水的生产和供应业							
电力、热力的生产和供应业							
三、按企业控股情况分组							
国有控股	11852		11852	11662	189	450	11402
集体控股	1957		1957	1624	333	27	1930
私人控股	47549	82	47466	37947	9601	1571	45377
港澳台商控股	6120		6120	5392	728	92	6028
外商控股							
其他	6447		6447	5624	823	463	5984

10-3 续表 2

(2013年)

指标名称	R&D经费外部支出(万元)	对境内研究机构支出	对境内高等学校支出	对境外支出
总计	**3243**	**728**	**2088**	**305**
一、按登记注册类型分组				
内资企业	3237	728	2082	305
港、澳、台商投资企业	6		6	
外商投资企业				
二、按国民经济行业分组				
采矿业				
煤炭开采和洗选业				
制造业	3243	728	2088	305
农副食品加工业				
食品制造业	85	62	24	
造纸及纸制品业				
化学原料及化学制品制造业	1453	251	1201	
医药制造业	560	180	380	
橡胶制品业				
非金属矿物制品业				
通用设备制造业	665	120	206	300
专用设备制造业				
电气机械及器材制造业	389	112	271	
仪器仪表及文化、办公用机械制造业				
电力、燃气及水的生产和供应业				
电力、热力的生产和供应业				
三、按企业控股情况分组				
国有控股	36		36	
集体控股	14		4	
私人控股	2627	548	1662	305
港澳台商控股	6		6	
外商控股				
其他	560	180	380	

10-3 续表 3

(2013年)

指标名称	专利申请数(件)	#发明专利(件)	发表科技论文(篇)	拥有注册商标数(件)	引进技术经费支出(万元)	购买国内技术经费支出(万元)
总计	**326**	**173**	**80**	**81**	**5164**	**826**
一、按登记注册类型分组						
内资企业	305	155	63	76	5164	820
港、澳、台商投资企业	18	16	4	5		6
外商投资企业	3	2	13			
二、按国民经济行业分组						
采矿业						
煤炭开采和洗选业						
制造业	326	173	80	81	5164	826
农副食品加工业	2	1				
食品制造业				12		
造纸及纸制品业						
化学原料及化学制品制造业	48	31	44	7	4644	35
医药制造业	18	18	19	28		
橡胶制品业	16	4				
非金属矿物制品业	16	4	1	1		
通用设备制造业	100	53	7	17	240	240
专用设备制造业	23	5	1	7		
电气机械及器材制造业	64	40	6	4	250	498
仪器仪表及文化、办公用机械制造业	15	13				
电力、燃气及水的生产和供应业						
电力、热力的生产和供应业						
三、按企业控股情况分组						
国有控股	56	29	44	5	4644	
集体控股	7	3	2	4		10
私人控股	239	118	15	40	520	768
港澳台商控股	13	13	3	4		6
外商控股						
其他	11	10	16	28		42

10-4 规模以上工业企业办科技机构情况表

(2013年)

指标名称	机构数（个）	机构人员合计（人）	#博士毕业	#硕士毕业	#本科毕业	机构经费支出（万元）	仪器和设备原价（万元）	#进口
总计	**67**	**2371**	**65**	**191**	**997**	**63560**	**42181**	**3658**
一、按登记注册类型分组								
内资企业	63	2130	53	149	864	52071	26964	2980
港、澳、台商投资企业	3	206	11	38	103	6589	9617	678
外商投资企业	1	35	1	4	30	4900	5600	
二、按国民经济行业分组								
制造业	67	2371	65	191	997	63560	42181	3658
农副食品加工业	1	18			7	66	13	
食品制造业	2	15		2	5	915	196	
造纸及纸制品业								
化学原料及化学制品制造业	13	422	5	52	200	15908	9884	243
医药制造业	2	190	23	51	93	4048	7520	650
橡胶制品业	3	41		4	23	2415	805	32
非金属矿物制品业	6	144		3	61	3300	3501	271
通用设备制造业	22	962	20	41	301	16451	7053	1880
专用设备制造业	2	63	2	7	35	2794	321	24
电气机械及器材制造业	6	288	8	18	169	9791	4816	167
仪器仪表及文化、办公用机械制造业	3	67		5	42	1526	539	39
三、按企业控股情况分组								
国有控股	5	332	3	23	68	7830	7989	1264
集体控股	3	142	3	5	52	1927	2073	50
私人控股	51	1474	30	104	680	42680	17370	1330
港澳台商控股	2	154	11	38	78	5736	8350	678
外商控股								
其他	6	269	18	21	119	5387	6399	336

10-5 规模以上工业企业R&D项目情况表

(2013年)

指标名称	项目数(项)	参加项目人员(人)	项目人员折合全时当量(人年)	全部项目经费内部支出(万元)
总 计	**276**	**3494**	**2784**	**65736**
一、按登记注册类型分组				
内资企业	259	3086	2416	54599
港、澳、台商投资企业	14	324	284	5985
外商投资企业	3	84	84	5152
二、按国民经济行业分组				
采矿业	12	45	23	1131
煤炭开采和洗选业	12	45	23	1131
制造业	264	3449	2761	64605
农副食品加工业	2	20	7	53
食品制造业	11	75	56	968
造纸及纸制品业				
化学原料及化学制品制造业	44	1153	1063	16469
医药制造业	20	193	167	4048
橡胶制品业	9	69	26	2615
非金属矿物制品业	11	129	88	3420
通用设备制造业	71	1061	794	16881
专用设备制造业	16	81	65	2794
电气机械及器材制造业	51	302	221	10090
仪器仪表及文化、办公用机械制造业	10	66	57	1526
电力、燃气及水的生产和供应业				
电力、热力的生产和供应业				
三、按企业控股情况分组				
国有控股	33	965	821	10493
集体控股	12	93	73	1844
私人控股	191	1907	1441	42886
港澳台商控股	12	276	247	5132
外商控股				
其他	28	253	201	5381

10－6　文化事业情况

	单位	2013年	2012年
一、艺术表演事业(职业剧团)			
演出场次	场	300	245
观众人次	万人次	80	68
二、公共图书事业			
市直藏书总量	万册	26	23.2
流通人次	万人次	28.5	28
三、群众文化事业			
组织文艺活动	场	400	350
举办展览	次	240	220
文化俱乐部、室	处	1226	1226
四、文物事业			
馆藏文物	件	16140	15632
#一级品	件	58	55
当年出土文物	件	325	12
全年参观人次	万人次	57.5	52.39

10—7 广播电视业基本情况

	计算单位	2013年	2012年
一、广播事业情况			
本年制作节目	小时	3762	3500
#中央台采用	分钟	13	12
省台采用	分钟	105.6	88.5
调频发射机数	部	1	1
发射功率	瓦	3000	3000
接收机数	部	1	1
二、电视事业情况			
本年制作节目	小时	680	550
#中央台采用	条	8	12
省台采用	条	158	132
发射机数	部	5	5
发射机功率	千瓦	7	7
有线电视光缆	公里	2980	2730
光节点	个	3257	3205
行政村入村率	%	100	100
传送模拟信号节目套数	套	46	45
传送数字信号节目套数	套	89-164	75-144
有线电视用户	万户	27.5	24.1
#数字电视用户	万户	21.4	7.1

第11篇

城市建设和环境保护

11-1 城市建设

	单位	2013年
一、城市面积	**平方公里**	**222**
建成区面积	平方公里	100
二、城市燃气		
1、天然气供应总量	万立方米	9867
#家庭用量	万立方米	939
用气人口	万人	26.4
2、液化石油气供应总量	吨	5513
#家庭用量	吨	4360
用气人口	万人	8.2
三、集中供热		
1、供热能力	吨/小时	540
蒸汽	吨/小时	330
2、供热总量	万吉焦	190.6
蒸汽	万吉焦	91.5
3、供热面积	万平方米	690
四、市政设施		
道路长度	公里	552.6
路灯盏数	千盏	21.85
排水管道长度	公里	433.7
五、园林绿化		
绿化覆盖面积	公顷	1798
#建成区	公顷	1734

11-1 续表

	单位	2013年
园林绿地面积	公顷	1616
公园绿地面积	公顷	318
公园个数	个	7
公园面积	公顷	213
六、城市供水		
综合生产能力	万立方米/日	14
供水管道长度	公里	882
供水总量	万立方米	3601
#生产经营用水	万立方米	510
居民家庭用水	万立方米	1630
用水人口	万人	34.69
七、环境卫生		
环卫机械	辆	126
生活垃圾清运量	万吨	14.9
生活垃圾处理率	%	100
八、城市设施水平		
1、人均道路面积	平方米	21.76
2、供水：人均日生活用水量	升	148.79
用水普及率	%	100
3、每万人拥有公共交通车辆	标台	4
4、燃气普及率	%	99.77
5、人均公园绿地面积	平方米	9.17
6、建成区绿化覆盖率	%	33.87

11-2 环境质量情况

	计算单位	2013年
1、建成区二氧化硫年平均值	mg/m3	0.053
2、建成区二氧化氮年平均值	mg/m3	0.039
3、建成区可吸入颗粒物年平均值	mg/m3	0.095
4、城郭河群乐桥断面COD年均值	mg/l	22
5、北沙河王晁桥断面COD年均值	mg/l	16
6、城市饮用水源水质达标率	%	97.4
7、城市区域环境噪声平均值：昼	dB(A)	57.5
夜	dB(A)	46.6
8、城市交通干线噪声平均值	dB(A)	66.7

第12篇

卫生、体育、人口和计划生育

12-1 卫生事业基本情况

	单位	2013年	2012年
卫生机构	个	915	909
#医院	个	22	21
床位数	张	6285	5446
#医院床位数	张	4655	3512
卫生机构人员数	人	7384	8913
#卫生技术人员数	人	6388	8272
1、执业医师	人	2220	2046
2、助理执业医师	人	354	588
3、注册护士	人	2780	2364
4、药剂人员	人	438	416
5、检验人员	人	209	190
6、其他卫生技术人员	人	387	113
其他技术人员	人	324	425

12–2 农村村级卫生组织情况

(2013年)

单位名称	标准化村卫生室(个)	村卫生技术人员数(人)				
		合计	执业医师	助理执业医师	执业护士	乡村医生
合　计	**683**	**2774**	**72**	**217**	**218**	**2267**
第一人民医院	36	151	2			149
第二人民医院	39	134	1		2	131
东郭中心卫生院	50	160	7	8	7	138
级索中心卫生院	30	155	3	9	32	111
鲍沟中心卫生院	35	158	3		2	153
张汪中心卫生院	41	225	12	62	42	109
西岗中心卫生院	41	130	2	9	3	116
羊庄中心卫生院	46	154	2	3		149
姜屯镇中心卫生院	51	236	12	8	20	196
龙阳镇卫生院	32	130	2	8		120
南沙河镇卫生院	29	85	1	1	4	79
东沙河镇卫生院	26	97	2	6	3	86
洪绪镇卫生院	16	74	2	10	7	55
木石医院	33	77		8	2	67
官桥镇卫生院	33	151	2	28	3	118
柴胡店镇卫生院	18	75	3	3	9	60
滨湖镇卫生院	52	204	1	9	7	187
北辛社区卫生服务中心	20	122	10	15	20	77
荆河社区卫生服务中心	22	116	1	17	32	66
善南社区卫生服务中心	11	57	4	5	13	35
龙泉社区卫生服务中心	22	83		8	10	65

12–3 体育事业情况

	单位	2013年	2012年
一、业余训练情况			
体校在校学生	人	213	234
教练员数	人	24	20
向上输送学生数	人	15	15
#省级队员	人	5	20
二、等级运动员、教练员、裁判员			
等级运动员	人	76	35
等级教练员	人	39	20
等级裁判员	人	218	218
三、参赛情况			
获世界级：金牌	枚		
获亚洲级：金牌	枚		
获国家级：金牌	枚	2	
银牌	枚	4	
铜牌	枚	1	
获 省 级：金牌	枚	2	5
银牌	枚	4	7
铜牌	枚	4	4

12-4 计划生育基本情况

(2013年)

镇、街道名称	合法生育率(%)	已婚育龄妇女人数(人)	已落实节育措施人数(人)	节育率(%)	女性初婚人数(人)	晚婚率(%)
合计	**88.8**	**333392**	**300173**	**90.0**	**12259**	**67.8**
龙泉	88.9	16907	14971	88.5	556	75.7
荆河	89.7	18445	16435	89.1	556	76.8
北辛	88.8	16894	14796	87.6	626	70.4
善南	87.8	6877	6116	88.9	223	73.1
东沙河	89.2	11725	10697	91.2	443	64.3
洪绪	88.2	7718	7006	90.8	323	67.2
南沙河	89.1	10181	8987	88.3	371	58.8
大坞	88.9	17659	16309	92.4	603	65.8
滨湖	89.2	22405	20519	91.6	901	62.0
级索	88.8	18341	16808	91.6	650	64.8
西岗	89.0	24900	22507	90.4	843	77.8
姜屯	88.1	18139	16264	89.7	677	73.1
鲍沟	88.7	17584	15668	89.1	666	70.7
张汪	88.0	17841	16079	90.1	678	63.4
官桥	88.1	14982	13092	87.4	574	65.3
柴胡店	88.5	9242	8238	89.1	367	78.7
羊庄	88.7	15245	13629	89.4	440	70.2
木石	88.4	12491	10854	86.9	419	73.7
界河	88.8	16127	14638	90.8	605	66.4
龙阳	89.5	15135	13843	91.5	728	65.8
东郭	89.2	24554	22717	92.5	1010	54.8

第13篇

农村住户调查

13-1 农村住户调查基本情况

	单位	2013年
一、调查户数	**户**	**86**
二、常住人口	**人**	**266**
1、平均每户常住人口	人	3.09
其中：平均每户整半劳动力	人	2.24
(1)整劳动力	人	1.59
(2)男劳动力	人	1.15
整半劳动力占常住人口比重	%	72.56
平均每个劳动力负担人口	人	1.38
2、平均每百个劳动力中：		
文盲半文盲人数	人	1
小学程度人数	人	15
初中程度人数	人	52
高中程度人数	人	24
中专及以上程度人数	人	8
三、平均每人经营土地面积	**市亩**	**0.88**
四、平均每户年末生产性固定资产原值	**元**	**9412**
五、平均每人年内新建房屋面积	**平方米**	**1.3**
年内平均每平方米新建房屋价值	元	652
六、平均每人年末使用房屋面积	**平方米**	**48.58**
其中：砖木结构面积	平方米	1.63
钢筋混凝土结构面积	平方米	38.49

13-2 农村住户种植业和动物饲养业生产情况

	单位	2013年
一、种植业(人均)		
1、粮食总产量	公斤	813.97
2、棉花总产量	公斤	
3、油料总产量	公斤	1.19
4、蔬菜总产量	公斤	914.32
5、水果总产量	公斤	
二、动物饲养业(户均)		
1、出售自宰肥猪头数	头	0.53
出售自宰猪肉产量	公斤	51.42
2、出售自宰菜羊只数	只	0.28
出售自宰羊肉产量	公斤	5.35
3、出售自宰家禽产量	公斤	0.14
4、禽蛋产量	公斤	0.34

13-3 农村住户人均出售产品情况

	单位	2013年
1、出售粮食(原粮)	公斤	515.41
金 额	元	1148.86
其中：(1)出售小麦	公斤	185.36
金 额	元	438.36
(2)出售玉米	公斤	330.10
金 额	元	702.16
2、出售棉花	公斤	1.13
金 额	元	5.28
3、出售油料	公斤	1.57
金 额	元	9.34
4、出售蔬菜	公斤	1294.32
金 额	元	2721.12
5、出售水果	公斤	
金 额	元	
6、出售木材	立方米	0.04
金 额	元	26.96
7、出售肉猪	头	0.17
金 额	元	287.46
8、出售菜羊	只	0.09
金 额	元	59.24
9、出售家禽	只	0.29
金 额	元	7.20
10、出售蛋类	公斤	0.15
金 额	元	2.09

13–4　农村住户人均粮食收支情况

单位：公斤

	2013年
一、年内粮食收入合计	**960.23**
1、家庭经营生产的	815.50
2、购入的	144.68
3、其他粮食	0.06
二、年内粮食支出	**713.55**
1、主食用粮	129.70
其中：小麦	103.57
2、出售	516.38
3、种籽	15.51
4、饲料	51.98
5、其他粮食支出	
三、年末粮食结存计算数	**349.75**

13-5 农村住户人均总收入及纯收入

单位：元

	2013年
一、全年总收入	**13722**
(一)工资性收入	6423
1、在非企业组织中得到收入	407
2、在本乡地域内劳动得到收入	3489
(1)在企业中劳动得到收入	2666
(2)在国家投资基建项目得到收入	
(3)提供其他劳务收入	823
3、常住人口外出从业得到收入	2527
(1)在乡外县内从业得到收入	1548
(2)在县外省内从业得到收入	523
(3)在省外国内从业得到收入	456
(4)在国外从业得到收入	
(二)家庭经营收入	6503
1、第一产业收入	4146
(1)农业收入	3744
(2)林业收入	29
(3)牧业收入	373
(4)渔业收入	
2、第二产业收入	217
(1)工业收入	148
(2)建筑业收入	68

13-5 续表

单位：元

	2013年
3、第三产业收入	2143
(1)交通、运输和邮电业收入	771
(2)批发零售贸易、餐饮业收入	689
(3)社会服务业收入	658
(4)文教卫生业收入	
(5)其他行业收入	23
(三)财产性收入	73
1、利息	41
2、租金（包括农业机械）	
3、其他股息和红利	19
4、储蓄性保险投资收入	
5、土地征用补偿收入	
6、转让承包土地经营权收入	6
7、其他投资收益	
8、其他	8
(四)转移性收入	723
其中：1、各项补贴收入	235
2、城市亲友赠送收入	
3、农村亲友赠送收入	3
4、离退休金、养老金	332
二、全年纯收入	**12053**

13-6 农民人均纯收入构成表

(2013年) 单位：元

指标名称	数量	比重(%)
农民人均纯收入	**12053.07**	**100.00**
一、工资性收入	**6423.11**	**53.29**
1、在非企业组织中劳动得到收入	406.63	3.37
2、在本乡地域内劳动得到收入	3489.42	28.95
3、外出从业得到收入	2527.06	20.97
二、家庭经营纯收入	**4830.84**	**40.08**
1、第一产业纯收入	2712.94	22.51
2、第二产业纯收入	205.74	1.71
3、第三产业纯收入	1912.16	15.86
三、财产性纯收入	**73.18**	**0.61**
其中：1、利息	40.62	0.34
2、其他股息和红利	18.78	0.16
3、租金(包括农业机械)		
4、转让承包土地经营权	5.57	0.05
四、转移性收入	**725.94**	**6.02**
其中：1、各项补贴收入	234.57	1.95
2、城市亲友赠送收入		
3、离退休金、养老金	331.63	2.75
4、赡养费	14.67	0.12

13-7 农村住户人均总支出

(2013年)　　单位：元

	数量		数量
全年总支出	**10556.70**	**四、生活消费支出**	**7125.16**
一、家庭经营费用支出	**1468.96**	1、食品消费支出	2463.97
1、第一产业生产费用	1391.38	(1)食品消费品支出	2075.71
(1)农业生产	1123.75	(2)食品消费服务支出	388.26
(2)林业生产	6.27	2、衣着消费	596.39
(3)牧业生产	260.89	3、居住消费	907.47
(4)渔业生产	0.47	4、家庭设备、用品消费	723.29
2、第二产业生产费用	10.83	5、交通通讯	856.99
其中：工业生产	10.83	6、文教娱乐	637.11
3、第三产业生产费用	66.75	7、医疗保健	656.19
(1)交通运输邮电业	5.20	8、其他商品和服务	283.75
(2)批零贸易餐饮业		**五、财产性支出**	**1.79**
(3)社会服务业	61.55	1、宅基地有偿使用费	
(4)文教卫生业		2、承包其他农户转让费	
(5)其他行业		3、其他	1.79
二、购置生产性固定资产	**165.44**	**六、转移性支出**	**1795.35**
三、税费支出		其中 1、寄给家庭非常住人口	456.99
1、第一产业		2、赠送农村亲友	74.73
2、第二产业		3、赠送城市亲友	17.51
3、第三产业		4、缴纳医疗保险费	177.83
4、其他各项收费		5、赡养费	49.24

13–8　农村住户人均现金收支情况

单位：元

	2013年
一、期内现金收入	**13338**
(一)工资性收入	5900
1、在非企业组织中得到收入	327
2、在本乡地域内劳动得到收入	3046
(1)在企业中劳动得到收入	2223
(2)在国家投资基建项目得到收入	
(3)提供其他劳务收入	823
3、常住人口外出从业得到收入	2527
(1)在乡外县内从业得到收入	1548
(2)在县外省内从业得到收入	523
(3)在省外国内从业得到收入	456
(4)在国外从业得到收入	
(二)家庭经营收入	6650
1、第一产业收入	4293
(1)农业收入	3885
(2)林业收入	29
(3)牧业收入	379
(4)渔业收入	
2、第二产业收入	217
(1)工业收入	148
(2)建筑业收入	68
3、第三产业收入	2141
(1)交通、运输和邮电业收入	771
(2)批发零售贸易、餐饮业收入	689

13-8 续表 1

单位：元

	2013年
(3)社会服务业收入	658
(4)文教卫生业收入	
(5)其他行业收入	23
(三)财产性收入	68
1、利息	41
2、租金（包括农业机械）	
3、其他股息和红利	19
4、储蓄性保险投资收入	
5、土地征用补偿收入	
6、转让承包土地经营权收入	6
7、其他投资收益	
8、其他	3
(四)转移性收入	720
其中：1、家庭非常住人口寄回、带回收入	
2、城市亲友赠送收入	
3、农村亲友赠送收入	
4、离退休金、养老金	332
5、赡养费	15
二、非收入所得	**2987**
(一)非借贷性现金所得	887
1、保险赔款	
2、出售财物	45
3、彩票中奖所得	
4、调查补贴	179
5、婚、丧、嫁、娶礼金	395
6、其他(包括赌博所得)	257

13-8 续表 2

单位：元

	2013年
(二)借贷性现金所得	2100
1、银行、信用社贷款	9
2、借入款	466
3、收回借出款	202
4、取回存款	1422
5、兑换债券(本金)	
6、收回其他投资款	
7、其他	
三、期内现金支出	**10268**
(一)生产费用支出	1627
1、家庭经营费用支出	1461
(1)第一产业生产费用	1384
A 农业生产	1122
B 林业生产	6
C 牧业生产	254
D 渔业生产	
(2)第二产业生产费用	11
其中：工业生产	11
(3)第三产业生产费用	67
A 交通运输邮电业	5
B 批零贸易餐饮业	
C 社会服务业	62
D 文教卫生业	
E 其他行业	
2、购置生产性固定资产	165
(二)税费支出	

13-8 续表 3

单位：元

	2013年
1、第一产业	
2、第二产业	
3、第三产业	
4、其他各项收费	
(三)生活消费支出	6844
1、食品消费支出	2183
(1)食品消费品支出	1795
(2)食品消费服务支出	388
2、衣着消费	596
3、居住消费	907
4、家庭设备、用品消费	723
5、交通通讯	857
6、文教娱乐	637
7、医疗保健	656
8、其他商品和服务	284
(四)财产性支出	2
1、宅基地有偿使用费	
2、承包其他农户转让费	
3、其他	2
(五)转移性支出	1795
其中 1、寄给家庭非常住人口	457
2、赠送农村亲友	75
3、赠送城市亲友	18
4、缴纳医疗保险费	178
5、赡养费	49

13-8 续表 4

单位：元

	2013年
四、非消费性支出	**1670**
(一)非借贷性支出	441
1、购买彩票	
2、婚、丧、嫁、娶支出	440
3、交纳党费、团费	
4、迷信、宗教活动捐赠	
5、其他	1
(二)储蓄、借贷性支出	1229
1、归还银行、信用社	57
2、借出款	53
3、归还借款	212
4、存款	895
5、购买债券	
6、购买储蓄性保险	10
7、其他	6682
五、期末金融资产余额	
1、手存现金	
2、存款余额	
3、债券价值	
4、其他金融资产价值	
六、期末债务余额	
1、银行、信用社贷款	
2、个人借(欠)款	
3、其他	

13–9 农村住户平均每百户购买耐用物品情况

	单位	2013年
自行车	辆	2
金 额	元	953
电动自行车	辆	10
金 额	元	25418
洗衣机	台	7
金 额	元	8018
电冰箱	台	3
金 额	元	5743
空调机	台	11
金 额	元	56684
热水器	台	2
金 额	元	5906
摩托车	辆	2
金 额	元	5000
彩色电视机	台	11
金 额	元	28070
影碟机	台	
金 额	元	

13-10 农村住户平均每户购买建筑材料和生产资料情况

	单位	2013年
水 泥	公斤	
金 额	元	
木 材	立方米	
金 额	元	
钢 材	公斤	
金 额	元	
水泥预制件	件	
金 额	元	
玻 璃	平方米	
金 额	元	
砖 瓦	块	
金 额	元	
化 肥	公斤	477.52
金 额	元	1209.45
饼 肥	公斤	5.99
金 额	元	20.33
农药金额	元	364.92
农用薄膜	公斤	10.53
金 额	元	151

13-11 农村住户人均主要实物消费量

	单位	2013年
粮 食	公斤	129.70
蔬 菜	公斤	88.96
植物油	公斤	9.37
猪 肉	公斤	10.67
牛 肉	公斤	0.23
羊 肉	公斤	0.31
家 禽	公斤	4.73
蛋类及蛋制品	公斤	12.21
鱼 虾	公斤	5.42
食 糖	公斤	0.64
卷 烟	盒	13.72
酒	公斤	13.72
茶 叶	公斤	0.29
糖 果	公斤	2.39
糕 点	公斤	36.76
奶和奶制品	公斤	10.53
水 果	公斤	36.61

13-12 农村住户平均每百户耐用物品拥有量

	单位	2013年
自行车	辆	138
电动自行车	辆	103
摩托车	辆	76
洗衣机	台	89
电冰箱	台	84
空调机	台	53
热水器	台	88
固定电话	部	67
移动电话	部	215
彩色电视机	台	113
影碟机	台	3
照相机	架	7
家用计算机	台	53

第14篇

分镇、街道统计资料

14—1 分镇、街道基本情况

(2013年)

镇街名称	行政区域面积(平方公里)	建成区面积(平方公里)	建成区总人口(万人)	乡村人口(万人)
荆河	26.09	13.8	10.45	2.63
龙泉	24.64	13.45	12.36	3.14
北辛	31.78	14.1	10.53	2.72
善南	12.44	9.85	1.3	1.83
东沙河	52.89	3.58	1.81	5.20
洪绪	37.92	1.52	0.96	3.30
南沙河	46.20	1.72	1.06	4.24
大坞	101.86	5.91	2.24	8.31
滨湖	144.12	6.2	2.83	9.94
级索	78.87	5.2	3.17	8.16
西岗	79.86	15.5	7.63	7.53
姜屯	84.61	1.16	1.68	8.09
鲍沟	74.39	4.1	1.58	8.03
张汪	85.47	3.6	1.6	7.51
官桥	63.39	4.48	1.73	6.12
柴胡店	57.62	0.8	0.74	3.79
羊庄	118.30	2.4	1.24	8.01
木石	66.93	6.2	2.36	4.34
界河	82.32	4.4	2.07	6.55
龙阳	78.77	2.19	1.12	7.00
东郭	146.66	3.85	2.71	11.08

14-2 分镇、街道人口情况

(2013年)　　单位：人

镇街名称	总户数(户)	合计	#城镇人口	按性别分 男	按性别分 女	按年龄分 18岁以下	按年龄分 18-35岁	按年龄分 35-60岁	按年龄分 60岁以上
总　计	**527501**	**1692967**	**528167**	**886067**	**806900**	**296583**	**489291**	**636432**	**270661**
荆　河	45212	111693	111693	56007	55686	21060	28373	48138	14122
龙　泉	46154	109604	109604	57271	52333	22350	30801	42490	13963
北　辛	33154	92474	92474	47881	44593	19837	25646	35801	11190
善　南	6273	22080	22080	11186	10894	4820	6795	7346	3119
东沙河	16158	56148	3466	29194	26954	10154	17041	20267	8686
洪　绪	11312	38738	6586	19531	19207	6441	11664	14408	6225
南沙河	12537	49858	2239	25931	23927	8935	14445	17805	8673
大　坞	24936	89834	4569	47164	42670	14971	23719	34985	16159
滨　湖	33892	114618	10989	60598	54020	20627	32020	42720	19251
级　索	24615	86538	10511	45722	40816	14234	24334	32558	15412
西　岗	41402	129410	48392	69541	59869	19812	39415	50702	19481
姜　屯	25385	88832	6072	45085	43747	15303	24625	32631	16273
鲍　沟	22934	83881	7912	44302	39579	16087	24754	29588	13452
张　汪	27500	88389	11801	47193	41196	15419	25529	33192	14249
官　桥	23196	77833	19939	40992	36841	11650	22642	28626	14915
柴胡店	13487	45513	8078	24144	21369	6917	14078	16284	8234
羊　庄	22616	80110	8142	42383	37727	12406	24372	28144	15188
木　石	18208	57184	17137	30251	26933	8926	18047	21042	9169
界　河	22597	76370	7069	40476	35894	12983	22147	29021	12219
龙　阳	22417	74798	6612	38378	36420	12956	22534	27287	12021
东　郭	33516	119062	12802	62837	56225	20695	36310	43397	18660

14—3 分镇、街道人口变动情况

(2013年)　　单位：人

镇街名称	出生			死亡			迁入		迁出	
	合计	男	女	合计	男	女	省内	省外	省内	省外
总　计	**22310**	**12031**	**10279**	**10342**	**5205**	**5137**	**4245**	**2158**	**5349**	**2793**
荆　河	1526	858	668	492	259	233	234	213	235	218
龙　泉	1455	857	598	454	251	203	495	209	213	259
北　辛	1149	637	512	383	192	191	390	239	172	189
善　南	346	189	157	103	53	50	65	31	31	28
东沙河	858	457	401	474	241	233	170	56	79	45
洪　绪	546	301	245	234	101	133	44	34	74	26
南沙河	628	338	290	281	139	142	69	44	107	49
大　坞	1134	679	455	1274	638	636	127	104	162	154
滨　湖	1646	838	808	715	309	406	268	168	281	207
级　索	924	432	492	353	178	175	185	126	198	185
西　岗	1418	774	644	735	368	367	276	142	703	153
姜　屯	1095	579	516	641	321	320	148	91	120	112
鲍　沟	1483	802	681	621	320	301	136	94	153	114
张　汪	1353	723	630	457	230	227	292	85	586	114
官　桥	975	519	456	442	230	212	102	64	450	134
柴胡店	456	241	215	292	151	141	147	58	284	84
羊　庄	974	534	440	322	169	153	160	102	283	125
木　石	661	374	287	428	220	208	98	61	214	123
界　河	637	342	295	585	296	289	125	84	208	173
龙　阳	996	529	467	432	221	211	479	75	532	137
东　郭	2050	1028	1022	624	318	306	235	78	264	164

14-4 分镇、街道乡村劳动力情况

(2013年)

镇街名称	乡村劳动力(人)	农林牧渔业	工　业	建筑业	交通运输仓储及邮电业	批发零售贸易餐饮业
荆　河	16405	3448	2256	3393	1632	3551
龙　泉	21683	4244	4878	5278	1580	2654
北　辛	16920	6012	1747	3444	1000	1999
善　南	10686	3132	2910	1637	440	1363
东沙河	34209	14945	5787	4888	1434	2634
洪　绪	21337	3725	7843	3198	810	3634
南沙河	27428	8594	6600	5186	964	2083
大　坞	55493	29607	5894	5496	1875	2259
滨　湖	64004	31121	10114	8287	5585	5627
级　索	53042	21154	6707	8731	2113	5254
西　岗	45412	19745	4542	4445	3393	6289
姜　屯	51381	27021	6647	6269	2911	7737
鲍　沟	47949	16199	8927	9060	3456	6048
张　汪	49790	16910	7769	7170	5460	7849
官　桥	36802	20676	3725	2368	2278	3424
柴胡店	27063	14551	3129	2946	1061	1242
羊　庄	44205	23323	6643	3888	1834	2545
木　石	26809	9019	7409	2174	2652	2196
界　河	42681	24212	3864	5489	1032	2667
龙　阳	40903	24322	2338	8464	993	1747
东　郭	68758	49748	3010	3083	1163	3462

14–5 分镇、街道地区生产总值

(2013年) 单位：万元

镇街名称	地区生产总值	第一产业增加值	第二产业增加值	第三产业增加值
荆河	479552	7712	194815	277025
龙泉	521704	7334	242562	271808
北辛	478011	13469	168193	296349
善南	95639	4187	63716	27735
东沙河	190949	18292	84693	87965
洪绪	404535	22797	241484	140255
南沙河	253303	13900	162866	76537
大坞	402324	54903	192921	154500
滨湖	460200	57274	219113	183813
级索	659243	56335	379405	223503
西岗	678018	55127	379914	242977
姜屯	360255	43896	162567	153792
鲍沟	439314	39943	258142	141229
张汪	375512	50802	177144	147566
官桥	360131	24021	208054	128056
柴胡店	244011	22585	147073	74354
羊庄	252314	38073	106715	107526
木石	413794	18535	271274	123985
界河	386317	61038	199646	125632
龙阳	251379	47873	97974	105531
东郭	450196	60569	216654	172973

14-6 分镇、街道财政收支

单位：万元

镇街名称	一般预算收入		一般预算支出	
	2013年	2012年	2013年	2012年
荆　河	15886	15116	15283	14366
龙　泉	29141	27674	26285	26551
北　辛	27881	26475	25205	25172
善　南	8555	8063	8331	8213
东沙河	4273	4184	5942	6195
洪　绪	17337	16515	17863	17099
南沙河	8955	8537	10363	10100
大　坞	14761	14058	16619	16199
滨　湖	20833	16659	22321	18983
级　索	44916	42732	46162	43456
西　岗	56083	44855	51915	48261
姜　屯	13669	13077	15011	15279
鲍　沟	12799	12197	14320	13726
张　汪	10664	10160	12900	12037
官　桥	9121	8677	10920	10699
柴胡店	11731	11202	12017	11774
羊　庄	4737	4246	7998	7922
木　石	18102	14472	18944	15135
界　河	7101	6752	9388	9224
龙　阳	5152	4917	6944	7525
东　郭	7142	6819	9986	9882

14—7　分镇、街道农业总产值

单位：万元

镇街名称	2013年	2012年
荆　河	14135	13896
龙　泉	14232	16712
北　辛	26261	24539
善　南	8162	8718
东沙河	35435	32115
洪　绪	43375	39645
南沙河	27191	24787
大　坞	98003	88234
滨　湖	102792	93500
级　索	100721	91773
西　岗	99395	90007
姜　屯	82219	74465
鲍　沟	74347	66418
张　汪	94819	86476
官　桥	47211	42203
柴胡店	42387	37891
羊　庄	72882	66010
木　石	34888	31731
界　河	109471	98869
龙　阳	89697	80190
东　郭	109374	97850

14-8 分镇、街道农作物播种面积和产量

(2013年)　　单位：亩、公斤、公斤

镇街名称	总播种面积	一、粮食作物合计		
		播种面积	总产量	单产
荆　河	12275	6797	3455717	508.4
龙　泉	11878	11220	6122592	545.7
北　辛	36563	25098	13293329	529.7
善　南	8535	6060	2869532	473.5
东沙河	83882	72407	31753130	438.5
洪　绪	73366	55410	31440523	567.4
南沙河	67589	59302	28631992	482.8
大　坞	242071	80771	43523491	538.9
滨　湖	257411	191443	103712006	541.7
级　索	155887	122572	70462887	574.9
西　岗	154813	116576	66228470	568.1
姜　屯	207939	118634	67649406	570.2
鲍　沟	145415	123320	66525492	539.5
张　汪	165946	137172	71576949	521.8
官　桥	90658	72588	37291087	513.7
柴胡店	71711	62044	32807883	528.8
羊　庄	165219	123559	60271685	487.8
木　石	73759	48435	23587509	487
界　河	219292	52032	23328536	448.3
龙　阳	147503	67474	30006454	444.7
东　郭	184315	137505	66953075	486.9

14-8 续表 1

(2013年)　　　　单位：亩、公斤、公斤

镇街名称	(一)夏收粮食			其中：谷物		
	播种面积	总产量	单产	播种面积	总产量	单产
荆河	4200	2117741	504.2	4200	2117741	504.2
龙泉	5610	2824507	503.5	5610	2824507	503.5
北辛	12152	6028313	496.1	12152	6028313	496.1
善南	3090	1444022	467.3	3090	1444022	467.3
东沙河	36954	14310075	387.2	36954	14310075	387.2
洪绪	28339	15514904	547.5	28339	15514904	547.5
南沙河	27197	11520604	423.6	27197	11520604	423.6
大坞	53689	28883429	538	53689	28883429	538
滨湖	99108	50231207	506.8	99108	50231207	506.8
级索	62111	34284661	552	62111	34284661	552
西岗	58013	31950200	550.7	58013	31950200	550.7
姜屯	62975	34690284	550.9	62975	34690284	550.9
鲍沟	61625	33152570	538	61625	33152570	538
张汪	69147	34804411	503.3	69147	34804411	503.3
官桥	38180	18059197	473	38180	18059197	473
柴胡店	29700	14775923	497.5	29700	14775923	497.5
羊庄	57906	26730156	461.6	57906	26730156	461.6
木石	17547	8183609	466.4	17547	8183609	466.4
界河	18673	7712757	413	18673	7712757	413
龙阳	28430	11743149	413.1	28430	11743149	413.1
东郭	68805	32847295	477.4	68805	32847295	477.4

14-8 续表 2

(2013年) 单位：亩、公斤、公斤

镇街名称	(1)小麦			①其中：冬小麦		
	播种面积	总产量	单产	播种面积	总产量	单产
荆河	4200	2117741	504.2	4200	2117741	504.2
龙泉	5610	2824507	503.5	5610	2824507	503.5
北辛	12152	6028313	496.1	12152	6028313	496.1
善南	3090	1444022	467.3	3090	1444022	467.3
东沙河	36954	14310075	387.2	36954	14310075	387.2
洪绪	28339	15514904	547.5	28339	15514904	547.5
南沙河	27197	11520604	423.6	27197	11520604	423.6
大坞	53689	28883429	538	53689	28883429	538
滨湖	99108	50231207	506.8	99108	50231207	506.8
级索	62111	34284661	552	62111	34284661	552
西岗	58013	31950200	550.7	58013	31950200	550.7
姜屯	62975	34690284	550.9	62975	34690284	550.9
鲍沟	61625	33152570	538	61625	33152570	538
张汪	69147	34804411	503.3	69147	34804411	503.3
官桥	38180	18059197	473	38180	18059197	473
柴胡店	29700	14775923	497.5	29700	14775923	497.5
羊庄	57906	26730156	461.6	57906	26730156	461.6
木石	17547	8183609	466.4	17547	8183609	466.4
界河	18673	7712757	413	18673	7712757	413
龙阳	28430	11743149	413.1	28430	11743149	413.1
东郭	68805	32847295	477.4	68805	32847295	477.4

14-8 续表 3

(2013年) 单位：亩、公斤 、公斤

镇街名称	(二)秋收粮食			1、谷 物		
	播种面积	总产量	单 产	播种面积	总产量	单 产
荆 河	2597	1337976	515.2	2597	1337976	515.2
龙 泉	5610	3298085	587.9	5610	3298085	587.9
北 辛	12946	7265016	561.2	12139	7026265	578.8
善 南	2970	1425510	480	2970	1425510	480
东 沙 河	35453	17443055	492	31273	15850535	506.8
洪 绪	27071	15925619	588.3	26545	15825634	596.2
南 沙 河	32105	17111388	533	32053	17080239	532.9
大 坞	27082	14640062	540.6	25311	13853241	547.3
滨 湖	92335	53480799	579.2	88124	52200429	592.4
级 索	60461	36178226	598.4	60461	36178226	598.4
西 岗	58563	34278270	585.3	56310	33435666	593.8
姜 屯	55659	32959122	592.2	54457	32578777	598.2
鲍 沟	61695	33372922	540.9	61289	33215717	542
张 汪	68025	36772538	540.6	65886	36261181	550.4
官 桥	34408	19231890	558.9	33060	18778080	568
柴 胡 店	32344	18031960	557.5	29177	16869088	578.2
羊 庄	65653	33541529	510.9	55539	27900140	502.4
木 石	30888	15403900	498.7	20058	10050001	501
界 河	33359	15615779	468.1	29442	12955017	440
龙 阳	39044	18263305	467.8	35509	16752890	471.8
东 郭	68700	34105780	496.4	58185	28851690	495.9

14-8 续表 4

(2013年) 单位：亩、公斤、公斤

镇街名称	其中:玉 米			2、豆类合计		
	播种面积	总产量	单 产	播种面积	总产量	单 产
荆 河	2597	1337976	515.2			
龙 泉	5610	3298085	587.9			
北 辛	12139	7026265	578.8	807	238751	295.9
善 南	2970	1425510	480			
东 沙 河	31273	15850535	506.8	3360	749530	223.1
洪 绪	26545	15825634	596.2	526	99985	190.1
南 沙 河	32053	17080239	532.9			
大 坞	25311	13853241	547.3	1061	245674	231.5
滨 湖	88014	52149397	592.5	4083	1186082	290.5
级 索	60461	36178226	598.4			
西 岗	56310	33435666	593.8	2253	842604	374
姜 屯	54457	32578777	598.2	1202	380345	316.4
鲍 沟	61289	33215717	542	272	84557	310.9
张 汪	65886	36261181	550.4	2139	511357	239.1
官 桥	33060	18778080	568	1046	268986	257.2
柴 胡 店	29013	16817143	579.6	2179	538485	247.1
羊 庄	55539	27900140	502.4	1021	221282	216.7
木 石	19638	9939616	506.1	10166	4939376	485.9
界 河	29442	12955017	440	3798	2611360	687.6
龙 阳	35509	16752890	471.8	225	56930	253
东 郭	58185	28851690	495.9	545	100100	183.7

14-8 续表 5

(2013年)　　单位：亩、公斤 、公斤

镇街名称	其中：大豆			3、薯类		
	播种面积	总产量	单产	播种面积	总产量	单产
荆河						
龙泉						
北辛	807	238751	295.9			
善南						
东沙河	3360	749530	223.1	820	842990	1028
洪绪	526	99985	190.1			
南沙河				52	31149	599
大坞	1061	245674	231.5	710	541147	762.2
滨湖	3803	1119148	294.3	128	94288	736.6
级索						
西岗	2253	842604	374			
姜屯	1202	380345	316.4			
鲍沟	272	84557	310.9	134	72648	542.1
张汪	2139	511357	239.1			
官桥	966	252126	261	302	184824	612
柴胡店	1825	473654	259.5	988	624387	632
羊庄	1021	221282	216.7	9093	5420107	596.1
木石	9926	4913400	495	664	414523	624.3
界河	3798	2611360	687.6	119	49402	415.1
龙阳	225	56930	253	3310	1453485	439.1
东郭	545	100100	183.7	9970	5153990	516.9

14-8 续表 6

(2013年) 单位：亩、公斤 、公斤

镇街名称	二、油 料			其中：花 生		
	播种面积	总产量	单 产	播种面积	总产量	单 产
荆 河						
龙 泉						
北 辛	1040	367850	353.7	1040	367850	353.7
善 南	150	41987	279.9	150	41987	279.9
东 沙 河	2709	748460	276.3	2709	748460	276.3
洪 绪	797	326703	409.9	797	326703	409.9
南 沙 河	134	45374	338.6	134	45374	338.6
大 坞	9207	2993238	325.1	9207	2993238	325.1
滨 湖	6597	2503957	379.6	6387	2459145	385
级 索	8267	2976205	360	8267	2976205	360
西 岗	2004	825528	411.9	2004	825528	411.9
姜 屯	26495	9740782	367.6	26495	9740782	367.6
鲍 沟	6427	2706350	421.1	6427	2706350	421.1
张 汪	3148	954265	303.1	3148	954265	303.1
官 桥	1440	522725	363	1440	522725	363
柴 胡 店	2129	656846	308.5	1676	577097	344.3
羊 庄	885	228654	258.4	885	228654	258.4
木 石	4312	1266650	293.8	3867	1174040	303.6
界 河	3054	1129204	369.7	3054	1129204	369.7
龙 阳	7265	2546363	350.5	7105	2546363	358.4
东 郭	18440	6198001	336.1	18440	6198001	336.1

14-8 续表 7

(2013年)　　单位：亩、公斤、公斤

镇街名称	三、蔬菜(含菜用瓜)			瓜类(果用瓜)		
	播种面积	总产量	单产	播种面积	总产量	单产
荆　河	5478	20317698	3709			
龙　泉	651	1867525	2868.7	7	17500	2500.0
北　辛	10425	35860787	3439.9			
善　南	2325	7064745	3038.6			
东沙河	7690	28041780	3646.5			
洪　绪	16972	66697722	3929.9	187	581560	3109.9
南沙河	8036	28722466	3574.2			
大　坞	143421	541676280	3776.8	7711	37172183	4820.7
滨　湖	57468	198073324	3446.7	620	2937660	4738.2
级　索	25048	94039155	3754.4			
西　岗	35882	154913330	4317.3			
姜　屯	61160	267753356	4377.9	1290	5718270	4432.8
鲍　沟	15668	70743355	4515.1			
张　汪	24270	87836938	3619.2	1300	5117180	3936.3
官　桥	15860	63725480	4018	60	231360	3856.0
柴胡店	6836	27737499	4057.6	10	38250	3825.0
羊　庄	36251	168605137	4651	771	3285265	4261.0
木　石	16074	41703025	2594.4	210	620025	2952.5
界　河	164206	592880990	3610.6			
龙　阳	72535	156324250	2155.2	90	378376	4204.2
东　郭	25949	83271960	3209.1	2421	9249880	3820.7

14-8 续表 8

(2013年)　　单位：亩、公斤、公斤

镇街名称	其中：西瓜			甜瓜		
	播种面积	总产量	单产	播种面积	总产量	单产
荆河						
龙泉						
北辛						
善南						
东沙河						
洪绪						
南沙河						
大坞	7711	37172183	4820.7			
滨湖	620	2937660	4738.2			
级索						
西岗						
姜屯	750	3804600	5072.8	270	1120200	4148.9
鲍沟						
张汪	1300	5117180	3936.3			
官桥	60	231360	3856			
柴胡店	10	38250	3825			
羊庄	734	2514265	3425.4			
木石				120	288300	2402.5
界河						
龙阳	62	240626	3881.1	28	136750	4883.9
东郭	2206	8602580	3899.6	215	647300	3010.7

14—9 分镇、街道主要农业机械年末拥有量

(2013年)

镇街名称	农业机械总动力(千瓦)	其中：1、农用拖拉机					
		合计		大、中型		小型	
		台	千瓦	台	千瓦	台	千瓦
荆河	27880	196	6208	188	6133	8	75
龙泉	26262	151	4491	143	4414	8	77
北辛	28517	113	4072	109	4034	4	38
善南	17636	38	1428	34	1388	4	40
东沙河	50838	464	13100	442	12883	22	217
洪绪	84850	409	14721	380	14438	29	283
南沙河	68801	618	21325	597	21119	21	206
大坞	123846	949	34862	736	32884	213	1978
滨湖	111185	1099	39969	1010	39087	89	882
级索	110201	823	32271	801	32054	22	217
西岗	161671	854	31074	838	30915	16	159
姜屯	154788	972	39490	923	39019	49	471
鲍沟	94783	455	18388	436	18212	19	176
张汪	109491	548	22407	532	22239	16	168
官桥	90977	834	29481	816	29302	18	179
柴胡店	60759	402	15797	385	15630	17	167
羊庄	68664	546	20768	415	19537	131	1231
木石	59045	597	20204	579	20052	18	152
界河	82729	689	18773	357	15713	332	3060
龙阳	76798	436	11724	268	10219	168	1505
东郭	91413	601	16900	371	14738	230	2162

14-9 续表 1

(2013年)

镇街名称	2、拖拉机配套农具			3、种植机械		
	总计	大中型	小型	耕整机	机引犁	旋耕机
	台	台	台	台	台	台
荆河	818	736	82	30	69	94
龙泉	647	572	75	12	59	91
北辛	473	420	53	43	89	98
善南	198	171	27		61	71
东沙河	1831	1636	195	11	355	185
洪绪	1680	1434	246	334	289	143
南沙河	2646	2394	252	16	494	190
大坞	3120	2561	559	1514	690	348
滨湖	3765	3412	353	691	871	364
级索	3149	2898	251	12	788	421
西岗	3084	2797	287	10	587	370
姜屯	3628	3265	363	1367	797	368
鲍沟	1779	1622	157	96	379	289
张汪	2340	2187	153	8	786	536
官桥	2982	2895	87	63	874	379
柴胡店	1469	1386	83	47	449	243
羊庄	2059	1478	581	8	485	271
木石	2205	2106	99	1	578	257
界河	1583	1259	324	2437	577	367
龙阳	1332	975	357	1331	388	335
东郭	1868	1290	578	296	469	462

14-9 续表 2

(2013年)

镇街名称	4、农用排灌机械			
	排灌动力机械		农用水泵	节水灌溉类机械
	台	千瓦	台	套
荆　河	380	2584	301	28
龙　泉	353	2405	332	24
北　辛	729	4969	306	29
善　南	345	2373	282	46
东沙河	1247	8430	584	30
洪　绪	1434	9524	596	44
南沙河	1146	8181	1038	50
大　坞	2434	18196	2899	213
滨　湖	2709	19675	1746	329
级　索	2297	16566	1654	267
西　岗	2223	15856	1616	317
姜　屯	2322	16322	1596	220
鲍　沟	2094	14786	1989	321
张　汪	1989	13915	1487	196
官　桥	1261	9007	1098	174
柴胡店	1197	8694	965	129
羊　庄	1844	13089	1423	110
木　石	1329	9812	1002	206
界　河	1985	15238	2006	241
龙　阳	2410	18048	2388	230
东　郭	2568	18603	1523	106

14-9 续表 3

(2013年)

镇街名称	5、联合收获机		6、收获机	7、农产品初加工动力机械	
	台	千瓦	机动脱粒机(台)	台	千瓦
荆　河	26	1195	27	545	5303
龙　泉	23	896	26	575	5176
北　辛	46	1550	20	339	2961
善　南	23	873	19	146	1483
东沙河	68	2618	317	628	6121
洪　绪	217	9659	278	588	6212
南沙河	215	9307	291	592	6052
大　坞	167	6661	375	1845	21050
滨　湖	290	12793	521	1295	11162
级　索	262	14179	589	947	8474
西　岗	332	16558	430	1767	14769
姜　屯	292	13770	497	2507	23048
鲍　沟	337	21696	476	2188	16945
张　汪	470	27604	483	1603	11163
官　桥	248	13860	392	711	5471
柴胡店	184	8561	353	810	6830
羊　庄	258	12738	406	546	5171
木　石	84	4500	163	567	4152
界　河	47	1963	217	624	2397
龙　阳	56	2566	270	1628	10111
东　郭	126	6514	167	1445	9284

14-9 续表 4

(2013年)

镇街名称	8、运输机械				
	三轮汽车		低速载货汽车		农用挂车
	辆	千瓦	辆	千瓦	台
荆　　河	917	9009	31	2075	166
龙　　泉	901	8813	33	2084	172
北　　辛	1102	10578	45	3011	115
善　　南	690	6696	26	1771	48
东 沙 河	1460	15321	45	3000	584
洪　　绪	1674	17871	177	7916	235
南 沙 河	1781	16793	96	6128	598
大　　坞	1968	18761	187	9878	732
滨　　湖	1756	18661	145	14537	697
级　　索	1842	19835	279	16907	596
西　　岗	1495	14600	467	38786	465
姜　　屯	1687	16164	188	17313	754
鲍　　沟	1865	12185	96	7786	362
张　　汪	1471	14054	178	17928	348
官　　桥	1426	13518	156	8876	792
柴 胡 店	860	8800	162	15158	368
羊　　庄	1308	11907	95	7894	152
木　　石	1289	12154	83	5953	489
界　　河	1932	19377	73	4750	326
龙　　阳	1268	11054	151	11565	279
东　　郭	2642	25397	162	12334	356

14-10 分镇、街道农民人均纯收入

单位：元

镇街名称	2013年	2012年
荆河	13307	11539
龙泉	14118	12256
北辛	13073	11280
善南	12926	11199
东沙河	11451	10105
洪绪	13998	12264
南沙河	12755	11008
大坞	12173	10697
滨湖	13067	11290
级索	14441	12500
西岗	14566	12512
姜屯	12403	10895
鲍沟	12619	11002
张汪	12026	10602
官桥	12317	10672
柴胡店	12315	10818
羊庄	11835	10393
木石	13044	11448
界河	12721	11000
龙阳	11871	10363
东郭	11835	10432

14-11 分镇、街道规模以上工业经济

(2013年)

镇街名称	企业数（个）	主营业务收入（万元）	利润总额（万元）	利税总额（万元）
荆河	23	645780	40589	69142
龙泉	25	568858	36284	63555
北辛	22	566491	40254	72485
善南	18	510475	30314	51166
东沙河	16	326572	22025	39120
洪绪	25	764751	47823	86246
南沙河	31	698530	41635	72276
大坞	18	478430	30726	54849
滨湖	14	291081	16470	28798
级索	32	920761	61658	108276
西岗	28	1032399	45254	83093
姜屯	20	471489	29213	49488
鲍沟	32	996631	62452	115561
张汪	16	350830	21242	34942
官桥	27	488797	33438	60781
柴胡店	13	362280	22829	41367
羊庄	11	338908	31016	47838
木石	22	656853	38559	70734
界河	21	607055	40055	67047
龙阳	11	285291	17386	30299
东郭	12	429324	27493	49572

14-12 分镇、街道固定资产投资、招商引资、利用外资

镇街名称	固定资产投资（万元）	招商引资到位资金（万元）	实际利用外资（万美元）
荆河	253557	151450	115
龙泉	143540	152140	260
北辛	320005	152490	224
善南	159640	148230	115
东沙河	65990	145010	126
洪绪	166390	150420	115
南沙河	144708	148810	115
大坞	174270	174960	435
滨湖	168813	123970	100
级索	183141	177930	180
西岗	197650	178060	180
姜屯	148700	146970	115
鲍沟	97450	175230	190
张汪	91300	170640	190
官桥	177955	173070	180
柴胡店	65525	120460	115
羊庄	73050	120170	100
木石	188895	177390	180
界河	117216	121120	100
龙阳	46517	120650	100
东郭	130950	122830	100

14—13 分镇、街道进出口额

(2013年)

镇街名称	进出口总额 (万美元)	出口额 (万美元)
荆　　河	601	581
龙　　泉	3593	3287
北　　辛	1555	1197
善　　南	963	718
东 沙 河	338	338
洪　　绪	3613	3450
南 沙 河	4692	4435
大　　坞	1027	982
滨　　湖	175	175
级　　索	677	607
西　　岗	557	551
姜　　屯	1271	1271
鲍　　沟	1585	1450
张　　汪	133	133
官　　桥	135	112
柴 胡 店	299	299
羊　　庄	389	330
木　　石	1760	1331
界　　河	690	668
龙　　阳	410	410
东　　郭	1727	1727

14-14 分镇、街道新发展个体户、私营经济情况

(2013年)

镇街名称	个体户户数(户)	私营企业个数(个)
荆河	1167	256
龙泉	1600	319
北辛	1688	311
善南	377	84
东沙河	237	53
洪绪	203	69
南沙河	262	70
大坞	151	41
滨湖	230	81
级索	282	70
西岗	323	55
姜屯	187	60
鲍沟	233	55
张汪	320	45
官桥	157	44
柴胡店	113	30
羊庄	123	29
木石	267	54
界河	201	54
龙阳	147	43
东郭	274	44

第15篇 历年主要指标

15-1 历年统计资料

年 份	总户数 (万户)	总人口 (万人)	人口自然增长率 (‰)
1978	24.75	114.82	10.95
1980	25.86	116.94	7.97
1985	28.35	122.62	7.51
1986	28.97	123.89	7.59
1987	29.97	126.68	10.81
1988	31.03	129.20	9.54
1989	32.67	132.29	11.35
1990	34.89	139.49	9.22
1991	36.18	142.14	8.83
1992	36.31	143.96	11.28
1993	37.33	146.86	10.88
1994	38.02	150.09	10.97
1995	39.58	151.69	5.55
1996	40.40	152.77	4.41
1997	41.42	153.68	4.63
1998	43.34	154.39	4.11
1999	42.03	154.96	4.24
2000	42.01	155.13	3.68
2001	43.98	155.82	3.80
2002	42.92	156.08	3.33
2003	43.50	156.82	3.20
2004	43.92	157.27	3.81
2005	43.72	157.88	3.63
2006	43.64	158.69	3.52
2007	49.39	164.74	3.80
2008	50.02	165.84	3.75
2009	53.64	167.20	4.05
2010	54.13	168.14	4.65
2011	52.64	169.00	4.39
2012	52.67	169.07	5.10
2013	52.75	169.30	5.30

15-1 续表 1

年　份	地区生产总　值(当年价)(亿元)	第一产业	第二产业	第三产业	人均GDP(元)
1978	3.90	1.50	1.85	0.55	342
1980	4.58	1.83	2.08	0.67	393
1985	8.06	2.98	3.76	1.32	660
1986	9.38	3.47	4.29	1.62	761
1987	11.26	3.60	5.66	2.00	899
1988	13.27	3.65	6.83	2.79	1037
1989	15.62	4.01	8.43	3.18	1195
1990	16.63	4.30	8.77	3.56	1224
1991	19.64	5.14	10.14	4.36	1395
1992	25.49	6.15	12.47	6.87	1782
1993	34.95	7.02	18.00	9.93	2403
1994	49.12	11.60	22.99	14.53	3308
1995	65.56	16.70	30.61	18.25	4345
1996	76.40	17.48	35.10	23.82	5018
1997	87.66	17.80	40.64	29.22	5721
1998	96.06	18.45	44.32	33.29	6236
1999	102.38	18.95	46.67	36.76	6619
2000	110.51	19.82	50.05	40.64	7127
2001	123.82	21.02	56.76	46.03	7964
2002	140.53	21.84	66.33	52.36	9011
2003	170.65	22.07	87.68	60.90	10908
2004	216.25	26.19	120.80	69.26	13768
2005	275.57	29.04	166.98	79.55	17853
2006	335.16	32.76	206.84	95.56	21605
2007	404.06	38.94	249.77	115.35	26019
2008	474.22	45.72	278.65	149.85	30274
2009	542.28	49.53	305.03	187.72	34513
2010	633.92	57.31	342.18	234.43	40164
2011	748.85	61.93	406.94	279.99	45329
2012	830.85	65.14	453.45	312.26	50519
2013	902.64	71.87	481.51	349.26	54237

15-1 续表 2

年 份	地区生产总值构成(%)	第一产业	第二产业	第三产业
1978	100.0	38.4	47.6	14.0
1980	100.0	39.9	45.5	14.6
1985	100.0	36.9	46.7	16.4
1986	100.0	37.0	45.7	17.3
1987	100.0	32.0	50.3	17.7
1988	100.0	27.5	51.5	21.0
1989	100.0	25.7	54.0	20.3
1990	100.0	25.9	52.7	21.4
1991	100.0	26.2	51.6	22.2
1992	100.0	24.1	48.9	27.0
1993	100.0	20.1	51.5	28.4
1994	100.0	23.6	46.8	29.6
1995	100.0	25.5	46.7	27.8
1996	100.0	22.9	45.9	31.2
1997	100.0	20.3	46.4	33.3
1998	100.0	19.2	46.1	34.7
1999	100.0	18.5	45.6	35.9
2000	100.0	17.9	45.3	36.8
2001	100.0	17.0	45.8	37.2
2002	100.0	15.5	47.2	37.3
2003	100.0	12.9	51.4	35.7
2004	100.0	12.1	55.9	32.0
2005	100.0	10.5	60.6	28.9
2006	100.0	9.8	61.7	28.5
2007	100.0	9.6	61.8	28.6
2008	100.0	9.6	58.8	31.6
2009	100.0	9.1	56.3	34.6
2010	100.0	9.0	54.0	37.0
2011	100.0	8.3	54.3	37.4
2012	100.0	7.8	54.6	37.6
2013	100.0	8.0	53.3	38.7

15-1 续表 3

年 份	地区生产总值指数(以上年为100)(%)	第一产业	第二产业	第三产业
1978	106.0	118.4	97.2	108.3
1980	107.1	108.7	105.6	107.2
1985	111.5	106.4	114.8	112.2
1986	114.6	123.4	108.2	103.3
1987	119.0	102.0	132.3	122.7
1988	115.6	102.4	121.1	125.1
1989	103.6	101.7	107.4	105.8
1990	103.6	102.3	101.5	102.1
1991	106.4	107.0	103.7	114.9
1992	119.9	104.3	120.9	139.7
1993	124.5	108.6	132.5	126.1
1994	115.4	106.9	117.8	118.5
1995	115.7	115.0	115.1	117.4
1996	113.1	106.7	111.9	120.4
1997	112.1	103.5	111.0	120.3
1998	110.4	104.0	110.1	115.0
1999	109.8	110.6	108.5	111.6
2000	109.6	106.1	109.9	111.1
2001	112.0	106.4	112.7	113.8
2002	113.6	105.0	116.8	113.6
2003	120.1	105.1	128.9	115.0
2004	120.4	106.7	130.5	111.1
2005	121.5	106.0	130.4	112.3
2006	118.1	107.2	119.9	118.4
2007	117.5	107.6	118.9	117.9
2008	114.3	103.1	112.5	121.6
2009	115.0	102.9	115.6	117.1
2010	114.3	104.0	111.6	122.1
2011	111.1	102.1	112.8	110.7
2012	111.3	104.2	113.9	109.0
2013	110.4	103.3	112.5	108.5

15-1 续表 4

年 份	地方财政收入(万元)	#各项税收	人均地方财政收入(元)	地方财政支出(万元)
1978	8435	7536	74	2016
1980	9252	8475	79	2361
1985	13798	13844	113	3704
1986	5147	4885	42	5800
1987	6123	6363	49	5909
1988	7506	7298	59	7405
1989	8733	8855	67	9046
1990	10013	9589	74	9930
1991	10817	10458	77	10712
1992	12805	12287	90	12366
1993	16264	15812	112	14549
1994	11070	10408	75	18457
1995	14939	13216	99	22667
1996	19168	16404	126	28302
1997	24618	20999	161	33834
1998	29150	23270	189	36609
1999	26268	22097	170	35263
2000	29688	26057	191	34574
2001	35088	30448	226	41419
2002	38224	33286	239	51876
2003	50088	41914	320	64471
2004	65086	49862	415	88236
2005	92000	66705	584	119063
2006	122166	86246	788	158985
2007	160016	116466	989	206492
2008	195320	145781	1182	254453
2009	226606	175659	1361	330943
2010	301166	234952	1796	447810
2011	401506	292456	2382	586167
2012	543700	420000	3216	658215
2013	610086	478313	3604	721675

15-1 续表 5

年 份	税收收入 (万元)	国 税	地 税	税收占GDP比重(%)
1978				
1980				
1985				
1986				
1987				
1988				
1989				
1990				
1991				
1992				
1993				
1994	26150	20168	5982	5.3
1995	32250	24173	8077	4.9
1996	40962	28413	12549	5.4
1997	48866	31909	16957	5.6
1998	65501	44774	20727	6.8
1999	59063	40014	19049	5.8
2000	55523	33655	21868	5.0
2001	70363	44736	25627	5.7
2002	86538	57304	29234	6.2
2003	105664	69503	36161	6.2
2004	140437	92800	47637	6.5
2005	181358	119974	61384	6.3
2006	260869	176026	84843	7.8
2007	324351	210183	114168	8.0
2008	385105	241079	144026	8.1
2009	412000	252031	159969	7.8
2010	500488	285162	215326	7.9
2011	752970	379310	373660	9.9
2012	835117	401305	433872	10.1
2013	854711	391260	463451	9.5

15-1 续表 6

年 份	农村劳动力（万人）	农林牧渔业	农机总动力（千瓦）
1978	41.36	35.26	171353
1980	49.53	42.30	212558
1985	55.55	40.86	280849
1986	57.42	38.82	304028
1987	58.51	39.36	317709
1988	59.85	40.04	326146
1989	60.90	41.10	332775
1990	63.00	41.63	326659
1991	64.52	43.95	393312
1992	65.71	43.15	407058
1993	66.05	43.67	440554
1994	67.45	43.55	472847
1995	66.84	44.01	484918
1996	66.81	44.48	509343
1997	66.97	45.16	569619
1998	66.17	44.32	563585
1999	67.58	44.76	578147
2000	67.82	44.06	605615
2001	68.14	43.14	671850
2002	70.47	41.40	746731
2003	70.41	39.76	786071
2004	71.08	38.19	831812
2005	74.30	39.35	872465
2006	74.20	39.59	914413
2007	74.58	39.38	976046
2008	74.47	38.13	1101046
2009	74.42	37.92	1231184
2010	74.45	37.87	1357071
2011	74.43	38.10	1464006
2012	74.53	37.57	1557630
2013	74.82	37.17	1701550

15-1 续表 7

年 份	农业总产值(当年价)(万元)	农业产值	林业产值	牧业产值	渔业产值
1978	24410	21588	293	2466	63
1980	27581	24199	287	3055	40
1985	45014	36934	1476	6408	196
1986	51039	42713	1511	6588	227
1987	54224	44507	1568	7881	268
1988	70338	57337	2188	10429	384
1989	72497	59553	1512	11151	281
1990	78192	62763	1456	13554	419
1991	93162	74998	1834	15322	1008
1992	105320	85502	1336	16854	1628
1993	121151	98873	1721	18661	1896
1994	193756	162281	1412	25544	4519
1995	252526	217302	1674	28047	5503
1996	278206	234937	1919	34289	7061
1997	283254	230737	2452	41812	8253
1998	284687	232897	3334	40836	7620
1999	295081	235289	3866	48766	7160
2000	306679	240608	4091	53869	8111
2001	335334	258978	2851	64261	9244
2002	373470	289781	4699	69920	9070
2003	404512	285799	5586	95896	9308
2004	480180	334368	6238	121845	9799
2005	545596	368258	6557	152964	9837
2006	601850	403638	7481	171408	10323
2007	710250	445064	7849	196975	10302
2008	847181	564238	7476	212592	10875
2009	908032	625457	8090	201509	11976
2010	1070193	762029	4006	223987	12071
2011	1157546	794541	4922	255360	31899
2012	1206029	824960	5280	259680	36784
2013	1326997	928007	5865	263693	39652

15-1 续表 8

年 份	粮食总产量 (万吨)	油料产量 (吨)	蔬菜产量 (万吨)
1978	38.27	3293	-
1980	44.89	8168	-
1985	50.15	30145	31.45
1986	57.75	26796	44.80
1987	58.27	25817	42.60
1988	55.37	25760	45.00
1989	58.77	31051	45.00
1990	62.66	32048	36.82
1991	65.64	34799	50.88
1992	70.88	33960	66.16
1993	72.03	37829	103.17
1994	73.04	45022	142.90
1995	76.36	44207	151.95
1996	79.97	40383	154.48
1997	78.39	45996	159.90
1998	65.31	44075	185.12
1999	73.24	51325	198.99
2000	58.04	63827	215.12
2001	53.09	69304	253.11
2002	51.86	60411	278.64
2003	46.96	53414	292.08
2004	58.35	56319	288.34
2005	77.63	54451	257.00
2006	82.24	56481	274.09
2007	74.53	54693	249.80
2008	81.38	48184	240.70
2009	81.65	36185	247.54
2010	85.83	36387	259.52
2011	86.94	36137	258.50
2012	90.65	35692	264.10
2013	88.15	36779	273.79

15-1 续表 9

年 份	水果产量(吨)	肉类总产量(吨)	水产品产量(吨)
1978	14529	12100	1173
1980	13528	15800	1065
1985	10510	20060	1113
1986	13385	20400	1250
1987	15332	16600	1411
1988	16830	16900	1120
1989	12332	17800	750
1990	17784	18100	1050
1991	19683	18700	2505
1992	18837	20400	3510
1993	24940	21600	4040
1994	35216	25100	6114
1995	42971	25451	8100
1996	38896	27647	10050
1997	43282	35833	11040
1998	44535	37923	11500
1999	49546	42021	11800
2000	46380	47149	11880
2001	46506	57656	13500
2002	43169	70973	12400
2003	35062	88109	12560
2004	64999	108193	13200
2005	64080	131468	13640
2006	56200	137842	14350
2007	56030	110399	15320
2008	51822	111061	14274
2009	49916	114897	15188
2010	49819	119550	15560
2011	52853	121427	51920
2012	55538	124486	56000
2013	57424	118540	58068

15-1 续表 10

年　份	全社会固定资产投资额（万元）	工业总产值（万元）	工业增加值（万元）
1978	1805	30339	11458
1980	2186	34085	14018
1985	2754	51276	18985
1986	12700	70406	24642
1987	23926	92845	32299
1988	33071	128373	38462
1989	21789	174514	41994
1990	34595	208240	43286
1991	44987	258762	53344
1992	63432	340156	73630
1993	88271	534750	138989
1994	113609	750116	181510
1995	108966	776813	182351
1996	111569	975979	263433
1997	124370	1056769	275701
1998	128263	1145693	141998
1999	160139	1220432	147986
2000	181000	1307786	127111
2001	208712	1445036	150260
2002	272574	1663485	190327
2003	451753	2318428	353792
2004	716793	3145526	561978
2005	1132302	4426394	883268
2006	1327782	5753541	1207690
2007	1401070	7317734	1609571
2008	1751362	9076296	2033896
2009	2287278	10766139	2433306
2010	2973462	13298926	3133945
2011	3658166	12693763	-
2012	4480000	12612732	-
2013	4571181	13411254	-

注：1998年(含)以后为市属规模以上工业增加值。

15-1 续表 11

年 份	工业企业个数(个)	主营业务收入(万元)	利润总额(万元)	利税总额(万元)
1978	203		2168	7810
1980	236	30253	2386	9626
1985	274	54047	2945	14833
1986	296	78271	3150	18578
1987	285	73313	3152	17953
1988	301	95667	5667	22268
1989	305	110383	6459	17812
1990	310	109604	5947	16596
1991	313	134035	6494	17540
1992	300	185203	7921	24515
1993	343	247676	127	22671
1994	336	318197	4030	33729
1995	338	403016	2674	34166
1996	268	455117	6203	45783
1997	298	508435	-529	41690
1998	181	416973	6872	26188
1999	179	442031	10210	30072
2000	156	471989	13083	34848
2001	159	539575	20652	50511
2002	184	721668	39289	79862
2003	235	1305410	100554	184312
2004	291	1941507	171476	298303
2005	306	3237299	258410	444967
2006	345	4480479	353838	620213
2007	406	5974381	442387	774814
2008	505	7799214	553165	965887
2009	578	9481350	641723	1120621
2010	676	12063668	751355	1320630
2011	432	11464941	646657	1184897
2012	450	12469488	652312	1269587
2013	484	13601573	784792	1455564

注：1997年以前为乡及乡以上独立核算工业企业，1998年以后为滕州市属规模以上工业企业。

15-1 续表 12

年 份	公路客运		公路货运	
	客运量（万人）	周转量（万人公里）	货运量（万吨）	周转量（万吨公里）
1978	131	3880	639	6879
1980	178	5234	551	6578
1985	376	9675	579	9873
1986	589	15326	605	1182
1987	590	23619	696	18490
1988	655	24611	720	20812
1989	700	23523	758	28470
1990	730	23451	815	31432
1991	750	25330	843	34666
1992	810	25563	921	37905
1993	867	27883	977	41085
1994	995	29666	1066	50670
1995	1160	32760	1238	53841
1996	1054	33970	1219	54625
1997	1060	31247	1020	49563
1998	880	26600	1110	51800
1999	1048	53488	1164	40800
2000	1160	62661	1239	88321
2001	1219	63313	1279	94232
2002	1279	45478	1342	98942
2003	1468	67688	1412	104681
2004	1414	51601	1502	110075
2005	1503	56016	1597	116369
2006	3471	73454	1758	128167
2007	3826	116164	1936	141182
2008	4142	151590	2518	158900
2009	4535	175494	7958	728259
2010	4821	217689	8022	733358
2011	2633	183156	8412	755032
2012	2751	189432	8790	793962
2013	2874	195895	8940	835098

15-1 续表 13

年 份	进出口总额(万美元)	出口总额	实际利用外资(万美元)
1978	-	-	-
1980	-	-	-
1985	-	-	-
1986	-	-	-
1987	-	-	-
1988	-	-	-
1989	-	-	-
1990	-	-	-
1991	-	-	-
1992	-	-	-
1993	-	-	-
1994	-	-	-
1995	-	-	-
1996	-	-	-
1997	-	-	-
1998	-	-	-
1999	-	-	-
2000	1143	860	-
2001	1451	1106	981
2002	1926	1733	1252
2003	2833	2651	1679
2004	4719	4559	2597
2005	9424	8607	3716
2006	13899	13098	3911
2007	19771	17140	3956
2008	22347	17121	5596
2009	18857	15102	7455
2010	35600	30398	8000
2011	43400	36573	4341
2012	40754	34158	5627
2013	46708	33719	5560

15-1 续表 14

年 份	社会消费品零售总额(万元)	居民消费价格指数(%)	城镇居民人均可支配收入(元)
1978	11413	-	347
1980	15563	-	361
1985	34549	107.2	604
1986	41125	106.1	725
1987	44887	108.5	809
1988	58186	119.4	980
1989	68041	117.2	1182
1990	74905	103.9	1334
1991	84437	106.3	1408
1992	99038	108.4	1604
1993	117774	114.3	2225
1994	153573	121.5	3006
1995	212158	114.7	3673
1996	266096	109.0	4530
1997	309027	102.3	4625
1998	334440	99.7	4793
1999	363500	99.2	5009
2000	397407	100.7	5266
2001	439466	101.1	5956
2002	487760	98.8	6493
2003	554382	101.0	7425
2004	745560	101.9	8473
2005	829058	101.3	9881
2006	960713	101.3	11020
2007	1135593	103.9	12585
2008	1389098	104.8	14320
2009	1653615	100.1	15651
2010	1916358	102.8	17630
2011	2232824	104.8	20193
2012	2560231	101.9	22960
2013	2910510	101.8	25238

15-1 续表 15

年 份	年末在岗职工人数(万人)	工资总额(万元)	平均工资(元)
1978	4.36	2220	509
1980	4.50	3087	686
1985	5.26	5345	1017
1986	5.51	6535	1185
1987	6.05	7303	1207
1988	6.96	11547	1664
1989	6.87	12253	1784
1990	7.07	14169	2004
1991	8.01	16641	2077
1992	8.83	20636	2389
1993	8.72	25778	3026
1994	9.31	39670	4401
1995	9.66	46753	4933
1996	10.07	55428	5606
1997	10.03	56507	5690
1998	9.24	54644	5909
1999	9.33	59807	6440
2000	8.90	63109	7117
2001	8.57	64484	7650
2002	9.29	78914	8466
2003	9.00	83674	9392
2004	8.44	89197	10595
2005	10.54	127485	12180
2006	9.95	138350	14375
2007	9.51	170357	17916
2008	10.03	214140	21929
2009	10.11	242621	24311
2010	10.29	276529	27491
2011	10.31	347465	31210
2012	13.59	454697	35017
2013	17.80	680464	39461

15-1 续表 16

年　份	农民人均纯收入(元)	农民人均生活消费支出(元)	农民人均住房面积(平方米)
1978	131	118	9.0
1980	188	147	9.6
1985	454	337	15.7
1986	515	388	15.3
1987	567	460	16.2
1988	671	567	17.2
1989	750	611	17.6
1990	801	674	17.9
1991	901	657	19.9
1992	1026	684	21.1
1993	1196	1018	20.6
1994	1540	971	22.3
1995	1957	1496	23.2
1996	2351	1646	24.9
1997	2580	2007	24.1
1998	2600	1651	25.8
1999	2755	1640	28.4
2000	2906	2017	26.0
2001	3062	2295	26.6
2002	3239	2299	27.7
2003	3436	2371	29.5
2004	4006	2693	30.5
2005	4590	3389	32.8
2006	5097	3894	35.3
2007	5597	4089	36.3
2008	6231	4425	37.6
2009	6825	4744	38.5
2010	8107	5124	39.8
2011	9287	5713	45.0
2012	10633	6303	46.5
2013	12053	7125	48.6

15-1 续表 17

年 份	存款余额（万元）	居民储蓄存款	贷款余额（万元）
1978	3032	530	11934
1980	4723	1053	9622
1985	13939	4784	37225
1986	20661	7228	51613
1987	28570	11175	71441
1988	37217	16159	102151
1989	67004	41173	105348
1990	87044	56253	130889
1991	104942	70127	157899
1992	122798	87122	181601
1993	154296	112114	210485
1994	200777	150018	246964
1995	270312	203494	283611
1996	348716	268752	350872
1997	408736	325378	402228
1998	445041	372098	425411
1999	498894	409202	416216
2000	553865	439440	439563
2001	620632	485170	426986
2002	700579	556535	489377
2003	872540	651425	643550
2004	1022326	749153	706414
2005	1178303	842141	813686
2006	1382340	976479	1050662
2007	1626934	1096167	1441956
2008	2004599	1420553	1883129
2009	2672421	1692076	2740700
2010	2970716	1933803	3289424
2011	3287552	2141366	3731441
2012	3917216	2621274	4080974
2013	4204379	3028002	4029081

15-1 续表 18

年 份	固定电话户数（户）	移动电话户数（户）	用气普及率（%）	用水普及率（%）
1978	1114	-	-	-
1980	1202	-	-	45.0
1985	1836	-	-	59.7
1986	1980	-	-	60.2
1987	2184	-	-	62.9
1988	2510	-	-	70.8
1989	2822	-	-	70.9
1990	3273	-	8.4	73.3
1991	3823	-	17.6	85.9
1992	5096	-	22.7	88.0
1993	6657	255	31.6	92.6
1994	9053	481	43.0	88.0
1995	14724	1532	38.9	89.3
1996	26870	3332	47.6	92.0
1997	40692	7510	66.7	96.9
1998	57313	14077	82.1	98.2
1999	86282	25118	86.6	98.3
2000	128053	69118	94.7	98.3
2001	172129	118360	94.8	98.9
2002	182172	162800	64.3	65.7
2003	235100	208000	66.4	64.7
2004	274700	330000	77.5	66.3
2005	310400	475200	77.7	70.2
2006	339400	579000	69.4	90.7
2007	314800	705000	84.9	97.9
2008	312500	702200	95.3	100.0
2009	298300	831700	95.0	97.5
2010	268500	907800	99.4	100.0
2011	233100	1245600	99.8	100.0
2012	216200	1377500	99.4	100.0
2013	232756	1402157	99.8	100.0

第16篇

枣庄市分区(市)统计资料

16-1 枣庄市分区(市)统计资料

指 标 名 称	2013年	比上年增长(%)
总人口(万人)		
枣 庄 市	395.96	-
市 中 区	53.65	-
薛 城 区	50.95	-
峄 城 区	39.59	-
台儿庄区	31.40	-
山 亭 区	51.08	-
滕 州 市	169.30	-
地区生产总值(亿元)		
枣 庄 市	1830.63	10.1
市 中 区	191.38	9.8
薛 城 区	260.05	10.6
峄 城 区	147.57	10.1
台儿庄区	146.50	7.9
山 亭 区	114.20	10.2
滕 州 市	902.64	10.4
高 新 区	68.31	21.1
第一产业增加值(亿元)		
枣 庄 市	149.81	3.3
市 中 区	9.07	3.0
薛 城 区	13.59	3.1
峄 城 区	17.72	3.6
台儿庄区	16.20	2.9
山 亭 区	19.27	3.7
滕 州 市	71.87	3.3
高 新 区	2.08	2.7

16-1 续表 1

指标名称	2013年	比上年增长(%)
第二产业增加值(亿元)		
枣庄市	1037.55	11.4
市中区	105.67	9.1
薛城区	186.82	10.8
峄城区	80.26	12.0
台儿庄区	82.69	4.8
山亭区	54.35	13.0
滕州市	481.51	12.5
高新区	46.25	18.0
第三产业增加值(亿元)		
枣庄市	643.27	9.0
市中区	76.63	11.8
薛城区	59.64	11.9
峄城区	49.59	8.6
台儿庄区	47.61	16.7
山亭区	40.57	9.1
滕州市	349.26	8.5
高新区	19.97	33.0
人均GDP(元)		
枣庄市	48346	9.4
市中区	51361	8.9
薛城区	52385	9.4
峄城区	39792	9.1
台儿庄区	49957	6.5
山亭区	24206	9.2
滕州市	54237	9.6

16-1 续表 2

指 标 名 称	2013年	比上年增长(%)
农林牧渔业总产值(万元)		
枣 庄 市	2820500	3.4
市 中 区	176577	3.0
薛 城 区	268387	3.3
峄 城 区	359257	3.7
台儿庄区	309845	3.2
山 亭 区	338911	4.1
滕 州 市	1326997	3.4
高 新 区	40526	2.8
粮食产量(吨)		
枣 庄 市	1712075.29	-5.5
市 中 区	71159.25	-14.1
薛 城 区	216014.13	-4.5
峄 城 区	257289.28	-3.4
台儿庄区	250465.61	-5.2
山 亭 区	132764.98	-13.6
滕 州 市	784382.04	-4.2
油料产量(吨)		
枣 庄 市	95587	2.8
市 中 区	10619	-3.6
薛 城 区	6298	-8.4
峄 城 区	17153	10.0
台儿庄区	1422	24.9
山 亭 区	23316	3.0
滕 州 市	36779	3.0

16-1 续表 3

指 标 名 称	2013年	比上年增长(%)
肉类总产量(吨)		
枣 庄 市	262392	-1.2
市 中 区	27939	5.4
薛 城 区	32839	-3.3
峄 城 区	21687	5.7
台儿庄区	23272	1.7
山 亭 区	38116	2.6
滕 州 市	118540	-4.8
农业机械总动力(万千瓦)		
枣 庄 市	326.42	5.6
市 中 区	24.58	2.4
薛 城 区	27.76	0.9
峄 城 区	33.15	0.5
台儿庄区	36.00	6.8
山 亭 区	36.50	3.6
滕 州 市	170.16	9.2
规上工业增加值(万元)		
枣 庄 市	-	12.2
市 中 区	-	6.3
薛 城 区	-	11.7
峄 城 区	-	12.2
台儿庄区	-	3.2
山 亭 区	-	12.2
滕 州 市	-	12.4
高 新 区	-	24.1

16-1 续表 4

指 标 名 称	2013年	比上年增长 (%)
规上工业主营业务收入(万元)		
枣 庄 市	35807027	11.2
市 中 区	4846212	7.5
薛 城 区	6890081	9.6
峄 城 区	3733499	19.4
台儿庄区	3128142	4.7
山 亭 区	1792407	19.2
滕 州 市	13706743	10.0
高 新 区	1709944	19.9
规上工业利税(万元)		
枣 庄 市	3563696	6.9
市 中 区	457955	5.4
薛 城 区	644159	-25.7
峄 城 区	385720	24.4
台儿庄区	284859	-2.7
山 亭 区	198410	39.0
滕 州 市	1460135	16.9
高 新 区	132458	33.0
规上工业利润(万元)		
枣 庄 市	1892353	1.6
市 中 区	274538	1.6
薛 城 区	307700	-38.7
峄 城 区	186791	19.8
台儿庄区	167509	-6.7
山 亭 区	102444	30.2
滕 州 市	786683	21.3
高 新 区	66688	29.2

16-1 续表 5

指 标 名 称	2013年	比上年增长(%)
工业品产销率(%)		
枣 庄 市	99.38	0.14点
市 中 区	99.25	-0.55点
薛 城 区	99.98	0.75点
峄 城 区	98.81	0.36点
台儿庄区	99.07	0.07点
山 亭 区	99.63	0.26点
滕 州 市	99.37	-0.11点
高 新 区	99.51	2点
固定资产投资(万元)		
枣 庄 市	12382079	20.5
市 中 区	1616541	19.5
薛 城 区	1790089	20.5
峄 城 区	1445877	19.6
台儿庄区	958448	18.9
山 亭 区	882911	20.6
滕 州 市	4571181	21.0
高 新 区	1117032	22.4
税收收入(万元)		
枣 庄 市	1653891	2.6
市 中 区	251762	-1.9
薛 城 区	160629	4.9
峄 城 区	102756	-2.2
台儿庄区	88389	-8.8
山 亭 区	53616	7.4
滕 州 市	854711	4.6
高 新 区	78861	15.1

16-1 续表 6

指标名称	2013年	比上年增长(%)
地方财政收入(万元)		
枣庄市	1307206	6.4
市中区	212000	0.6
薛城区	124501	10.1
峄城区	76862	1.4
台儿庄区	70700	5.3
山亭区	45450	7.5
滕州市	610086	12.2
高新区	74074	10.7
地方财政支出(万元)		
枣庄市	2078039	11.0
市中区	290156	23.6
薛城区	176321	15.9
峄城区	170152	28.4
台儿庄区	133811	12.6
山亭区	163216	15.1
滕州市	721675	9.6
高新区	67769	9.6
社会消费品零售总额(万元)		
枣庄市	6450797	13.5
市中区	958461	13.5
薛城区	755556	13.6
峄城区	514615	13.3
台儿庄区	532457	13.1
山亭区	571521	13.4
滕州市	2910510	13.7
高新区	207677	13.2

16-1 续表 7

指 标 名 称	2013年	比上年增长(%)
进出口总额(万美元)		
枣 庄 市	125133	10.7
市 中 区	33178	15.7
薛 城 区	5903	-26.5
峄 城 区	6513	-27.9
台儿庄区	7173	12.5
山 亭 区	11560	16.0
滕 州 市	46708	14.6
高 新 区	14098	36.1
进口额(万美元)		
枣 庄 市	30477	59.1
市 中 区	4715	199.4
薛 城 区	1370	-38.1
峄 城 区	424	5.5
台儿庄区	185	-72.7
山 亭 区	2898	-7.8
滕 州 市	12989	96.9
高 新 区	7896	73.2
出口额(万美元)		
枣 庄 市	94656	0.8
市 中 区	28463	5.0
薛 城 区	4533	-22.1
峄 城 区	6089	-29.4
台儿庄区	6988	22.6
山 亭 区	8662	27.0
滕 州 市	33719	-1.3
高 新 区	6202	6.9

16-1 续表 8

指标名称	2013年	比上年增长 (%)
实际到账外资(万美元)		
枣 庄 市	15850	11.3
市 中 区	2006	-19.8
薛 城 区	2012	-20.7
峄 城 区	1384	8
台儿庄区	2003	241.2
山 亭 区	366	-40.8
滕 州 市	5560	-1.2
高 新 区	2042	72
在岗职工平均工资(元)		
枣 庄 市	42497	-
市 中 区	40971	-
薛 城 区	54382	-
峄 城 区	34678	-
台儿庄区	31788	-
山 亭 区	35904	-
滕 州 市	39461	-
高 新 区	37537	-
农村居民人均纯收入(元)		
枣 庄 市	10878	13.2
市 中 区	11527	13.2
薛 城 区	10861	13.3
峄 城 区	10600	13.1
台儿庄区	9148	13.0
山 亭 区	8600	13.5
滕 州 市	12053	13.4

第17篇

山东省分区、县(市)统计资料

17-1 山东省分县(市、区)统计资料

(2013年)

县市区名称	地区生产总值		规模以上工业增加值增长速度	主营业务收入		利润总额	
	指标值(亿元)	增速(%)	指标值(%)	指标值(亿元)	增速(%)	指标值(亿元)	增速(%)
济南历下区	928.22	9.7	5.3	320.30	-7.5	1.22	-
济南市中区	601.06	10.5	12.7	399.69	9.3	4.63	460.9
济南槐荫区	320.57	9.6	8.2	171.87	9.9	11.43	-1.4
济南天桥区	336.73	9.6	7.0	78.76	-2.1	2.57	-2.6
济南历城区	706.17	9.4	7.5	747.69	-0.8	13.65	-
济南长清区	233.25	11.3	14.7	168.00	9.0	2.12	-56.2
济南平阴县	191.49	11.9	14.9	249.88	16.9	29.50	16.2
济南济阳县	231.20	13.1	19.0	301.90	18.6	35.59	57.2
济南商河县	143.69	11.3	15.5	130.24	21.7	6.81	35.9
济南章丘市	755.24	12.0	16.0	1336.77	14.5	81.95	29.0
青岛市南区	790.21	9.8	8.6	33.69	-4.4	-0.25	-151.8
青岛市北区	551.55	10.1	8.4	338.28	-3.8	17.08	48.3
青岛李沧区	297.67	10.0	7.5	752.61	0.3	5.97	-203.8
青岛崂山区	439.70	9.8	8.3	605.05	8.9	43.44	14.5
青岛黄岛区	586.74	10.1	12.4	1408.90	12.7	83.63	28.0
青岛城阳区	805.49	12.0	12.4	1421.72	15.2	58.70	11.2
青岛即墨市	878.16	13.1	13.1	2241.42	16.6	137.47	25.1
青岛胶州市	836.73	12.5	13.0	2108.08	19.0	148.94	23.1
青岛平度市	790.11	12.0	12.8	1563.23	14.6	98.93	15.2
青岛莱西市	594.91	11.9	12.4	1021.05	14.5	67.19	18.1
淄博淄川区	545.70	9.1	10.4	2055.83	11.9	181.15	7.9
淄博张店区	796.50	10.8	10.9	1616.10	11.8	137.26	-23.5
淄博博山区	332.50	7.0	6.3	698.24	0.1	51.76	-2.9
淄博临淄区	784.50	9.1	9.9	2748.95	1.2	158.43	11.4
淄博周村区	277.90	8.9	11.5	864.32	10.6	70.36	9.0
淄博桓台县	466.40	10.4	10.6	1650.76	9.2	54.92	-4.2
淄博高青县	168.60	9.3	13.1	284.23	5.4	18.43	3.4
淄博沂源县	227.40	9.3	12.1	465.65	9.4	68.19	13.6
枣庄市中区	191.38	9.8	6.3	484.62	7.5	27.45	1.6
枣庄薛城区	260.05	10.6	11.7	689.01	9.6	30.77	-38.7
枣庄峄城区	147.57	10.1	12.2	373.35	19.4	18.68	19.8
枣庄台儿庄区	146.50	7.9	3.2	312.81	4.7	16.75	-6.7
枣庄山亭区	114.20	10.2	12.2	179.24	19.2	10.24	30.2
枣庄滕州市	**902.64**	**10.4**	**12.4**	**1360.16**	**10.0**	**78.48**	**21.3**
东营东营区	363.36	14.4	17.7	1110.18	20.3	111.40	15.1
东营河口区	219.91	14.1	18.6	834.35	17.2	55.70	29.0
东营垦利县	345.90	14.1	18.2	1950.49	19.9	216.06	21.4
东营利津县	221.46	12.0	17.1	1238.64	17.2	72.36	18.2
东营广饶县	686.25	14.9	18.6	3839.52	16.5	381.97	17.9
烟台芝罘区	325.46	11.7	10.9	147.86	4.8	6.53	17.8
烟台福山区	235.89	13.0	14.4	240.70	15.3	8.27	22.5
烟台牟平区	274.22	11.7	13.6	777.09	12.7	70.74	25.4
烟台莱山区	225.62	13.8	15.6	245.20	16.6	22.30	26.0
烟台龙口市	935.23	11.0	12.0	2800.76	14.0	237.12	16.6
烟台莱阳市	303.17	9.7	12.4	742.12	14.6	45.93	20.4
烟台莱州市	642.66	12.0	12.2	1580.32	15.1	134.28	16.1

17-1 续表 1

(2013年)

县市区名称	地区生产总值		规模以上工业增加值增长速度	主营业务收入		利润总额	
	指标值(亿元)	增速(%)	指标值(%)	指标值(亿元)	增速(%)	指标值(亿元)	增速(%)
烟台蓬莱市	457.55	10.5	12.0	1376.94	15.1	137.51	11.3
烟台招远市	604.80	12.0	11.9	1731.82	11.2	122.94	-12.7
烟台栖霞市	221.08	9.7	12.5	262.36	15.2	14.52	21.6
烟台海阳市	302.58	10.3	12.4	285.90	15.8	16.26	22.1
烟台长岛县	64.64	5.2	3.5	3.12	-2.3	0.24	29.1
潍坊潍城区	208.65	10.5	10.6	121.24	12.2	6.22	27.7
潍坊寒亭区	170.27	10.2	12.3	434.09	11.5	15.99	33.1
潍坊坊子区	116.09	11.0	11.6	241.13	12.1	11.27	-0.7
潍坊奎文区	200.89	10.5	8.3	60.29	7.3	0.76	-
潍坊青州市	504.27	11.1	12.6	1429.67	13.6	63.62	25.4
潍坊诸城市	642.72	11.4	13.0	2181.77	14.1	140.61	16.8
潍坊寿光市	701.28	11.2	13.2	1739.00	14.6	97.42	20.5
潍坊安丘市	247.94	10.3	8.1	404.97	12.0	17.74	21.7
潍坊高密市	501.36	10.8	12.8	1656.35	13.6	101.70	20.2
潍坊昌邑市	326.50	10.5	12.5	1003.71	12.4	58.16	28.8
潍坊临朐县	205.55	10.7	10.5	451.24	9.5	14.92	10.1
潍坊昌乐县	238.49	10.8	11.5	825.89	13.5	34.73	14.8
济宁市中区	237.95	12.2	12.5	131.62	-2.6	4.07	293.4
济宁任城区	284.45	11.3	12.3	298.78	13.3	36.85	26.1
济宁微山县	337.16	12.0	12.7	353.71	11.8	35.94	-21.4
济宁鱼台县	135.51	12.0	12.9	60.06	7.6	0.59	35.0
济宁金乡县	158.53	12.7	13.8	186.83	22.3	15.40	33.9
济宁嘉祥县	219.79	11.1	12.1	193.71	13.1	14.26	18.6
济宁汶上县	216.52	12.3	13.2	142.77	16.5	8.20	31.2
济宁泗水县	135.42	13.0	13.1	130.57	10.8	11.08	4.3
济宁梁山县	216.61	11.5	13.2	226.09	1.8	14.64	10.2
济宁曲阜市	331.66	12.5	13.3	238.75	17.3	24.46	31.0
济宁兖州市	554.93	11.7	13.0	1219.79	10.2	60.03	-2.2
济宁邹城市	731.58	11.9	12.3	1285.67	8.2	69.49	8.2
泰安泰山区	412.40	11.5	11.9	516.20	12.9	43.40	18.7
泰安岱岳区	321.10	11.9	15.9	341.00	14.7	25.10	20.2
泰安新泰市	765.00	6.8	9.0	1870.10	8.4	101.80	-24.3
泰安肥城市	674.50	11.4	8.3	1381.00	9.9	88.70	2.2
泰安宁阳县	316.90	11.5	18.8	1050.20	25.6	103.60	27.8
泰安东平县	310.83	12.2	17.9	928.10	25.2	69.50	27.3
威海环翠区	267.71	11.3	11.9	404.17	10.3	18.89	21.7
威海文登市	615.98	11.1	11.3	1765.70	12.8	73.24	16.0
威海荣成市	878.59	11.7	13.2	2311.08	15.1	123.98	15.9
威海乳山市	399.76	10.5	11.3	678.34	11.6	30.65	10.1
日照东港区	395.93	9.7	10.0	214.85	13.9	8.64	-4.3
日照岚山区	488.78	8.6	8.6	973.52	4.6	8.29	-46.8
日照莒县	272.13	12.0	12.5	404.62	12.4	15.22	9.7
日照五莲县	180.41	11.0	11.7	412.67	14.6	16.22	22.6
莱芜莱城区	392.45	11.0	15.3	880.17	13.2	14.69	21.1
莱芜钢城区	192.96	9.5	10.0	621.93	15.3	3.80	-

17—1 续表 2

（2013年）

县市区名称	地区生产总值		规模以上工业增加值增长速度	主营业务收入		利润总额	
	指标值（亿元）	增 速（%）	指标值（%）	指标值（亿元）	增 速（%）	指标值（亿元）	增 速（%）
临沂兰山区	704.30	11.5	15.0	1374.00	10.3	89.80	6.6
临沂罗庄区	330.50	12.5	15.7	1095.10	12.0	47.60	4.7
临沂河东区	166.90	12.3	16.8	412.80	26.2	18.80	39.5
临沂沂南县	193.20	12.8	16.8	487.40	30.1	25.20	37.9
临沂郯城县	242.10	12.5	16.5	450.70	13.1	34.30	7.7
临沂沂水县	310.90	12.7	15.0	1000.80	21.5	57.90	18.9
临沂兰陵县	271.60	11.5	16.7	424.60	30.5	28.90	35.6
临沂费县	224.10	11.8	16.3	576.20	13.1	47.90	16.8
临沂平邑县	236.40	12.3	16.5	399.10	31.1	22.90	29.4
临沂莒南县	233.60	11.2	16.7	538.10	27.7	28.00	37.9
临沂蒙阴县	165.70	11.6	16.7	287.90	13.4	15.80	10.9
临沂临沭县	187.90	12.3	16.7	461.30	11.0	22.30	12.9
德州德城区	255.69	11.8	16.3	306.20	17.6	22.51	21.5
德州陵县	225.63	11.8	15.8	667.51	16.7	36.91	18.0
德州宁津县	185.79	11.4	14.3	590.96	16.7	36.52	18.9
德州庆云县	135.89	11.3	13.8	416.45	14.0	29.66	16.1
德州临邑县	234.75	11.5	14.5	735.24	15.9	47.22	16.6
德州齐河县	365.15	12.3	15.2	826.47	17.0	51.55	19.7
德州平原县	186.16	10.9	16.3	612.78	16.0	40.24	18.1
德州夏津县	173.82	11.1	15.0	657.40	17.1	37.64	20.1
德州武城县	171.68	12.0	14.8	630.38	17.7	36.70	20.8
德州乐陵市	213.64	12.5	15.6	603.96	18.4	37.73	21.2
德州禹城市	233.54	12.6	15.3	778.10	17.0	49.43	17.6
聊城东昌府区	422.48	9.5	12.3	559.84	24.1	33.76	21.9
聊城临清市	335.80	9.8	11.5	1475.24	18.1	95.43	19.6
聊城阳谷县	261.30	10.2	12.9	833.74	21.0	55.40	17.4
聊城莘县	264.78	10.3	14.0	640.80	25.1	42.83	21.9
聊城茌平县	389.90	10.3	12.3	1261.72	20.2	100.01	21.4
聊城东阿县	165.08	10.2	12.3	463.56	22.6	51.34	19.1
聊城冠县	228.85	10.1	13.4	872.47	20.0	54.06	21.9
聊城高唐县	328.08	9.5	12.4	1389.96	13.0	91.78	24.9
滨州滨城区	339.23	9.2	8.0	498.33	9.7	21.54	14.3
滨州惠民县	164.62	9.2	13.5	266.67	18.3	11.26	39.6
滨州阳信县	126.34	3.8	-5.6	290.17	8.1	17.51	-5.4
滨州无棣县	225.57	6.1	6.0	304.62	-1.1	16.59	6.6
滨州沾化县	162.04	9.0	10.8	262.92	9.4	14.55	5.0
滨州博兴县	283.16	10.5	13.1	1292.22	14.6	24.79	-5.8
滨州邹平县	751.13	8.0	10.3	3694.85	19.7	162.83	-0.2
菏泽牡丹区	246.74	13.4	19.4	567.67	23.1	64.71	25.5
菏泽曹县	254.45	13.3	17.8	702.48	21.8	49.95	22.4
菏泽单县	236.94	12.4	16.7	532.61	-0.6	41.93	2.0
菏泽成武县	146.35	11.8	16.5	366.19	22.6	39.94	31.0
菏泽巨野县	216.51	12.3	17.9	451.64	10.6	43.76	-2.3
菏泽郓城县	267.87	12.8	18.9	645.97	16.7	51.50	20.1
菏泽鄄城县	141.21	11.9	16.7	388.50	13.9	35.03	9.0
菏泽定陶县	116.27	11.5	16.5	287.48	9.1	25.64	35.9
菏泽东明县	221.01	12.9	19.3	900.96	32.2	42.16	20.2

17-1 续表 3

(2013年)

县市区名称	利税总额		固定资产投资		社会消费品零售总额	
	指标值(亿元)	增 速(%)	指标值(亿元)	增 速(%)	指标值(亿元)	增 速(%)
济南历下区	46.70	0.7	247.51	21.5	625.04	13.3
济南市中区	13.14	51.3	185.10	21.5	352.03	13.5
济南槐荫区	17.22	11.9	229.81	18.1	291.77	12.3
济南天桥区	4.82	6.3	138.42	22.1	302.26	13.4
济南历城区	36.27	143.6	335.14	20.7	393.28	13.9
济南长清区	7.99	-16.2	170.35	22.3	99.70	13.6
济南平阴县	39.72	15.9	161.53	21.0	73.99	13.8
济南济阳县	51.97	48.5	172.32	22.6	89.77	14.6
济南商河县	10.83	22.4	75.01	21.8	63.00	14.9
济南章丘市	140.91	29.4	355.32	22.1	275.38	14.7
青岛市南区	0.52	-60.3	184.78	21.1	409.31	11.8
青岛市北区	26.92	29.9	280.75	20.8	515.21	12.0
青岛李沧区	52.76	57.7	320.36	22.6	255.71	13.5
青岛崂山区	60.61	5.4	188.32	20.8	143.51	13.2
青岛黄岛区	156.37	24.9	522.23	21.4	181.69	13.3
青岛城阳区	90.39	21.4	443.38	21.9	157.09	14.3
青岛即墨市	246.53	19.9	644.77	22.2	301.36	14.4
青岛胶州市	279.06	32.8	659.53	22.1	254.06	14.3
青岛平度市	150.65	13.7	519.37	21.4	275.24	13.9
青岛莱西市	84.82	18.0	448.36	20.8	206.59	14.0
淄博淄川区	287.57	12.5	280.61	20.1	212.55	12.4
淄博张店区	256.84	-14.2	327.85	21.6	429.68	14.1
淄博博山区	80.51	-2.4	243.17	18.1	185.23	12.9
淄博临淄区	308.22	7.2	352.47	21.2	195.38	13.8
淄博周村区	106.45	8.7	206.41	20.8	153.78	12.8
淄博桓台县	84.19	0.5	295.81	21.9	144.69	13.8
淄博高青县	32.22	-10.6	103.50	20.9	39.58	13.3
淄博沂源县	91.63	9.5	142.30	22.3	106.76	13.9
枣庄市中区	45.80	5.4	161.65	19.5	95.85	13.5
枣庄薛城区	64.42	-25.7	179.01	20.5	75.56	13.6
枣庄峄城区	38.57	24.4	144.59	19.6	51.46	13.3
枣庄台儿庄区	28.49	-2.7	95.84	18.9	53.25	13.1
枣庄山亭区	19.84	39.0	88.29	20.6	57.15	13.4
枣庄滕州市	**145.56**	**16.9**	**457.12**	**21.0**	**291.05**	**13.7**
东营东营区	146.42	13.3	425.39	21.7	273.40	13.5
东营河口区	96.90	20.2	246.32	21.2	40.19	13.4
东营垦利县	274.39	14.3	305.40	21.6	46.34	13.5
东营利津县	138.09	25.8	172.20	20.6	27.69	13.1
东营广饶县	466.72	19.3	500.51	21.9	137.09	13.6
烟台芝罘区	8.71	13.6	301.06	21.0	314.70	13.5
烟台福山区	18.03	22.3	301.11	21.0	83.00	13.5
烟台牟平区	82.77	22.8	312.47	21.0	121.48	13.7
烟台莱山区	34.74	25.1	270.99	21.1	78.15	14.0
烟台龙口市	310.91	15.6	471.63	20.6	279.21	13.5
烟台莱阳市	60.11	18.1	122.49	21.0	220.83	13.5
烟台莱州市	187.41	18.7	330.97	21.0	241.22	13.5

17-1 续表 4

（2013年）

县市区名称	利税总额		固定资产投资		社会消费品零售总额	
	指标值（亿元）	增 速（%）	指标值（亿元）	增 速（%）	指标值（亿元）	增 速（%）
烟台蓬莱市	157.92	11.0	302.46	21.0	115.93	13.5
烟台招远市	156.63	-7.8	302.64	21.0	132.80	13.9
烟台栖霞市	18.17	20.5	102.98	21.0	107.43	13.8
烟台海阳市	24.85	18.4	303.72	21.0	130.70	13.5
烟台长岛县	0.41	18.9	5.21	20.0	15.02	12.8
潍坊潍城区	9.43	20.8	178.20	19.1	122.47	16.0
潍坊寒亭区	27.98	25.6	184.62	18.8	55.39	14.3
潍坊坊子区	14.79	0.2	93.46	19.5	47.50	16.2
潍坊奎文区	2.45	-	153.11	19.6	107.70	10.4
潍坊青州市	91.64	24.7	359.00	19.9	161.10	16.0
潍坊诸城市	199.43	18.7	404.42	19.4	183.80	16.6
潍坊寿光市	135.07	21.0	406.50	19.3	204.33	16.8
潍坊安丘市	25.09	14.7	190.71	22.5	120.90	15.7
潍坊高密市	155.69	20.8	337.31	20.1	139.50	16.2
潍坊昌邑市	81.52	27.2	237.07	19.7	124.40	15.7
潍坊临朐县	24.15	8.3	207.51	20.4	103.20	13.3
潍坊昌乐县	55.50	18.5	208.61	19.1	94.60	16.5
济宁市中区	8.74	71.1	129.00	23.5	196.30	15.8
济宁任城区	58.21	28.9	169.23	23.0	114.01	13.5
济宁微山县	56.18	-15.2	172.45	23.8	92.04	13.2
济宁鱼台县	2.43	7.0	98.72	23.3	67.07	14.1
济宁金乡县	19.47	27.6	105.63	24.4	75.58	13.8
济宁嘉祥县	20.97	16.0	148.09	23.1	80.14	13.6
济宁汶上县	14.75	34.9	150.13	23.6	82.85	13.8
济宁泗水县	14.73	5.5	96.90	24.1	66.80	14.2
济宁梁山县	24.57	14.4	147.74	23.6	71.72	13.4
济宁曲阜市	37.23	24.9	174.57	24.5	139.11	13.7
济宁兖州市	89.73	4.0	215.62	23.9	164.44	11.1
济宁邹城市	132.47	10.7	309.19	23.7	208.65	13.9
泰安泰山区	65.60	15.5	307.60	20.4	252.60	13.5
泰安岱岳区	32.70	17.3	300.40	20.5	131.70	13.7
泰安新泰市	197.80	-14.5	433.16	19.8	234.68	13.3
泰安肥城市	148.10	0.3	413.00	19.9	209.20	13.4
泰安宁阳县	154.40	27.2	252.30	20.7	120.20	13.5
泰安东平县	96.30	26.8	209.20	20.9	103.10	13.8
威海环翠区	27.24	12.3	278.36	20.1	173.81	13.7
威海文登市	120.68	14.8	442.33	25.5	248.07	13.3
威海荣成市	203.72	16.0	550.96	25.9	260.32	13.5
威海乳山市	59.29	10.0	376.73	25.0	171.12	13.3
日照东港区	12.50	-9.7	254.06	17.0	180.27	13.4
日照岚山区	21.09	-35.5	389.13	20.2	73.68	13.4
日照莒县	23.09	4.8	169.50	26.1	118.51	13.5
日照五莲县	22.01	21.0	102.77	25.0	59.72	13.3
莱芜莱城区	25.67	12.7	191.44	19.4	156.90	13.0
莱芜钢城区	15.24	-	128.22	19.4	62.90	13.1

17-1 续表 5

(2013年)

县市区名称	利税总额		固定资产投资		社会消费品零售总额	
	指标值(亿元)	增 速(%)	指标值(亿元)	增 速(%)	指标值(亿元)	增 速(%)
临沂兰山区	121.40	7.3	505.50	20.4	467.80	13.1
临沂罗庄区	90.90	12.4	166.10	21.6	102.20	13.7
临沂河东区	24.90	33.9	124.20	21.1	90.00	13.7
临沂沂南县	41.80	38.7	141.50	21.3	92.10	13.7
临沂郯城县	52.10	8.6	138.60	20.9	103.10	13.3
临沂沂水县	93.40	22.7	195.30	20.5	147.50	13.7
临沂兰陵县	47.50	34.7	145.40	20.7	172.20	13.7
临沂费县	66.70	20.3	126.60	21.5	92.10	13.3
临沂平邑县	36.70	26.7	132.80	21.4	125.40	13.9
临沂莒南县	43.30	39.6	129.20	20.7	105.20	13.3
临沂蒙阴县	22.90	10.8	95.60	20.8	88.40	13.4
临沂临沭县	27.10	13.1	135.10	20.8	88.40	13.4
德州德城区	31.08	20.2	141.75	25.1	132.94	13.7
德州陵县	71.92	17.4	141.62	22.9	72.00	13.1
德州宁津县	61.36	17.2	138.48	21.7	78.20	13.1
德州庆云县	42.42	17.8	87.25	11.9	56.27	12.7
德州临邑县	85.60	17.9	155.47	24.1	88.88	13.7
德州齐河县	100.90	17.9	158.92	24.2	92.81	13.6
德州平原县	61.85	17.7	140.27	22.6	70.81	12.8
德州夏津县	73.92	20.3	95.14	25.1	64.44	12.9
德州武城县	75.02	21.1	141.67	22.7	62.45	14.4
德州乐陵市	71.43	20.8	146.78	24.6	87.80	14.5
德州禹城市	90.01	18.1	151.54	26.0	86.50	14.1
聊城东昌府区	46.30	22.0	170.66	20.6	145.75	13.4
聊城临清市	151.37	20.0	207.93	20.1	127.79	13.2
聊城阳谷县	87.84	10.3	158.89	21.0	116.37	13.8
聊城莘县	68.17	22.9	155.40	20.9	102.19	13.6
聊城茌平县	126.02	20.5	213.89	20.2	73.88	13.3
聊城东阿县	72.75	17.6	92.40	21.1	50.06	12.3
聊城冠县	86.80	21.3	151.34	20.5	80.22	13.4
聊城高唐县	122.58	25.1	212.97	20.1	88.21	13.5
滨州滨城区	33.03	9.9	244.72	35.6	152.09	13.6
滨州惠民县	21.49	31.4	140.11	24.0	81.33	13.2
滨州阳信县	30.21	-16.1	120.09	8.3	51.54	12.9
滨州无棣县	24.54	14.0	148.12	24.9	64.95	13.5
滨州沾化县	21.59	7.1	131.62	9.9	62.85	13.2
滨州博兴县	34.44	-7.0	197.96	20.0	80.11	13.0
滨州邹平县	231.24	5.9	198.99	-8.6	135.95	12.8
菏泽牡丹区	89.05	25.9	98.34	23.8		
菏泽曹县	99.48	24.3	98.09	24.6		
菏泽单县	71.18	1.9	72.59	21.1		
菏泽成武县	56.80	31.4	55.42	22.4		
菏泽巨野县	59.98	-3.3	75.71	22.0		
菏泽郓城县	82.71	17.8	95.23	24.6		
菏泽鄄城县	70.82	10.5	57.59	23.4		
菏泽定陶县	33.65	27.8	56.26	21.4		
菏泽东明县	81.64	22.7	97.51	24.8	82.33	13.6

17-1 续表 6

（2013年）

县市区名称	公共财政预算收入		出口总值		农民人均纯收入	
	指标值（亿元）	增速（%）	指标值（万美元）	增速（%）	指标值（元）	增速（%）
济南历下区	101.00	15.7	72312	49.6	-	-
济南市中区	72.52	14.1	42750	-68.7	14698	11.9
济南槐荫区	33.02	16.4	32006	35.8	16107	11.9
济南天桥区	30.76	15.1	32038	2.6	12018	12.4
济南历城区	53.28	14.7	70828	-3.6	14438	12.1
济南长清区	13.71	19.2	4827	24.9	12694	12.1
济南平阴县	11.69	15.3	53079	5.9	10836	12.5
济南济阳县	14.70	17.4	13056	17.1	12122	12.8
济南商河县	6.70	16.7	7183	41.7	10640	12.5
济南章丘市	40.89	2.7	75005	18.9	15294	12.6
青岛市南区	110.02	14.0	617338	-8.8	-	-
青岛市北区	80.01	20.0	151330	-17.5	-	-
青岛李沧区	42.05	19.0	86282	-16.1	-	-
青岛崂山区	89.51	16.0	371952	5.9	17855	12.1
青岛黄岛区	58.94	15.0	277398	10.0	15478	12.3
青岛城阳区	66.67	18.0	606765	10.2	16499	12.2
青岛即墨市	64.30	27.0	396355	7.2	15682	12.6
青岛胶州市	56.64	25.0	443635	8.9	15690	12.6
青岛平度市	44.58	24.0	139505	6.6	15269	12.3
青岛莱西市	34.91	20.0	216928	9.8	15302	12.3
淄博淄川区	23.98	8.0	96354	4.3	14283	12.4
淄博张店区	37.66	8.3	62967	5.9	17323	12.4
淄博博山区	17.75	8.1	43127	-6.4	13200	11.3
淄博临淄区	49.43	8.0	76638	-4.3	15753	12.4
淄博周村区	15.21	7.0	35645	-12.7	13691	11.3
淄博桓台县	26.38	-2.4	75283	-5.0	15091	12.5
淄博高青县	10.50	9.3	13245	-19.5	10013	13.7
淄博沂源县	16.23	8.0	24453	10.6	12377	13.0
枣庄市中区	21.20	0.6	28463	5.0	11527	13.2
枣庄薛城区	12.45	10.1	4533	-22.1	10861	13.3
枣庄峄城区	7.69	1.4	6089	-29.4	10600	13.1
枣庄台儿庄区	7.07	5.3	6988	22.6	9148	13.0
枣庄山亭区	4.55	7.5	8662	27.0	8600	13.5
枣庄滕州市	**61.01**	**7.1**	**33719**	**-1.3**	**12053**	**13.4**
东营东营区	26.70	-4.0	110271	11.3	13348	13.2
东营河口区	15.28	17.0	6070	24.3	12823	13.3
东营垦利县	18.10	15.1	42052	28.4	12921	13.2
东营利津县	10.13	26.5	10700	25.9	11831	12.9
东营广饶县	35.00	20.4	376895	18.1	13659	13.3
烟台芝罘区	47.37	18.0	149318	12.3	17596	12.3
烟台福山区	25.27	16.0	107957	12.5	16617	12.8
烟台牟平区	23.40	13.1	78605	0.1	15302	13.1
烟台莱山区	27.00	25.2	88722	3.8	16979	12.6
烟台龙口市	71.57	14.4	167879	0.5	17075	12.3
烟台莱阳市	11.06	24.6	86094	1.3	12218	12.6
烟台莱州市	46.45	18.5	115343	2.1	16205	12.6

17-1 续表 7

(2013年)

县市区名称	公共财政预算收入		出口总值		农民人均纯收入	
	指标值(亿元)	增 速(%)	指标值(万美元)	增 速(%)	指标值(元)	增 速(%)
烟台蓬莱市	25.54	2.2	106844	30.3	16350	12.6
烟台招远市	41.51	15.2	137693	2.0	16284	12.6
烟台栖霞市	7.94	15.4	35921	23.9	12090	12.6
烟台海阳市	22.12	17.0	79936	20.2	14300	12.7
烟台长岛县	1.05	12.0	3905	11.6	16588	10.2
潍坊潍城区	16.52	19.8	28485	4.4	13961	12.2
潍坊寒亭区	12.19	12.5	40765	-6.9	13232	12.0
潍坊坊子区	9.46	17.1	38177	-5.4	13416	12.6
潍坊奎文区	27.58	20.6	49927	1.6	14090	12.6
潍坊青州市	34.30	18.1	39340	12.3	13258	12.4
潍坊诸城市	57.09	13.3	142932	12.8	14408	12.5
潍坊寿光市	70.69	19.7	188943	14.7	14408	12.5
潍坊安丘市	13.76	25.2	72472	15.9	12131	12.6
潍坊高密市	36.33	20.2	138940	0.7	13136	12.5
潍坊昌邑市	23.40	18.2	51350	17.1	13331	12.6
潍坊临朐县	10.39	28.5	24820	5.8	11835	12.6
潍坊昌乐县	18.02	10.2	125949	-8.0	13037	12.6
济宁市中区	23.60	23.3	31512	0.2	10775	12.9
济宁任城区	32.30	17.0	24754	9.9	12201	11.9
济宁微山县	25.30	14.0	7728	36.3	11724	13.8
济宁鱼台县	8.20	17.0	3584	15.2	10727	13.8
济宁金乡县	10.00	31.8	37362	18.5	12136	12.5
济宁嘉祥县	12.40	14.0	10948	4.1	10655	12.5
济宁汶上县	11.30	14.7	8052	2.6	11428	13.4
济宁泗水县	6.90	25.4	10015	4.5	8701	14.8
济宁梁山县	8.50	21.5	2706	16.0	10655	14.2
济宁曲阜市	20.10	16.3	12935	31.6	11268	14.3
济宁兖州市	37.90	13.6	79041	0.3	13218	13.8
济宁邹城市	55.30	16.0	9049	29.1	12576	13.4
泰安泰山区	25.60	0.2	44163	-1.7	13206	13.3
泰安岱岳区	12.10	11.6	16620	11.3	10781	13.4
泰安新泰市	36.11	-9.2	15201	34.0	12885	13.1
泰安肥城市	31.90	-5.3	32026	30.5	12916	13.1
泰安宁阳县	11.00	9.4	10589	58.0	10752	13.2
泰安东平县	10.00	17.0	1697	23.1	9446	13.8
威海环翠区	34.60	15.0	212702	6.4	14542	11.6
威海文登市	38.84	15.2	97399	30.2	16310	12.0
威海荣成市	52.24	15.5	207423	-20.7	17670	12.0
威海乳山市	24.48	15.3	55365	11.0	13378	11.0
日照东港区	32.85	15.4	117700	-12.1	11727	12.8
日照岚山区	20.72	9.1	130300	1.5	12635	13.0
日照莒县	9.28	21.7	31800	10.0	10809	13.1
日照五莲县	7.85	28.0	22300	16.4	10829	13.1
莱芜莱城区	18.82	7.0	50793	10.3	12047	11.7
莱芜钢城区	13.29	-14.7	4580	-13.5	12613	11.9

17-1 续表 8

(2013年)

县市区名称	公共财政预算收入		出口总值		农民人均纯收入	
	指标值(亿元)	增 速(%)	指标值(万美元)	增 速(%)	指标值(元)	增 速(%)
临沂兰山区	54.70	20.0	105283	19.8	11685	11.5
临沂罗庄区	18.30	19.8	37704	4.0	10380	13.3
临沂河东区	10.50	30.6	34015	-0.3	10330	13.7
临沂沂南县	11.50	32.3	16959	12.6	10275	13.8
临沂郯城县	9.00	31.4	14019	56.9	10298	13.6
临沂沂水县	18.00	21.4	33206	10.0	10249	13.5
临沂兰陵县	11.30	27.7	11486	111.8	10323	13.9
临沂费县	12.00	28.8	25466	8.1	10288	14.0
临沂平邑县	10.30	30.9	15411	15.5	10279	13.6
临沂莒南县	11.50	30.6	51274	18.3	10284	13.9
临沂蒙阴县	7.50	27.4	7754	95.2	10378	14.1
临沂临沭县	10.60	32.8	29826	38.3	10263	13.6
德州德城区	19.00	20.2	33845	19.6	11151	13.3
德州陵县	9.22	14.7	14674	15.9	10846	13.4
德州宁津县	6.36	14.9	9138	29.2	10915	12.9
德州庆云县	4.66	14.9	4574	-8.5	10682	12.7
德州临邑县	10.75	10.7	37263	7.8	10921	13.3
德州齐河县	22.39	27.4	17806	-1.3	10951	13.6
德州平原县	6.32	10.6	7199	4.2	10839	12.9
德州夏津县	6.52	19.0	1161	2.1	10704	12.8
德州武城县	7.05	19.3	2717	2.2	10905	13.6
德州乐陵市	8.60	34.1	18738	18.7	10876	13.4
德州禹城市	14.51	20.7	19387	13.2	10903	13.4
聊城东昌府区	28.17	23.2	24516	29.5	10125	13.9
聊城临清市	13.51	18.1	38496	13.8	9946	13.6
聊城阳谷县	10.01	38.8	30655	8.4	9908	13.6
聊城莘县	7.92	46.8	4897	-4.0	10055	13.8
聊城茌平县	22.21	12.4	11369	-25.9	10514	13.6
聊城东阿县	11.13	46.0	7298	41.5	10036	13.4
聊城冠县	7.52	28.6	25305	44.6	9995	13.8
聊城高唐县	11.23	10.3	22537	-2.6	10294	13.3
滨州滨城区	35.27	3.1	58934	20.2	11759	13.5
滨州惠民县	7.11	9.0	6001	45.9	10184	13.1
滨州阳信县	5.90	7.2	19055	-14.3	9532	13.3
滨州无棣县	12.50	14.4	2767	-29.8	11457	14.5
滨州沾化县	10.11	13.0	1258	3.4	11534	14.2
滨州博兴县	23.46	5.0	87039	24.1	11691	14.1
滨州邹平县	55.83	2.0	121770	47.6	12923	10.5
菏泽牡丹区	20.29	8.1	12013	8.4	9467	13.7
菏泽曹县	18.30	13.0	50515	18.6	9180	13.7
菏泽单县	16.20	4.0	12818	27.8	9277	13.7
菏泽成武县	8.55	10.5	8019	22.6	9381	13.7
菏泽巨野县	20.96	3.0	29821	2.4	9429	13.7
菏泽郓城县	21.34	6.0	12334	26.4	9468	13.7
菏泽鄄城县	7.34	11.4	21185	13.1	9034	13.7
菏泽定陶县	6.64	4.1	3528	24.4	9263	13.7
菏泽东明县	14.37	2.0	13068	10.1	9251	13.7

第
18
篇

环渤海部分区、县（市）统计资料

18-1　环渤海部分区、县(市)统计资料

单位名称	年末户籍总户数(万户)		年末户籍总人口(万人)		其中：非农人口(万人)		区域面积(平方公里)	
	2013年	2012年	2013年	2012年	2013年	2012年	2013年	2012年
莱州市	26.89	26.90	85.42	85.58	36.66	36.61	1928	1928
临淄区	-	20.06	-	61.14	-	31.42	664	664
广饶县	-	15.62	-	50.06	-	5.74	1166	1166
寿光市	32.95	32.74	105.75	105.10	49.08	48.81	1990	1990
滕州市	**52.75**	**52.67**	**169.30**	**169.07**	**52.82**	**52.81**	**1495**	**1495**
诸城市	32.01	31.94	109.13	108.80	-	-	2169	2169
邹平县	20.09	20.05	72.68	72.67	25.92	26.10	1250	1250
章丘市	30.91	30.69	101.86	101.82	-	42.65	1855	1855
胶州市	25.45	25.12	81.55	80.94	43.56	39.11	1324	1324
荣成市	24.40	24.20	66.90	66.98	39.98	39.99	1526	1526
新泰市	51.40	50.90	138.70	140.30	45.80	46.60	1933	1933
东港区	24.15	-	61.25	-	18.96	-	885	-
邹城市	35.30	35.08	115.95	115.76	42.42	41.97	1616	1616
龙口市	24.45	24.23	63.50	63.54	37.54	36.68	901	901
乐陵市	18.94	21.13	66.30	69.94	27.55	18.68	1172	1172
莒南县	29.68	29.71	82.49	82.24	-	20.95	1388	1388
茌平县	18.36	18.95	54.28	54.17	21.08	20.90	1003	1003
东明县	-	22.30	80.26	80.66	11.72	11.60	1370	1370
莱城区	29.50	29.42	77.20	77.02	28.00	27.91	1370	1370

18-1 续表 1

单位名称	地区生产总值（现行价）（亿元）		第一产业（亿元）		第二产业（亿元）		工业（亿元）		第三产业（亿元）	
	2013年	2012年	2013年	2012年	2013年	2012年	2013年	2012年	2013年	2012年
莱州市	642.66	578.74	65.93	58.60	349.47	323.70	331.31	307.81	227.26	196.43
临淄区	784.47	750.20	33.76	30.00	527.17	518.05	492.19	490.52	223.53	202.14
广饶县	686.25	607.31	42.27	36.82	475.19	429.01	447.10	404.12	168.79	141.48
寿光市	701.28	618.11	86.44	78.50	341.27	312.70	286.41	262.50	273.57	226.90
滕州市	**902.64**	**830.85**	**71.87**	**65.14**	**481.51**	**453.45**	**429.63**	**407.35**	**349.26**	**312.26**
诸城市	642.72	581.60	57.31	52.59	367.07	344.42	325.15	305.43	218.34	184.59
邹平县	751.13	694.92	38.15	33.66	473.92	440.54	457.41	424.30	239.06	220.71
章丘市	755.24	678.74	77.16	68.39	454.69	409.18	403.73	361.16	223.38	201.17
胶州市	836.73	754.28	51.25	47.68	455.70	418.85	408.19	377.70	329.78	287.75
荣成市	878.59	800.08	78.23	70.22	444.30	420.07	416.30	392.13	356.06	309.81
新泰市	765.00	751.10	55.80	52.00	417.10	423.80	374.50	383.00	292.10	275.30
东港区	395.93	358.98	14.79	13.25	175.25	162.09	134.75	126.57	205.89	183.64
邹城市	731.58	671.32	48.33	43.48	424.02	403.30	404.53	385.07	259.23	224.54
龙口市	935.23	845.00	33.71	29.20	566.32	524.80	534.90	495.40	335.20	291.00
乐陵市	213.64	186.85	30.67	27.22	111.67	99.46	101.25	89.82	71.30	60.17
莒南县	233.56	204.26	30.83	28.11	96.46	83.62	83.53	71.96	106.27	92.53
茌平县	388.76	331.80	42.97	39.72	263.58	228.33	247.12	213.27	82.21	63.79
东明县	221.01	186.00	22.84	22.00	145.30	123.00	136.38	115.00	52.87	42.00
莱城区	329.45	308.05	37.42	33.66	159.81	149.66	145.20	135.31	132.22	124.73

18-1 续表 2

单位名称	农林牧渔业总产值（亿元）		粮食总产量（万吨）		规模以上工业企业（个）		规模以上工业增加值增速（%）	
	2013年	2012年	2013年	2012年	2013年	2012年	2013年	2012年
莱州市	116.52	103.20	65.22	69.10	372	378	12.2	12.6
临淄区	56.60	50.00	41.60	41.84	525	510	9.9	12.1
广饶县	80.67	70.74	48.55	50.30	266	241	18.6	21.7
寿光市	164.55	150.45	68.72	68.18	515	501	13.2	18.3
滕州市	**132.70**	**120.60**	**88.15**	**90.65**	**484**	**445**	**12.4**	**12.6**
诸城市	119.89	111.79	93.01	90.11	707	679	13.0	14.4
邹平县	71.40	63.17	74.10	80.97	329	258	10.3	12.0
章丘市	126.92	112.50	72.78	71.67	481	472	16.0	17.4
胶州市	84.30	78.91	48.70	51.21	891	806	13.0	16.8
荣成市	140.90	126.10	27.30	27.78	501	482	13.2	12.5
新泰市	99.00	92.30	42.90	52.80	443	385	9.0	12.0
东港区	30.64	28.90	16.77	16.73	103	104	10.0	12.9
邹城市	95.04	86.67	65.41	64.55	233	-	12.3	12.5
龙口市	54.29	47.71	12.05	12.79	316	315	12.0	12.7
乐陵市	64.88	57.27	95.67	91.40	280	260	15.6	19.7
莒南县	55.96	51.24	43.22	43.29	236	205	16.7	19.4
茌平县	82.59	72.12	55.40	68.50	410	358	12.3	19.6
东明县	43.61	42.00	67.63	61.00	156	134	19.3	23.9
莱城区	69.04	66.80	22.68	23.20	252	196	15.3	15.1

18-1 续表 3

单位名称	高新产值占总产值比重(%)		规模企业主营业务收入(亿元)		规模企业利润(亿元)		规模企业利税(亿元)	
	2013年	2012年	2013年	2012年	2013年	2012年	2013年	2012年
莱州市	32.17	30.46	1538.50	1358.40	129.46	114.53	187.40	157.00
临淄区	30.86	29.78	2748.95	2705.74	158.43	142.08	308.22	287.07
广饶县	45.70	42.49	3839.52	3254.96	381.97	322.07	466.72	388.98
寿光市	37.20	35.20	1739.00	1542.24	97.42	81.46	135.07	113.44
滕州市	**21.38**	**19.98**	**1360.16**	**1239.90**	**78.48**	**65.21**	**145.56**	**124.34**
诸城市	37.61	36.60	2181.77	1893.51	140.57	119.42	199.43	166.60
邹平县	21.93	21.80	3694.85	3038.63	162.83	161.31	231.24	215.93
章丘市	41.74	40.51	1336.77	1162.42	81.95	64.43	140.91	110.24
胶州市	28.90	28.40	2044.00	1681.90	144.60	114.70	273.20	198.30
荣成市	32.10	30.81	2311.08	1958.07	123.98	103.00	203.30	170.50
新泰市	-	16.80	1870.10	1691.50	101.80	130.70	197.80	225.50
东港区	8.83	26.63	214.85	143.10	8.64	7.21	12.50	11.21
邹城市	21.15	18.30	1285.67	1186.10	69.49	67.89	132.47	126.37
龙口市	51.71	49.60	2800.80	2454.40	237.10	203.40	310.90	269.00
乐陵市	27.60	25.46	603.96	536.59	37.73	33.91	71.43	61.90
莒南县	20.67	19.32	536.54	412.15	27.92	20.01	43.24	30.16
茌平县	14.22	21.00	1261.72	1074.29	100.01	80.24	126.02	104.12
东明县	44.61	48.92	900.96	680.00	42.16	35.00	81.64	66.50
莱城区	18.69	16.06	880.17	777.33	14.69	12.13	25.67	22.78

18-1 续表 4

单位名称	全社会用电量（亿千瓦时）		工业用电量（亿千瓦时）		固定资产投资（亿元）		房地产业投资（亿元）	
	2013年	2012年	2013年	2012年	2013年	2012年	2013年	2012年
莱州市	44.27	37.94	33.44	28.07	330.96	282.85	17.88	16.94
临淄区	-	-	-	-	352.47	320.96	35.86	28.47
广饶县	45.00	38.12	39.36	33.04	500.51	411.13	29.89	24.89
寿光市	85.47	71.10	73.17	59.94	406.50	360.68	92.30	76.71
滕州市	**58.38**	**53.86**	**44.92**	**41.61**	**457.12**	**373.69**	**85.45**	**60.71**
诸城市	27.46	25.12	19.23	17.86	402.42	356.64	52.05	41.14
邹平县	107.18	114.12	105.86	109.38	198.99	217.76	12.07	15.05
章丘市	50.81	48.35	40.46	38.43	355.32	290.87	61.06	50.59
胶州市	27.90	25.84	20.40	19.25	659.50	527.30	57.90	61.39
荣成市	24.30	23.40	17.10	16.20	550.96	434.19	63.74	54.39
新泰市	28.80	25.40	21.90	19.70	433.20	408.70	14.20	9.40
东港区	56.04	56.40	39.75	42.30	254.06	234.20	35.50	36.71
邹城市	69.30	92.30	62.20	83.30	309.19	255.70	35.35	30.60
龙口市	126.16	118.07	117.73	109.70	471.60	403.10	21.20	16.00
乐陵市	7.08	6.84	3.96	3.92	146.78	121.66	11.84	9.98
莒南县	35.00	27.82	34.17	23.80	129.20	111.40	12.13	8.03
茌平县	48.31	46.39	43.44	41.99	213.89	179.59	9.22	4.23
东明县	19.86	15.50	15.30	11.10	75.42	84.00	22.09	13.00
莱城区	47.96	43.00	43.19	37.00	191.44	160.34	5.97	5.20

18-1 续表 5

单位名称	进出口总额（万美元）		出口总额（万美元）		实际使用外资（万美元）		上市企业个数（个）	
	2013年	2012年	2013年	2012年	2013年	2012年	2013年	2012年
莱州市	189400	188800	115300	112100	17100	12400	1	1
临淄区	222984	207347	76638	77075	3950	4428	5	4
广饶县	580081	545778	376895	319036	4000	3645	3	3
寿光市	264342	219575	188943	164704	19451	19109	7	7
滕州市	**46708**	**40754**	**33719**	**34158**	**5560**	**5627**	**-**	**-**
诸城市	179906	163560	142932	126743	9024	8309	5	5
邹平县	463895	290233	137791	100907	20436	30085	9	9
章丘市	93776	48549	75005	40906	20087	16108	1	1
胶州市	604798	612058	443635	428875	68136	53001	1	1
荣成市	278500	358400	207400	261700	11000	8900	1	1
新泰市	30866	28747	15201	11347	9305	3583	-	-
东港区	862400	640003	117700	13400	3674	8243	-	-
邹城市	12871	18171	9049	7012	13212	12806	3	
龙口市	323000	304000	168000	162000	14766	10967	7	7
乐陵市	33212	21908	18738	17686	5807	5211	-	-
莒南县	82615	70423	51274	27087	3195	2305	2	2
茌平县	86858	60231	11369	44893	442	140	-	-
东明县	48394	125819	13068	11862	520	458	-	-
莱城区	134738	95746	50793	46065	4080	3949	-	-

18-1 续表 6

单位名称	社会消费品零售总额（亿元）		财政总收入（亿元）		地方一般预算收入（亿元）		其中：税收收入（亿元）	
	2013年	2012年	2013年	2012年	2013年	2012年	2013年	2012年
莱州市	241.22	212.53	110.56	106.29	46.45	36.00	34.27	21.90
临淄区	195.38	171.65	-	-	49.43	40.01	38.37	28.46
广饶县	137.09	120.73	72.97	58.93	35.00	27.21	24.88	18.41
寿光市	204.33	174.97	96.98	82.84	70.69	55.00	50.05	42.21
滕州市	**291.05**	**248.91**	**120.00**	**112.29**	**61.01**	**54.37**	**47.83**	**42.00**
诸城市	183.83	167.91	79.00	69.61	57.09	47.27	43.35	32.84
邹平县	135.95	120.56	93.19	95.17	55.83	51.33	41.32	36.05
章丘市	275.38	240.91	60.46	61.09	40.89	35.87	29.91	25.75
胶州市	254.10	223.31	116.60	90.36	56.60	45.06	47.30	31.49
荣成市	260.30	229.40	111.95	100.11	52.20	42.66	42.90	32.50
新泰市	234.70	207.10	56.80	69.90	36.10	38.40	25.00	25.40
东港区	180.27	158.98	32.85	33.63	28.89	24.93	25.66	21.28
邹城市	208.70	183.20	119.73	109.93	55.33	41.48	37.32	26.36
龙口市	279.20	242.90	209.88	58.60	71.60	58.57	53.53	42.84
乐陵市	87.80	76.71	21.55	19.07	8.60	4.90	6.98	3.52
莒南县	105.22	99.60	16.84	13.97	11.47	8.10	9.72	6.68
茌平县	73.88	76.34	37.91	32.85	22.21	18.81	14.59	10.44
东明县	82.33	72.50	-	29.40	14.37	13.30	11.45	9.60
莱城区	156.90	138.82	32.30	28.00	18.82	16.31	17.60	15.33

18-1 续表 7

单位名称	金融机构各项存款余额(人民币)(亿元)		居民储蓄余额(亿元)		金融机构各项贷款余额(人民币)(亿元)		城镇在岗职工平均工资(元)	
	2013年	2012年	2013年	2012年	2013年	2012年	2013年	2012年
莱州市	532.56	479.84	373.86	341.09	269.07	215.85	43299	38614
临淄区	647.45	605.35	335.94	299.25	452.35	376.48	54337	49827
广饶县	499.57	389.59	161.44	142.82	597.78	518.33	40716	37193
寿光市	639.60	559.60	352.69	325.60	588.49	481.60	48483	43607
滕州市	**420.44**	**391.72**	**302.8**	**262.13**	**402.91**	**408.1**	**39461**	**35006**
诸城市	456.75	392.72	279.97	250.59	395.27	338.61	47802	45322
邹平县	539.17	490.41	184.35	155.89	545.21	486.96	43512	37731
章丘市	428.76	368.01	284.97	248.42	276.03	231.26	42559	39749
胶州市	475.00	414.21	272.20	249.41	404.00	324.86	39676	33871
荣成市	525.70	475.47	342.90	307.49	356.30	319.80	45186	39903
新泰市	464.20	384.80	297.20	255.80	287.80	249.50	-	42826
东港区	-	-	-	-	-	-	48343	44153
邹城市	573.56	534.92	276.24	252.17	419.26	366.21	56031	55496
龙口市	699.30	610.70	379.40	337.80	529.10	437.90	50384	42192
乐陵市	135.90	118.48	101.60	88.24	97.90	84.77	37387	32080
莒南县	223.31	189.00	174.96	148.29	123.84	106.08	34889	32571
茌平县	170.25	146.28	113.06	90.61	169.72	158.84	37721	35375
东明县	156.21	132.30	110.27	93.70	159.57	120.30	34660	31444
莱城区	488.64	435.2	275.65	247.5	372.96	340.5	42969	36738

18-1 续表 8

单位名称	农民人均纯收入（元）		农民人均生活消费支出（元）		城镇居民人均可支配收入（元）		城镇居民人均消费性支出（元）	
	2013年	2012年	2013年	2012年	2013年	2012年	2013年	2012年
莱州市	16205	14387	9710	8047	33013	29486	22169	19732
临淄区	15753	14021	9171	8037	33482	29454	17808	15866
广饶县	13659	12055	8813	7780	30216	27504	19037	17283
寿光市	14408	12805	11944	9831	29130	26458	22030	20100
滕州市	**12053**	**10633**	**7125**	**6303**	**25238**	**22960**	**16201**	**14917**
诸城市	14408	12804	8605	7250	23788	21368	14106	12277
邹平县	12923	11693	10908	10123	27850	25027	17192	16067
章丘市	15294	13587	8987	7840	25628	23130	15993	14241
胶州市	15690	13939	11203	9883	31334	28586	17872	16516
荣成市	17670	15777	10444	9704	30754	27459	17097	15403
新泰市	12885	11391	6563	5845	28056	25321	17952	16332
东港区	11727	10396	4921	4782	24751	22487	17232	15505
邹城市	12576	11094	6181	5387	27605	24580	17078	15120
龙口市	17075	15201	9467	8602	35321	31610	21188	19089
乐陵市	10876	9564	6929	6533	-	-	-	-
莒南县	10284	9029	6852	5469	22356	19680	11917	10472
茌平县	10514	9259	5555	4515	26080	23676	18256	16353
东明县	9251	8138	-	3898	18914	17040	8288	7422
莱城区	12047	10789	6726	6095	27316	24879.46	16469.91	15760.2

第 19 篇

全国沿海部分区、县（市）统计资料

19-1 全国沿海部分区、县(市)统计资料

单位名称	年末户籍总户数(万户)		年末户籍总人口(万人)		区域面积(平方公里)	
	2013年	2012年	2013年	2012年	2013年	2012年
江苏武进区	36.26	36.33	102.93	102.62	1245.80	1245.80
江苏常熟市	33.05	33.19	106.73	106.78	1094.00	1094.00
江苏张家港	33.54	33.66	91.47	91.02	986.73	986.73
江苏锡山区	12.70	12.58	42.70	42.30	399.00	399.00
江苏江阴市	36.66	36.59	121.73	121.26	986.97	986.97
江苏昆山市	25.42	24.85	75.29	73.76	931.51	931.51
江苏宜兴市	37.91	37.95	107.88	107.73	1996.60	1996.60
江苏通州区	47.34	47.64	126.27	125.73	1525.74	1525.74
江苏靖江市	21.56	21.67	66.79	66.66	655.58	655.58
江苏启东市	45.55	45.82	112.35	112.38	1233.80	1233.80
江苏江宁区	33.67	32.88	95.62	94.59	1563.00	1563.00
江苏海门市	38.37	38.30	100.06	99.97	1148.70	1148.70
江苏太仓市	14.68	14.63	47.45	47.26	809.00	809.00
江苏吴江区	25.65	25.62	80.86	80.49	1176.60	1176.60
江苏惠山区	13.50	13.26	43.88	43.19	325.12	325.12
浙江柯桥区	22.20	22.29	64.29	64.07	1066.00	1066.00
浙江萧山区	37.53	37.56	124.38	123.57	1420.22	1420.22
浙江鄞州区	33.82	33.55	84.01	83.12	1346.00	1346.00
浙江余杭区	24.79	24.54	90.33	89.04	1228.23	1228.23
浙江诸暨市	40.27	40.45	107.65	107.35	2311.00	2311.00
浙江慈溪市	42.26	42.52	104.36	104.19	1360.63	1360.63
广东顺德区	36.43	35.62	125.94	124.79	806.57	806.57
广东南海区	39.30	38.28	124.48	122.51	1073.82	1073.82
广东三水区	12.52	12.47	40.23	39.91	827.69	827.69
广东高明区	8.48	8.38	29.91	29.68	937.81	937.81
上海嘉定区	20.66	20.19	57.61	56.71	463.16	463.16
上海青浦区	16.69	16.56	46.74	46.50	668.54	668.54
山东莱州市	26.89	26.90	85.42	85.58	1928.00	1928.00
山东荣成市	24.40	24.20	66.90	66.98	1526.00	1526.00
山东滕州市	**52.75**	**52.67**	**169.30**	**169.07**	**1495.00**	**1495.00**
福建晋江市	29.39	29.10	109.02	107.44	649.32	649.32

19-1 续表 1

单位名称	地区生产总值(现行价)(亿元)		第一产业(亿元)		第二产业(亿元)		第三产业(亿元)	
	2013年	2012年	2013年	2012年	2013年	2012年	2013年	2012年
江苏武进区	1725.85	1536.69	48.74	44.51	978.14	923.45	698.97	568.73
江苏常熟市	1980.31	1870.19	40.50	37.02	1048.29	996.95	891.52	836.22
江苏张家港	2145.31	2050.58	30.41	27.53	1192.34	1175.51	922.56	847.54
江苏锡山区	590.54	535.12	19.61	18.12	321.69	297.53	249.24	219.47
江苏江阴市	2706.06	2535.38	51.53	47.69	1518.07	1443.91	1136.46	1043.78
江苏昆山市	2920.08	2725.32	26.94	24.46	1691.09	1631.25	1202.05	1069.61
江苏宜兴市	1190.23	1082.98	46.89	43.16	629.44	581.22	513.90	461.60
江苏通州区	759.46	680.12	53.14	48.75	404.14	374.30	302.19	257.07
江苏靖江市	670.43	600.85	20.19	18.88	368.02	335.88	282.22	246.09
江苏启东市	658.31	589.14	65.26	61.48	333.35	306.09	259.70	221.57
江苏江宁区	1086.16	926.59	48.19	43.66	605.70	541.02	432.27	341.91
江苏海门市	740.01	663.10	50.76	46.50	407.60	377.60	281.65	239.00
江苏太仓市	1002.28	955.12	36.84	33.61	532.46	520.36	432.98	401.15
江苏吴江区	1415.47	1321.49	38.10	34.27	773.90	750.14	603.47	537.08
江苏惠山区	632.32	567.10	18.43	17.07	392.58	360.04	221.31	189.99
浙江柯桥区	1168.66	1008.77	32.55	35.66	613.10	587.17	423.00	385.94
浙江萧山区	1663.53	1614.47	59.66	56.78	965.86	982.77	638.01	574.92
浙江鄞州区	1177.68	1087.65	40.05	38.43	714.82	680.56	422.80	368.66
浙江余杭区	934.41	834.93	46.86	47.19	435.40	415.16	452.15	372.57
浙江诸暨市	900.88	821.96	48.75	46.69	497.66	459.94	354.47	315.27
浙江慈溪市	1031.09	958.21	49.30	46.54	593.56	560.04	388.23	351.63
广东顺德区	2556.78	2317.33	43.60	41.22	1356.51	1246.47	1156.67	1029.64
广东南海区	2172.44	1966.18	43.73	43.42	1130.91	1043.43	997.80	879.34
广东三水区	840.52	749.93	29.82	28.22	639.84	564.71	170.86	157.01
广东高明区	558.72	499.37	16.60	15.98	434.65	382.98	107.47	100.41
上海嘉定区	1460.58	969.75	4.51	4.63	1011.48	601.21	444.59	363.91
上海青浦区	771.94	718.09	9.57	10.29	428.52	413.03	333.85	294.77
山东莱州市	642.66	527.70	65.93	58.60	349.47	323.70	227.26	196.43
山东荣成市	878.59	800.08	78.23	70.22	444.30	420.07	356.06	309.81
山东滕州市	**902.64**	**830.85**	**71.87**	**65.14**	**481.51**	**453.45**	**349.26**	**312.26**
福建晋江市	1363.94	1213.89	19.07	18.20	919.76	815.05	425.11	380.63

19−1　续表 2

单位名称	农林牧渔业总产值（亿元）		粮食总产量（万吨）		规模以上工业企业数（个）	
	2013年	2012年	2013年	2012年	2013年	2012年
江苏武进区	80.84	74.11	16.98	17.44	1894	1724
江苏常熟市	68.02	62.68	31.61	32.22	1500	1453
江苏张家港	53.63	48.73	27.23	28.05	1300	1175
江苏锡山区	31.22	29.05	7.55	8.22	682	628
江苏江阴市	84.47	78.67	19.95	20.35	1439	1418
江苏昆山市	45.98	41.65	11.21	12.42	1926	1762
江苏宜兴市	83.58	77.38	48.00	48.72	892	897
江苏通州区	81.97	75.25	52.84	52.59	736	732
江苏靖江市	33.66	31.66	33.59	33.53	451	430
江苏启东市	115.71	108.91	26.12	26.39	514	506
江苏江宁区	81.65	73.53	24.15	24.91	657	656
江苏海门市	80.43	7370.00	18.38	18.43	285	571
江苏太仓市	63.10	57.52	21.45	21.48	1193	1178
江苏吴江区	64.15	58.13	16.83	17.17	1636	1540
江苏惠山区	29.01	26.87	2.05	2.07	837	837
浙江柯桥区	55.70	53.17	21.07	21.02	1201	1130
浙江萧山区	95.68	90.72	24.01	24.18	1792	1780
浙江鄞州区	58.50	57.02	17.10	19.29	1714	1664
浙江余杭区	71.96	72.95	18.45	18.46	1228	1095
浙江诸暨市	74.32	70.87	38.77	38.48	848	797
浙江慈溪市	71.79	67.99	12.61	12.19	1268	1155
广东顺德区	86.78	83.07	0.05	0.06	1672	1762
广东南海区	84.33	79.91	0.70	0.70	2273	2162
广东三水区	61.47	58.46	3.52	3.51	855	847
广东高明区	33.10	32.11	5.54	5.46	482	472
上海嘉定区	12.88	13.54	5.49	5.71	1299	1307
上海青浦区	24.54	25.44	9.71	11.13	876	899
山东莱州市	116.52	103.20	65.22	69.10	372	378
山东荣成市	140.90	126.10	27.30	27.78	501	482
山东滕州市	**132.70**	**120.60**	**88.15**	**90.65**	**484**	**445**
福建晋江市	36.63	34.79	5.19	5.45	1410	1583

19-1 续表 3

单位名称	规上工业总产值（亿元）		规上工业主营业务收入（亿元）		规上工业利润（亿元）	
	2013年	2012年	2013年	2012年	2013年	2012年
江苏武进区	3946.59	3589.33	4119.21	3579.81	181.24	164.58
江苏常熟市	3582.25	3401.95	3557.36	3400.92	179.08	172.30
江苏张家港	4933.58	4702.90	5007.79	4768.37	114.38	190.10
江苏锡山区	1120.14	1157.11	1105.38	1027.81	47.86	48.18
江苏江阴市	6140.78	5989.47	6573.18	6426.40	336.69	334.89
江苏昆山市	8154.39	7822.37	8093.44	7787.30	375.58	374.21
江苏宜兴市	2896.51	2693.73	2788.26	2638.30	104.62	112.34
江苏通州区	1631.48	1455.58	1607.97	1426.25	109.04	92.99
江苏靖江市	1965.93	1743.42	1820.57	1603.87	140.55	147.22
江苏启东市	1365.87	1201.74	1341.92	1127.38	114.53	93.59
江苏江宁区	2491.40	2143.61	2158.82	1906.58	247.74	180.59
江苏海门市	1636.40	1414.61	1626.38	1401.89	179.49	153.03
江苏太仓市	1983.71	1831.88	1894.62	1777.51	104.12	85.56
江苏吴江区	3096.17	2986.31	3073.93	3028.80	101.03	121.94
江苏惠山区	1148.14	1110.13	1102.77	1083.78	58.54	75.36
浙江柯桥区	3490.05	3250.18	3395.33	3157.11	171.07	143.38
浙江萧山区	5294.43	5018.00	5480.80	5018.38	206.62	203.40
浙江鄞州区	2195.51	2058.83	2129.97	1975.81	135.85	129.57
浙江余杭区	1455.45	1373.41	1428.91	1328.94	63.90	61.81
浙江诸暨市	2156.58	1903.02	2120.34	1877.97	134.08	119.01
浙江慈溪市	2745.94	1608.98	1604.69	1489.84	74.07	66.04
广东顺德区	5473.70	4914.61	4862.81	4652.67	284.77	375.28
广东南海区	4510.32	4014.94	4465.72	3860.00	-	336.25
广东三水区	2591.84	2005.56	1953.25	1941.59	150.11	144.24
广东高明区	2319.71	1773.18	2305.90	1724.71	246.73	199.34
上海嘉定区	4800.69	4273.96	4914.39	4368.15	539.85	433.03
上海青浦区	1525.64	1485.42	1542.19	1469.72	87.55	82.43
山东莱州市	1502.60	1323.20	1538.50	1358.40	129.46	114.53
山东荣成市	2440.70	2128.60	2311.08	1958.07	123.98	103.00
山东滕州市	**1341.13**	**1256.00**	**1360.16**	**1239.90**	**78.48**	**65.20**
福建晋江市	2941.87	2583.95	2774.72	2494.58	216.22	244.91

19-1 续表 4

单位名称	固定资产投资(亿元)		进出口总额(亿美元)		出口总额(亿美元)	
	2013年	2012年	2013年	2012年	2013年	2012年
江苏武进区	909.11	844.85	103.65	90.01	63.98	55.86
江苏常熟市	715.21	635.48	186.26	197.49	116.43	129.21
江苏张家港	770.56	702.98	322.20	319.60	128.20	128.06
江苏锡山区	513.90	454.94	44.57	42.00	32.80	30.86
江苏江阴市	948.79	790.66	199.99	192.65	108.33	105.15
江苏昆山市	842.00	770.04	889.84	865.68	546.73	555.17
江苏宜兴市	555.34	455.65	58.08	49.59	36.62	31.89
江苏通州区	436.36	377.99	28.77	26.03	25.99	23.22
江苏靖江市	342.41	283.38	27.28	35.10	16.25	23.44
江苏启东市	407.17	359.53	32.33	20.28	26.51	14.43
江苏江宁区	880.50	791.00	107.48	105.99	66.03	65.52
江苏海门市	423.49	370.86	18.76	16.92	15.44	12.38
江苏太仓市	520.00	472.04	127.71	126.21	55.19	56.60
江苏吴江区	721.36	630.07	220.41	227.12	124.77	124.84
江苏惠山区	441.30	376.43	24.81	22.00	20.12	17.89
浙江柯桥区	491.62	415.85	128.74	128.42	108.47	97.41
浙江萧山区	730.73	616.93	140.89	136.67	94.63	88.16
浙江鄞州区	505.08	420.37	144.32	130.99	109.96	100.69
浙江余杭区	631.23	512.12	55.56	51.25	51.19	47.07
浙江诸暨市	482.28	411.10	54.04	57.50	46.18	47.47
浙江慈溪市	544.98	443.28	107.98	102.89	88.24	84.22
广东顺德区	499.24	449.88	243.40	220.18	186.80	171.47
广东南海区	712.62	631.11	207.86	197.80	109.59	103.72
广东三水区	459.21	413.95	22.91	22.02	14.71	12.00
广东高明区	283.44	253.39	22.72	20.03	18.65	16.46
上海嘉定区	479.68	398.82	209.51	176.11	98.93	95.88
上海青浦区	359.32	347.05	120.58	117.68	52.52	50.39
山东莱州市	330.96	282.85	18.94	18.88	11.53	11.21
山东荣成市	550.96	434.19	27.85	35.84	20.74	26.17
山东滕州市	**457.12**	**373.69**	**4.67**	**4.08**	**3.37**	**3.42**
福建晋江市	632.03	518.24	127.84	111.24	65.27	42.78

19-1 续表 5

单位名称	到位注册外资(亿美元)		社会消费品零售总额(亿元)		公共财政预算收入(亿元)	
	2013年	2012年	2013年	2012年	2013年	2012年
江苏武进区	10.20	9.05	401.05	360.21	125.84	117.05
江苏常熟市	10.24	9.56	564.43	499.54	138.58	128.15
江苏张家港	7.00	9.50	410.90	371.84	154.18	149.61
江苏锡山区	3.76	4.13	175.68	156.69	54.74	50.02
江苏江阴市	8.08	7.72	577.93	512.25	182.28	167.19
江苏昆山市	18.02	18.02	569.92	493.62	243.52	220.28
江苏宜兴市	3.52	4.70	416.28	368.95	86.61	78.38
江苏通州区	2.63	2.31	267.14	237.18	61.18	52.52
江苏靖江市	0.76	3.45	138.34	123.25	57.45	53.64
江苏启东市	2.54	2.39	257.38	228.73	58.54	52.21
江苏江宁区	8.49	10.03	332.09	286.54	156.40	135.81
江苏海门市	2.48	1.22	266.37	235.66	61.17	51.61
江苏太仓市	6.18	8.11	218.70	195.07	100.13	90.15
江苏吴江区	11.50	12.54	356.76	308.04	129.51	119.32
江苏惠山区	2.49	2.50	132.36	116.99	64.89	60.07
浙江柯桥区	2.05	2.32	198.55	167.45	77.57	70.44
浙江萧山区	9.69	8.67	445.55	394.14	126.52	122.68
浙江鄞州区	4.66	3.91	356.28	314.40	153.29	136.23
浙江余杭区	11.82	7.56	277.83	238.99	126.10	104.65
浙江诸暨市	2.13	2.12	274.46	231.22	59.60	52.62
浙江慈溪市	4.13	2.55	444.86	391.98	92.05	81.39
广东顺德区	7.69	7.23	730.30	652.01	154.09	136.52
广东南海区	7.67	7.08	734.41	653.71	146.13	129.18
广东三水区	3.89	3.11	165.72	148.88	32.02	24.63
广东高明区	1.48	1.71	93.41	84.10	23.27	17.99
上海嘉定区	4.14	7.86	564.44	430.01	145.39	121.60
上海青浦区	6.99	6.68	416.10	357.80	88.72	75.16
山东莱州市	1.71	1.24	241.22	212.53	46.45	36.00
山东荣成市	1.10	0.89	260.30	229.40	52.20	42.66
山东滕州市	**0.56**	**0.56**	**291.05**	**248.91**	**61.01**	**54.37**
福建晋江市	11.29	10.74	399.14	330.89	100.29	81.21

19-1 续表 6

单位名称	金融机构各项存款余额（亿元）		居民储蓄余额（亿元）		金融机构各项贷款余额（亿元）	
	2013年	2012年	2013年	2012年	2013年	2012年
江苏武进区	1933.99	1539.24	888.96	716.42	1384.96	1129.78
江苏常熟市	2212.66	2035.68	987.42	907.18	1661.17	1510.22
江苏张家港	2383.43	2162.27	837.45	751.17	1980.88	1789.00
江苏锡山区	694.63	659.63	334.55	299.49	613.74	542.00
江苏江阴市	2725.73	2474.21	876.49	796.17	2157.16	2051.00
江苏昆山市	2954.99	2661.12	887.27	793.98	2001.23	1875.27
江苏宜兴市	1666.47	1549.00	745.28	651.31	1348.09	1245.20
江苏通州区	957.22	803.39	630.04	533.14	528.84	446.31
江苏靖江市	790.97	654.18	355.89	314.65	551.13	408.86
江苏启东市	835.46	697.03	565.97	483.41	507.31	417.55
江苏江宁区	1493.92	1214.30	526.40	448.40	797.60	661.00
江苏海门市	876.41	724.68	559.23	483.48	532.24	427.94
江苏太仓市	1145.18	1018.88	420.82	377.17	994.92	863.41
江苏吴江区	2038.97	1824.83	700.91	634.94	1773.89	1505.09
江苏惠山区	542.99	497.90	319.03	285.37	437.49	401.61
浙江柯桥区	1480.74	1353.40	621.96	589.59	1249.07	1129.03
浙江萧山区	3004.19	2757.36	1118.57	1009.41	2659.09	2482.11
浙江鄞州区	1725.26	1578.17	772.79	689.99	1492.05	1342.13
浙江余杭区	1687.54	1466.50	724.24	626.25	1218.35	1132.01
浙江诸暨市	1108.70	995.75	548.81	478.95	991.15	868.19
浙江慈溪市	1696.07	1586.19	851.32	762.56	1645.14	1442.06
广东顺德区	3453.20	3150.58	1904.01	1800.37	2515.95	2222.76
广东南海区	3850.46	3316.28	1971.51	1836.78	1902.11	1676.71
广东三水区	505.60	488.62	297.94	272.12	308.16	293.64
广东高明区	270.66	234.19	168.44	152.85	192.74	164.19
上海嘉定区	1931.80	1715.66	925.99	828.77	913.53	841.63
上海青浦区	1118.91	1000.52	519.08	467.44	670.38	568.48
山东莱州市	532.56	479.84	373.86	341.09	269.07	215.85
山东荣成市	525.70	475.47	342.90	307.49	356.30	319.80
山东滕州市	**420.44**	**391.72**	**302.80**	**262.13**	**402.91**	**408.10**
福建晋江市	1258.36	1029.52	657.38	577.13	910.37	758.21

19-1 续表 7

单位名称	农民人均纯收入(元)		城镇居民人均可支配收入(元)		城镇在岗职工平均工资(元)	
	2013年	2012年	2013年	2012年	2013年	2012年
江苏武进区	20565	18444	38330	34971	58575	53927
江苏常熟市	21691	19467	43161	39561	58600	53982
江苏张家港	21689	19460	43426	39695	60629	57138
江苏锡山区	20385	18510	37679	35905	59314	52857
江苏江阴市	21882	19660	43144	39437	64460	58973
江苏昆山市	21793	19563	43436	39740	55616	53461
江苏宜兴市	18783	16862	36412	33210	53695	51361
江苏通州区	15710	14090	32406	29648	53413	49644
江苏靖江市	15347	13715	31597	28803	47917	43073
江苏启东市	15766	14127	29482	26875	52072	45604
江苏江宁区	16820	15018	38222	34970	59845	53426
江苏海门市	16920	15162	32387	29631	53494	48578
江苏太仓市	21605	19411	43010	39422	61812	57037
江苏吴江区	21436	19277	43439	39758	57999	55949
江苏惠山区	21847	19686	37608	35939	63298	62370
浙江柯桥区	24173	21813	44821	40805	49051	43890
浙江萧山区	23077	20790	44412	40570	54156	45668
浙江鄞州区	23156	20831	44742	40607	61986	53588
浙江余杭区	22647	20304	40559	36464	67155	55498
浙江诸暨市	21180	19107	43905	39950	49128	44185
浙江慈溪市	22702	20383	41254	37711	58674	49325
广东顺德区	18111	16063	42748	38754	51261	45181
广东南海区	18516	16673	39843	36348	46371	49854
广东三水区	14798	13254	28880	26236	48376	42619
广东高明区	12032	10743	26207	23710	33050	28705
上海嘉定区	21469	19429	36336	33222	73058	62355
上海青浦区	18124	16381	34297	31274	57224	52003
山东莱州市	16205	14387	33013	29486	43299	38614
山东荣成市	17670	15777	30754	27459	45186	39903
山东滕州市	**12053**	**10633**	**25238**	**22960**	**39461**	**35006**
福建晋江市	15213	13503	32354	27804	41716	38000

第
20
篇

国际统计资料

20-1 国土面积和人口

资料来源：世界银行数据库。 (2011年)

国家和地区	国土面积(万平方公里)	年中人口数(万人)	人口增长率(%)	人口密度(人/平方公里)
世界	**13427.2**	**697374**	**1.16**	**54**
中国	960.0	134735	0.48	140
中国香港	0.1	707	0.05	6787
中国澳门		56	2.20	19848
孟加拉国	14.4	15049	1.20	1156
文莱	0.6	41	1.74	77
柬埔寨	18.1	1431	1.17	81
印度	328.7	124149	1.37	418
印度尼西亚	190.5	24233	1.02	134
伊朗	174.5	7480	1.11	46
以色列	2.2	777	1.85	359
日本	37.8	12782	0.29	351
哈萨克斯坦	272.5	1656	1.43	6
韩国	10.0	4978	0.74	513
老挝	23.7	629	1.40	27
马来西亚	33.1	2886	1.60	88
蒙古	156.4	280	1.59	2
缅甸	67.7	4834	0.78	74
巴基斯坦	79.6	17675	1.80	229
菲律宾	30.0	9485	1.69	318
新加坡	0.1	518	2.09	7405
斯里兰卡	6.6	2087	1.04	333
泰国	51.3	6952	0.57	136
越南	33.1	8784	1.04	283
埃及	100.2	8254	1.73	83
尼日利亚	92.4	16247	2.52	178
南非	121.9	5059	1.18	42
加拿大	998.5	3448	1.04	4
墨西哥	196.4	11479	1.20	59
美国	983.2	31159	0.72	34
阿根廷	278.0	4076	0.87	15
巴西	851.5	19666	0.87	23
委内瑞拉	91.2	2928	1.53	33
捷克	7.9	1050	-0.23	136
法国	54.9	6543	0.55	119
德国	35.7	8180	0.03	235
意大利	30.1	6072	0.40	206
荷兰	4.2	1669	0.47	495
波兰	31.3	3853	0.91	127
俄罗斯联邦	1709.8	14296	0.40	9
西班牙	50.6	4617	0.23	93
土耳其	78.4	7364	1.21	96
乌克兰	60.4	4571	-0.36	79
英国	24.4	6274	0.77	259
澳大利亚	774.1	2232	1.17	3
新西兰	26.8	441	0.85	17

20−2　按三次产业分就业人员构成

资料来源：世界银行数据库。　　　　单位：%

国家和地区	第一产业		第二产业		第三产业	
	2005	2010	2005	2010	2005	2010
中　国	44.8	36.7	23.8	28.7	31.4	34.6
中国香港	0.3	0.2①	15.1	12.4①	84.7	87.4①
中国澳门	0.1		25.0	16.0①	74.7	84.0①
孟加拉国	48.1		14.5		37.4	
柬埔寨		54.2		16.2		29.6
印　度	55.8	51.1	19.0	22.4	25.2	26.6
印度尼西亚	44.0	38.3	18.7	19.3	37.2	42.3
伊　朗	24.7	21.2②	30.3	32.2②	44.8	46.5②
以色列	2.0	1.7①	21.4	20.4①	75.7	77.1①
日　本	4.4	3.7	27.9	25.3	66.4	69.7
哈萨克斯坦	32.4	28.3	18.0	18.7	49.6	53.0
韩　国	7.9	6.6	26.8	17.0	65.2	76.4
马来西亚	14.6	13.3	29.7	27.6	55.6	59.2
蒙　古	39.9	40.0①	16.8	14.9①	43.3	45.0①
巴基斯坦	43.0	44.7②	20.3	20.1②	36.6	35.2②
菲律宾	36.0	33.2	15.6	15.0	48.5	51.8
新加坡	1.1	1.1①	21.7	21.8①	77.3	77.1①
斯里兰卡	30.7	32.7	25.6	24.2	38.4	40.4
泰　国	42.6	38.2	20.2	20.6	37.1	41.0
埃　及	30.9	28.2	21.5	25.3	47.5	46.3
南　非	7.5	4.9	25.6	24.5	66.6	61.9
加拿大	2.7	2.4②	22.0	21.5②	75.3	76.5②
墨西哥	14.9	13.1	25.5	25.5	59.0	60.6
美　国	1.6	1.6	20.6	16.7	77.8	81.2
阿根廷	1.1	1.3	23.5	23.2	75.1	75.0
巴　西	20.5	17.0①	21.4	22.1①	57.9	60.7①
委内瑞拉	9.7	8.7	20.8	22.1	68.7	68.9
捷　克	4.0	3.1	39.5	38.0	56.5	58.9
法　国	3.6	2.9	23.7	22.2	72.3	74.4
德　国	2.4	1.6	29.8	28.4	67.8	70.0
意大利	4.2	3.8	30.8	28.8	65.0	67.5
荷　兰	3.2	2.8	19.6	15.9	72.4	71.6
波　兰	17.4	12.8	29.2	30.2	53.4	56.9
俄罗斯联邦	10.2	9.7①	29.8	27.9①	60.0	62.3①
西班牙	5.3	4.3	29.7	23.1	65.0	72.6
土耳其	29.5	23.7	24.8	26.2	45.8	50.1
乌克兰	19.4	15.8②	24.2	23.4②	56.4	60.7②
英　国	1.3	1.2	22.2	19.1	76.3	78.9
澳大利亚	3.6	3.3①	21.3	21.1①	75.1	75.5①
新西兰	7.1	6.6①	22.0	20.9①	70.7	72.5①

注：①2009年数据。②2008年数据。

20-3 国内生产总值及其增长率

资料来源：国际货币基金组织WEO数据库。

国家和地区	2012 国内生产总值① (亿美元)	国内生产总值增长率 (%)				
		2005	2009	2010	2011	2012
世　界	**717073**	**4.58②**	**-0.59②**	**5.22②**	**3.95②**	**3.15②**
中　国	82270	11.31	9.21	10.45	9.30	7.80
中国香港	2630	7.39	-2.46	6.79	4.85	1.44
孟加拉国	1227	6.30	5.91	6.40	6.51	6.05
文　莱	166	0.39	-1.76	2.60	2.21	1.30
柬埔寨	142	13.25	0.09	6.10	7.08	6.45
印　度	18248	9.05	5.04	11.23	7.75	3.99
印度尼西亚	8782	5.69	4.63	6.22	6.49	6.23
伊　朗	5489	4.66	3.95	5.90	3.03	-1.87
以色列	2409	4.73	1.11	4.98	4.61	3.10
日　本	59640	1.30	-5.53	4.65	-0.57	2.00
哈萨克斯坦	1964	9.70	1.18	7.25	7.50	5.04
韩　国	11559	3.96	0.32	6.32	3.63	2.02
老　挝	92	6.77	7.50	8.10	8.00	8.30
马来西亚	3035	4.98	-1.51	7.15	5.08	5.61
蒙　古	103	7.25	-1.27	6.37	17.51	12.28
缅　甸	531	13.57	5.14	5.35	5.46	6.30
巴基斯坦	2319	8.96	1.72	3.07	3.04	3.68
菲律宾	2504	4.78	1.15	7.63	3.91	6.59
新加坡	2765	7.37	-0.79	14.78	5.16	1.32
斯里兰卡	594	6.24	3.54	8.02	8.25	6.41
泰　国	3656	4.64	-2.33	7.81	0.08	6.44
越　南	1381	8.44	5.32	6.78	5.89	5.02
埃　及	2567	4.47	4.67	5.15	1.78	2.22
尼日利亚	2687	5.39	6.96	7.98	7.36	6.33
南　非	3843	5.28	-1.53	3.09	3.46	2.55
加拿大	18191	3.11	-2.80	3.17	2.57	1.84
墨西哥	11771	3.18	-5.99	5.31	3.92	3.95
美　国	156848	3.07	-3.07	2.39	1.81	2.21
阿根廷	4750	9.18	0.85	9.16	8.87	1.90
巴　西	23960	3.16	-0.33	7.53	2.73	0.87
委内瑞拉	3824	10.32	-3.20	-1.49	4.18	5.54
捷　克	1961	6.75	-4.51	2.49	1.89	-1.25
法　国	26087	1.83	-3.15	1.66	1.69	0.03
德　国	34006	0.84	-5.07	4.02	3.10	0.87
意大利	20141	0.93	-5.49	1.72	0.37	-2.37
荷　兰	7731	2.05	-3.67	1.63	0.99	-0.88
波　兰	4877	3.62	1.63	3.88	4.32	2.05
俄罗斯联邦	20220	6.39	-7.80	4.50	4.30	3.40
西班牙	13521	3.59	-3.74	-0.32	0.42	-1.42
土耳其	7945	8.40	-4.83	9.16	8.50	2.62
乌克兰	1762	3.00	-14.80	4.10	5.17	0.15
英　国	24405	2.77	-3.97	1.80	0.92	0.17
澳大利亚	15418	3.11	1.42	2.62	2.44	3.58
新西兰	1697	3.12	-1.64	1.75	1.42	2.54

注：①按汇率法计算。②按购买力平价法加权。

20-4 中国主要指标居世界位次①

资料来源：联合国数据库，联合国粮农组织数据库。

指　　标	1978	1990	2000	2005	2010	2011	2012
国内生产总值	**10**	**11**	**6**	**5**	**2**	**2**	**2**
人均国民总收入②	**175(188)**	**178(200)**	**141(207)**	**128(208)**	**121(215)**	**114(214)**	**112(214)**
进出口贸易额	**29**	**15**	**8**	**3**	**2**	**2**	**2**
货物出口总额	31	14	7	3	1	1	1
货物进口总额	29	17	8	3	2	2	2
主要工业产品产量							
钢	5	4	1	1	1	1	1
煤	3	1	1	1	1	1	1
原　油	8	5	5	5	4	4	4
发电量	7	4	2	2	1	1	1
水　泥	4	1	1	1	1	1	1
化　肥	3	3	1	1	1	1	
棉　布	1	1	2	1	1	1	1
主要农业产品产量							
谷　物	2	1	1	1	1	1	
肉　类	3	1	1	1	1	1	
籽　棉	2	1	1	1	1	1	
大　豆	3	3	4	4	4	4	
花　生	2	2	1	1	1	1	
油菜籽	2	1	1	1	1	2	
甘　蔗	7	4	3	3	3	3	
茶　叶	2	2	2	1	1	1	
水　果③	9	4	1	1	1	1	

注：①本表资料来源于国际组织，仅供参考。②括号中所列数为参与排序的国家和地区数。③不包括瓜类。

20－5 货物进出口额

资料来源：世界贸易组织数据库。

单位：亿美元

国家和地区	2011		2012	
	出口	进口	出口	进口
世界	**182910**	**184870**	**183230**	**185670**
中国	18984	17435	20488	18181
中国香港	4556	5109	4934	5542
中国澳门	9	79	10	91
孟加拉国	244	362	251	341
文莱	124	29	135	35
柬埔寨	70	93	82	110
印度	3029	4645	2932	4894
印度尼西亚	2008	1762	1881	1902
伊朗	1305	618	955	565
以色列	678	758	632	755
日本	8232	8554	7986	8858
哈萨克斯坦	876	371	923	445
韩国	5552	5244	5479	5196
老挝	22	24	24	27
马来西亚	2281	1875	2274	1966
蒙古	48	66	44	67
缅甸	92	90	94	110
巴基斯坦	254	440	246	442
菲律宾	483	637	520	654
新加坡	4095	3658	4084	3797
斯里兰卡	102	203	95	191
泰国	2226	2288	2295	2476
越南	969	1068	1146	1138
埃及	305	589	294	698
尼日利亚	1145	560	1140	510
南非	980	1216	873	1228
加拿大	4521	4634	4548	4749
墨西哥	3496	3611	3709	3805
美国	14804	22659	15473	23354
阿根廷	840	739	812	685
巴西	2560	2370	2426	2333
委内瑞拉	928	482	973	600
捷克	1629	1521	1565	1406
法国	5965	7200	5691	6737
德国	14740	12549	14071	11674
意大利	5233	5588	5002	4859
荷兰	6671	5990	6558	5907
波兰	1887	2106	1834	1960
俄罗斯联邦	5220	3238	5293	3354
西班牙	3066	3766	2922	3322
土耳其	1349	2408	1525	2365
乌克兰	685	826	685	846
英国	5025	6737	4684	6804
澳大利亚	2704	2437	2568	2609
新西兰	377	371	373	383

附录一 统计法规

中华人民共和国统计法

（1983年12月8日第六届全国人民代表大会常务委员会第三次会议通过

根据1996年5月15日第八届全国人民代表大会常务委员会第十九次会议《关于修改〈中华人民共和国统计法〉的决定》修正

2009年6月27日第十一届全国人民代表大会常务委员会第九次会议修订）

第一章　总　则

第一条　为了科学、有效地组织统计工作，保障统计资料的真实性、准确性、完整性和及时性，发挥统计在了解国情国力、服务经济社会发展中的重要作用，促进社会主义现代化建设事业发展，制定本法。

第二条　本法适用于各级人民政府、县级以上人民政府统计机构和有关部门组织实施的统计活动。

统计的基本任务是对经济社会发展情况进行统计调查、统计分析，提供统计资料和统计咨询意见，实行统计监督。

第三条　国家建立集中统一的统计系统，实行统一领导、分级负责的统计管理体制。

第四条　国务院和地方各级人民政府、各有关部门应当加强对统计工作的组织领导，为统计工作提供必要的保障。

第五条　国家加强统计科学研究，健全科学的统计指标体系，不断改进统计调查方法，提高统计的科学性。

国家有计划地加强统计信息化建设，推进统计信息搜集、处理、传输、共享、存储技术和统计数据库体系的现代化。

第六条　统计机构和统计人员依照本法规定独立行使统计调查、统计报告、统计监督的职权，不受侵犯。

地方各级人民政府、政府统计机构和有关部门以及各单位的负责人，不得自行修改统计机构和统计人员依法搜集、整理的统计资料，不得以任何方式要求统计机构、统计人员及其他机构、人员伪造、篡改统计资料，不得对依法履行职责或者拒绝、抵制统计违法行为的统计人员打击报复。

第七条　国家机关、企业事业单位和其他组织以及个体工商户和个人等统计调查对象，必须依照本法和国家有关规定，真实、准确、完整、及时地提供统计调查所需的资料，不得提供不真实或者不完整的统计资料，不得迟报、拒报统计资料。

第八条　统计工作应当接受社会公众的监督。任何单位和个人有权检举统计中弄虚作假等违法行为。对检举有功的单位和个人应当给予表彰和奖励。

第九条　统计机构和统计人员对在统计工作中知悉的国家秘密、商业秘密和个人信息，应当予以保密。

第十条　任何单位和个人不得利用虚假统计资料骗取荣誉称号、物质利益或者职务晋升。

第二章　统计调查管理

第十一条　统计调查项目包括国家统计调查项目、部门统计调查项目和地方统计调查项目。

国家统计调查项目是指全国性基本情况的统计调查项目。部门统计调查项目是指国务院有关部门的专业性统计调查项目。地方统计调查项目是指县级以上地方人民政府及其部门的地方性统计调查项目。

国家统计调查项目、部门统计调查项目、地方统计调查项目应当明确分工，互相衔接，不得重复。

第十二条　国家统计调查项目由国家统计局制定，或者由国家统计局和国务院有关部门共同制定，报国务院备案；重大的国家统计调查项目报国务院审批。

部门统计调查项目由国务院有关部门制定。统计调查对象属于本部门管辖系统的，报国家统计局备案；统计调查对象超出本部门管辖系统的，报国家统计局审批。

地方统计调查项目由县级以上地方人民政府统计机构和有关部门分别制定或者共同制定。其中，由省级人民政府统计机构单独制定或者和有关部门共同制定的，报国家统计局审批；由省级以下人民政府统计机构单独制定或者和有关部门共同制定的，报省级人民政府统计机构审批；由县级以上地方人民政府有关部门制定的，报本级人民政府统计机构审批。

第十三条 统计调查项目的审批机关应当对调查项目的必要性、可行性、科学性进行审查，对符合法定条件的，作出予以批准的书面决定，并公布；对不符合法定条件的，作出不予批准的书面决定，并说明理由。

第十四条 制定统计调查项目，应当同时制定该项目的统计调查制度，并依照本法第十二条的规定一并报经审批或者备案。

统计调查制度应当对调查目的、调查内容、调查方法、调查对象、调查组织方式、调查表式、统计资料的报送和公布等作出规定。

统计调查应当按照统计调查制度组织实施。变更统计调查制度的内容，应当报经原审批机关批准或者原备案机关备案。

第十五条 统计调查表应当标明表号、制定机关、批准或者备案文号、有效期限等标志。

对未标明前款规定的标志或者超过有效期限的统计调查表，统计调查对象有权拒绝填报；县级以上人民政府统计机构应当依法责令停止有关统计调查活动。

第十六条 搜集、整理统计资料，应当以周期性普查为基础，以经常性抽样调查为主体，综合运用全面调查、重点调查等方法，并充分利用行政记录等资料。

重大国情国力普查由国务院统一领导，国务院和地方人民政府组织统计机构和有关部门共同实施。

第十七条 国家制定统一的统计标准，保障统计调查采用的指标涵义、计算方法、分类目录、调查表式和统计编码等的标准化。

国家统计标准由国家统计局制定，或者由国家统计局和国务院标准化主管部门共同制定。

国务院有关部门可以制定补充性的部门统计标准，报国家统计局审批。部门统计标准不得与国家统计标准相抵触。

第十八条 县级以上人民政府统计机构根据统计任务的需要，可以在统计调查对象中推广使用计算机网络报送统计资料。

第十九条 县级以上人民政府应当将统计工作所需经费列入财政预算。

重大国情国力普查所需经费，由国务院和地方人民政府共同负担，列入相应年度的财政预算，按时拨付，确保到位。

第三章 统计资料的管理和公布

第二十条 县级以上人民政府统计机构和有关部门以及乡、镇人民政府，应当按照国家有关规定建立统计资料的保存、管理制度，建立健全统计信息共享机制。

第二十一条 国家机关、企业事业单位和其他组织等统计调查对象，应当按照国家有关规定设置原始记录、统计台账，建立健全统计资料的审核、签署、交接、归档等管理制度。

统计资料的审核、签署人员应当对其审核、签署的统计资料的真实性、准确性和完整性负责。

第二十二条 县级以上人民政府有关部门应当及时向本级人民政府统计机构提供统计所需的行政记录资料和国民经济核算所需的财务资料、财政资料及其他资料，并按照统计调查制度的规定及时向本级人民政府统计机构报送其组织实施统计调查取得的有关资料。

县级以上人民政府统计机构应当及时向本级人民政府有关部门提供有关统计资料。

第二十三条 县级以上人民政府统计机构按照国家有关规定，定期公布统计资料。

国家统计数据以国家统计局公布的数据为准。

第二十四条 县级以上人民政府有关部门统计调查取得的统计资料，由本部门按照国家有关规定公布。

第二十五条 统计调查中获得的能够识别或者推断单个统计调查对象身份的资料，任何单位和个人不得对外提供、泄露，不得用于统计以外的目的。

第二十六条 县级以上人民政府统计机构和有关部门统计调查取得的统计资料，除依法应当保密的外，应当及时公开，供社会公众查询。

第四章 统计机构和统计人员

第二十七条 国务院设立国家统计局，依法组织领导和协调全国的统计工作。

国家统计局根据工作需要设立的派出调查机构，承担国家统计局布置的统计调查等任务。

县级以上地方人民政府设立独立的统计机构，乡、镇人民政府设置统计工作岗位，配备专职或者兼职统计人员，依法管理、开展统计工作，实施统计调查。

第二十八条 县级以上人民政府有关部门根据统计任务的需要设立统计机构，或者在有关机构中设置统计人员，并指定统计负责人，依法组织、管理本部门职责范围内的统计工作，实施统计调查，在统计业务上受本级人民政府统计机构的指导。

第二十九条 统计机构、统计人员应当依法履行职责，如实搜集、报送统计资料，不得伪造、篡改统计资料，不得以任何方式要求任何单位和个人提供不真实的统计资料，不得有其他违反本法规定的行为。

统计人员应当坚持实事求是，恪守职业道德，对其负责搜集、审核、录入的统计资料与统计调查对象报送的统计资料的一致性负责。

第三十条 统计人员进行统计调查时，有权就与统计有关的问题询问有关人员，要求其如实提供有关情况、资料并改正不真实、不准确的资料。

统计人员进行统计调查时，应当出示县级以上人民政府统计机构或者有关部门颁发的工作证件；未出示的，统计调查对象有权拒绝调查。

第三十一条 国家实行统计专业技术职务资格考试、评聘制度，提高统计人员的专业素质，保障统计队伍的稳定性。

统计人员应当具备与其从事的统计工作相适应的专业知识和业务能力。

县级以上人民政府统计机构和有关部门应当加强对统计人员的专业培训和职业道德教育。

第五章　监督检查

第三十二条 县级以上人民政府及其监察机关对下级人民政府、本级人民政府统计机构和有关部门执行本法的情况，实施监督。

第三十三条 国家统计局组织管理全国统计工作的监督检查，查处重大统计违法行为。

县级以上地方人民政府统计机构依法查处本行政区域内发生的统计违法行为。但是，国家统计局派出的调查机构组织实施的统计调查活动中发生的统计违法行为，由组织实施该项统计调查的调查机构负责查处。

法律、行政法规对有关部门查处统计违法行为另有规定的，从其规定。

第三十四条 县级以上人民政府有关部门应当积极协助本级人民政府统计机构查处统计违法行为，及时向本级人民政府统计机构移送有关统计违法案件材料。

第三十五条 县级以上人民政府统计机构在调查统计违法行为或者核查统计数据时，有权采取下列措施：

（一）发出统计检查查询书，向检查对象查询有关事项；

（二）要求检查对象提供有关原始记录和凭证、统计台账、统计调查表、会计资料及其他相关证明和资料；

（三）就与检查有关的事项询问有关人员；

（四）进入检查对象的业务场所和统计数据处理信息系统进行检查、核对；

（五）经本机构负责人批准，登记保存检查对象的有关原始记录和凭证、统计台账、统计调查表、会计资料及其他相关证明和资料；

（六）对与检查事项有关的情况和资料进行记录、录音、录像、照相和复制。

县级以上人民政府统计机构进行监督检查时，监督检查人员不得少于二人，并应当出示执法证件；未出示的，有关单位和个人有权拒绝检查。

第三十六条 县级以上人民政府统计机构履行监督检查职责时，有关单位和个人应当如实反映情况，提供相关证明和资料，不得拒绝、阻碍检查，不得转移、隐匿、篡改、毁弃原始记录和凭证、统计台账、统计调查表、会计资料及其他相关证明和资料。

第六章　法律责任

第三十七条 地方人民政府、政府统计机构或者有关部门、单位的负责人有下列行为之一的，由任免机关或者监察机关依法给予处分，并由县级以上人民政府统计机构予以通报：

（一）自行修改统计资料、编造虚假统计数据的；

（二）要求统计机构、统计人员或者其他机构、人员伪造、篡改统计资料的；

（三）对依法履行职责或者拒绝、抵制统计违法行为的统计人员打击报复的；

（四）对本地方、本部门、本单位发生的严重统计违法行为失察的。

第三十八条 县级以上人民政府统计机构或者有关部门在组织实施统计调查活动中有下列行为之一的，由本级人民政府、上级人民政府统计机构或者本级人民政府统计机构责令改正，予以通报；对直接负责的主管人员和其他直接责任人员，由任免机关或者监察机关依法给予处分：

（一）未经批准擅自组织实施统计调查的；

（二）未经批准擅自变更统计调查制度的内容的；

（三）伪造、篡改统计资料的；

（四）要求统计调查对象或者其他机构、人员提供不真实的统计资料的；

（五）未按照统计调查制度的规定报送有关资料的。

统计人员有前款第三项至第五项所列行为之一的，责令改正，依法给予处分。

第三十九条 县级以上人民政府统计机构或者有关部门有下列行为之一的，对直接负责的主管人员和其他直接责任人员由任免机关或者监察机关依法给予处分：

（一）违法公布统计资料的；

（二）泄露统计调查对象的商业秘密、个人信息或者提供、泄露在统计调查中获得的能够识别或者推断单个统计调查对象身份的资料的；

（三）违反国家有关规定，造成统计资料毁损、灭失的。

统计人员有前款所列行为之一的，依法给予处分。

第四十条 统计机构、统计人员泄露国家秘密的，依法追究法律责任。

第四十一条 作为统计调查对象的国家机关、企业事业单位或者其他组织有下列行为之一的，由县级以上人民政府统计机构责令改正，给予警告，可以予以通报；其直接负责的主管人员和其他直接责任人员属于国家工作人员的，由任免机关或者监察机关依法给予处分：

（一）拒绝提供统计资料或者经催报后仍未按时提供统计资料的；

（二）提供不真实或者不完整的统计资料的；

（三）拒绝答复或者不如实答复统计检查查询书的；

（四）拒绝、阻碍统计调查、统计检查的；

（五）转移、隐匿、篡改、毁弃或者拒绝提供原始记录和凭证、统计台账、统计调查表及其他相关证明和资料的。

企业事业单位或者其他组织有前款所列行为之一的，可以并处五万元以下的罚款；情节严重的，并处五万元以上二十万元以下的罚款。

个体工商户有本条第一款所列行为之一的，由县级以上人民政府统计机构责令改正，给予警告，可以并处一万元以下的罚款。

第四十二条 作为统计调查对象的国家机关、企业事业单位或者其他组织迟报统计资料，或者未按照国家有关规定设置原始记录、统计台账的，由县级以上人民政府统计机构责令改正，给予警告。

企业事业单位或者其他组织有前款所列行为之一的，可以并处一万元以下的罚款。

个体工商户迟报统计资料的，由县级以上人民政府统计机构责令改正，给予警告，可以并处一千元以下的罚款。

第四十三条 县级以上人民政府统计机构查处统计违法行为时，认为对有关国家工作人员依法应当给予处分的，应当提出给予处分的建议；该国家工作人员的任免机关或者监察机关应当依法及时作出决定，并将结果书面通知县级以上人民政府统计机构。

第四十四条 作为统计调查对象的个人在重大国情国力普查活动中拒绝、阻碍统计调查，或者提供不真实或者不完整的普查资料的，由县级以上人民政府统计机构责令改正，予以批评教育。

第四十五条 违反本法规定，利用虚假统计资料骗取荣誉称号、物质利益或者职务晋升的，除对其编造虚假统计资料或者要求他人编造虚假统计资料的行为依法追究法律责任外，由作出有关决定的单位或者其上级单位、监察机关取消其荣誉称号，追缴获得的物质利益，撤销晋升的职务。

第四十六条 当事人对县级以上人民政府统计机构作出的行政处罚决定不服的，可以依法申请行政复议或者提起行政诉讼。其中，对国家统计局在省、自治区、直辖市派出的调查机构作出的行政处罚决定不服的，向国家统计局申请行政复议；对国家统计局派出的其他调查机构作出的行政处罚决定不服的，向国家统计局在该派出机构所在的省、自治区、直辖市派出的调查机构申请行政复议。

第四十七条 违反本法规定，构成犯罪的，依法追究刑事责任。

第七章 附 则

第四十八条 本法所称县级以上人民政府统计机构，是指国家统计局及其派出的调查机构、县级以上地方人民政府统计机构。

第四十九条 民间统计调查活动的管理办法，由国务院制定。

中华人民共和国境外的组织、个人需要在中华人民共和国境内进行统计调查活动的，应当按照国务院的规定报请审批。

利用统计调查危害国家安全、损害社会公共利益或者进行欺诈活动的，依法追究法律责任。

第五十条 本法自2010年1月1日起施行。

中华人民共和国国务院令

第415号

现公布《全国经济普查条例》，自公布之日起施行。

总理 温家宝

二〇〇四年九月五日

全国经济普查条例

第一章 总 则

第一条 为了科学、有效地组织实施全国经济普查，保障经济普查数据的准确性和及时性，根据《中华人民共和国统计法》，制定本条例。

第二条 经济普查的目的，是为了全面掌握我国第二产业、第三产业的发展规模、结构和效益等情况，建立健全基本单位名录库及其数据库系统，为研究制定国民经济和社会发展规划，提高决策和管理水平奠定基础。

第三条 经济普查工作按照全国统一领导、部门分工协作、地方分级负责、各方共同参与的原则组织实施。

第四条 国家机关、社会团体、企业事业单位、其他组织和个体经营户应当依照《中华人民共和国统计法》和本条例的规定，积极参与并密切配合经济普查工作。

第五条 各级宣传部门应当充分利用报刊、广播、电视、互联网和户外广告等媒体，认真做好经济普查的社会宣传、动员工作。

第六条 经济普查所需经费，由中央和地方各级人民政府共同负担，并列入相应年度的财政预算，按时拨付，确保到位。

经济普查经费应当统一管理、专款专用，从严控制支出。

第七条 经济普查每5年进行一次，标准时点为普查年份的12月31日。

第二章　经济普查对象、范围和方法

第八条　经济普查对象是在中华人民共和国境内从事第二产业、第三产业活动的全部法人单位、产业活动单位和个体经营户。

第九条　经济普查对象有义务接受经济普查机构和经济普查人员依法进行的调查。

经济普查对象应当如实、按时填报经济普查表，不得虚报、瞒报、拒报和迟报经济普查数据。

经济普查对象应当按照经济普查机构和经济普查人员的要求，及时提供与经济普查有关的资料。

第十条　经济普查的行业范围包括：

（一）采矿业；

（二）制造业；

（三）电力、燃气及水的生产和供应业；

（四）建筑业；

（五）交通运输、仓储和邮政业；

（六）信息传输、计算机服务和软件业；

（七）批发和零售业；

（八）住宿和餐饮业；

（九）金融业；

（十）房地产业；

（十一）租赁和商务服务业；

（十二）科学研究、技术服务和地质勘查业；

（十三）水利、环境和公共设施管理业；

（十四）居民服务和其他服务业；

（十五）教育；

（十六）卫生、社会保障和社会福利业；

（十七）文化、体育和娱乐业；

（十八）公共管理和社会组织等。

第十一条　经济普查采用全面调查的方法，但对个体经营户的生产经营情况可以采用抽样调查的方法。

第三章　经济普查表式、主要内容和标准

第十二条　经济普查按照对象的不同类型，设置法人单位调查表、产业活动单位调查表和个体经营户调查表。

第十三条　经济普查的主要内容包括：单位基本属性、从业人员、财务状况、生产经营情况、生产能力、原材料和能源消耗、科技活动情况等。

第十四条　经济普查采用国家规定的统计分类标准和目录。

第四章　经济普查的组织实施

第十五条　国务院设立经济普查领导小组及其办公室。国务院经济普查领导小组负责经济普查的组织和实施。领导小组办公室设在国家统计局，具体负责经济普查的日常组织和协调。

国务院各有关部门应当各负其责、密切配合，认真做好相关工作。

第十六条　地方各级人民政府设立经济普查领导小组及其办公室，按照国务院经济普查领导小组及其办公室的统一规定和要求，具体组织实施当地的经济普查工作。

街道办事处和居（村）民委员会应当广泛动员和组织社会力量积极参与并认真做好经济普查工作。

第十七条　国务院和地方各级人民政府有关部门设立经济普查机构，负责完成国务院和本级地方人民政府经济普查领导小组办公室指定的经济普查任务。

第十八条　大型企业应当设立经济普查机构，负责本企业经济普查表的填报工作。其他各类法人单位应当指定相关人员负责本单位经济普查表的填报工作。

第十九条　地方各级经济普查机构应当根据工作需要，聘用或者从有关单位商调普查指导员和普查员。各有关单位应当积极推荐符合条件的人员担任普查指导员和普查员。

普查指导员和普查员应当身体健康、责任心强并具有相应的专业知识。

第二十条　聘用人员应当由当地经济普查机构支付劳动报酬。商调人员的工资由原单位支付，其福利待遇保持不变。

第二十一条　地方各级经济普查机构应当统一对普查指导员和普查员进行业务培训，并经考核合格后颁发普查指导员证或者普查员证。普查指导员和普查员在执行经济普查任务时，应当主动出示证件。

普查员负责组织指导经济普查对象填报经济普查表，普查指导员负责指导、检查普查员的工作。

第二十二条 普查指导员和普查员有权查阅法人单位、产业活动单位和个体经营户与经济普查有关的财务会计、统计和业务核算等相关原始资料及有关经营证件，有权要求经济普查对象改正其经济普查表中不确实的内容。

第二十三条 各级经济普查机构在经济普查准备阶段应当进行单位清查，准确界定经济普查表的种类。

各级编制、民政、税务、工商、质检以及其他具有单位设立审批、登记职能的部门，负责向同级经济普查机构提供其审批或者登记的单位资料，并共同做好单位清查工作。

县级经济普查机构以本地区现有基本单位名录库为基础，结合有关部门提供的单位资料，按照经济普查小区逐一核实清查，形成经济普查单位名录。

第二十四条 县级经济普查机构应当按照清查形成的单位名录，做好经济普查表的发放、收集、审核、录入和上报工作。

法人单位填报法人单位调查表，并负责组织其下属的产业活动单位填报产业活动单位调查表。

第二十五条 各级经济普查机构和经济普查人员依法独立行使调查、报告、监督的职权，任何单位和个人不得干涉。

各地方、各部门、各单位的领导人对经济普查机构和经济普查人员依法提供的经济普查资料不得自行修改，不得强令或者授意经济普查机构、经济普查人员篡改经济普查资料或者编造虚假数据。

第五章 数据处理和质量控制

第二十六条 经济普查的数据处理工作由县级以上各级经济普查机构组织实施。

国务院经济普查领导小组办公室负责提供各地方使用的数据处理标准和程序。

地方各级经济普查机构按照国务院经济普查领导小组办公室的统一要求和标准进行数据处理，并逐级上报经济普查数据。

第二十七条 经济普查数据处理结束后，各级经济普查机构应当做好数据备份和数据入库工作，建立健全基本单位名录库及其数据库系统，并强化日常管理和维护更新。

第二十八条 地方各级经济普查机构应当根据国务院经济普查领导小组办公室的统一规定，建立经济普查数据质量控制岗位责任制，并对经济普查实施中的每个环节实行质量控制和检查验收。

第二十九条 国务院经济普查领导小组办公室统一组织经济普查数据的质量抽查工作，抽查结果作为评估全国及各地区经济普查数据质量的主要依据。

各级经济普查机构应当对经济普查的汇总数据进行认真分析和综合评估。

第六章 数据公布、资料管理和开发应用

第三十条 各级经济普查机构应当按照国家规定发布经济普查公报。

地方各级经济普查机构发布经济普查公报应当经上一级经济普查机构核准。

第三十一条 各级经济普查机构应当认真做好经济普查资料的保存、管理和对社会公众提供服务等项工作，并对经济普查资料进行开发和应用。

第三十二条 各级经济普查机构及其工作人员应当遵守《中华人民共和国统计法》和《中华人民共和国统计法实施细则》的有关规定，对在经济普查中所知悉的国家秘密和经济普查对象的商业秘密，履行保密义务。

第三十三条 经济普查取得的单位和个人资料，严格限定用于经济普查的目的，不作为任何单位对经济普查对象实施处罚的依据。

第七章 表彰和处罚

第三十四条 对在经济普查工作中贡献突出的先进集体和先进个人，由各级经济普查机构给予表彰和奖励。

第三十五条 地方、部门、单位的领导人自行修改经济普查资料、编造虚假数据或者强令、授意经济普查机构、经济普查人员篡改经济普查资料或者编造虚假数据的，依法给予行政处分或者纪律处分，并由县级以上人民政府统计机构给予通报批评。

经济普查人员参与篡改经济普查资料、编造虚假数据的，由县级以上人民政府统计机构给予通报批评，依法给予行政处分，或者建议有关部门、单位依法给予行政处分或者纪律处分。

第三十六条 经济普查对象有下列违法行为之一的，

由县级以上人民政府统计机构责令改正，给予通报批评；情节较重的，可以建议有关部门、单位对负有直接责任的主管人员和其他直接责任人员依法给予行政处分或者纪律处分：

（一）拒绝或者妨碍接受经济普查机构、经济普查人员依法进行的调查的；

（二）提供虚假或者不完整的经济普查资料的；

（三）未按时提供与经济普查有关的资料，经催报后仍未提供的。

企业事业组织有前款所列违法行为之一的，由县级以上人民政府统计机构给予警告，并可以处5万元以下罚款；个体经营户有前款所列违法行为之一的，由县级以上人民政府统计机构给予警告，并可以处1万元以下罚款。

第三十七条 各级经济普查机构应当设立举报电话，接受社会各界对经济普查中单位和个人违法行为的检举和监督，并对举报有功人员给予奖励。

第八章 附 则

第三十八条 本条例自公布之日起施行。

中华人民共和国监察部
中华人民共和国人力资源和社会保障部 令
国家统计局

第18号

《统计违法违纪行为处分规定》已经监察部2009年2月9日第一次部长办公会议、人力资源社会保障部2008年12月30日第十六次部务会议、国家统计局2008年11月6日第十八次局务会议审议通过。现予公布，自2009年5月1日起施行。

监察部部长 马駇
人力资源和社会保障部部长 尹蔚民
国家统计局局长 马建堂

二〇〇九年三月二十五日

统计违法违纪行为处分规定

第一条 为了加强统计工作，提高统计数据的准确性和及时性，惩处和预防统计违法违纪行为，促进统计法律法规的贯彻实施，根据《中华人民共和国统计法》、《中华人民共和国行政监察法》、《中华人民共和国公务员法》、《行政机关公务员处分条例》及其他有关法律、行政法规，制定本规定。

第二条 有统计违法违纪行为的单位中负有责任的领导人员和直接责任人员，以及有统计违法违纪行为的个人，应当承担纪律责任。属于下列人员的（以下统称有关责任人员），由任免机关或者监察机关按照管理权限依法给予处分：

（一）行政机关公务员；

（二）法律、法规授权的具有公共事务管理职能的事业单位中经批准参照《中华人民共和国公务员法》管理的工作人员；

（三）行政机关依法委托的组织中除工勤人员以外的工作人员；

（四）企业、事业单位、社会团体中由行政机关任命的人员。

法律、行政法规、国务院决定和国务院监察机关、国务院人力资源社会保障部门制定的处分规章对统计违法违纪行为的处分另有规定的，从其规定。

第三条 地方、部门以及企业、事业单位、社会团体的领导人员有下列行为之一的，给予记过或者记大过处分；情节较重的，给予降级或者撤职处分；情节严重的，给予开除处分：

（一）自行修改统计资料、编造虚假数据的；

（二）强令、授意本地区、本部门、本单位统计机构、统计人员或者其他有关机构、人员拒报、虚报、瞒报或者篡改统计资料、编造虚假数据的；

（三）对拒绝、抵制篡改统计资料或者对拒绝、抵制编造虚假数据的人员进行打击报复的；

（四）对揭发、检举统计违法违纪行为的人员进行打击报复的。

有前款第（三）项、第（四）项规定行为的，应当从重处分。

第四条 地方、部门以及企业、事业单位、社会团体的领导人员，对本地区、本部门、本单位严重失实的统计数据，应当发现而未发现或者发现后不予纠正，造成不良后果的，给予警告或者记过处分；造成严重后果的，给予记大过或者降级处分；造成特别严重后果的，给予撤职或者开除处分。

第五条 各级人民政府统计机构、有关部门及其工作人员在实施统计调查活动中，有下列行为之一的，对有关责任人员，给予记过或者记大过处分；情节较重的，给予降级或者撤职处分；情节严重的，给予开除处分：

（一）强令、授意统计调查对象虚报、瞒报或者伪造、篡改统计资料的；

（二）参与篡改统计资料、编造虚假数据的。

第六条 各级人民政府统计机构、有关部门及其工作人员在实施统计调查活动中，有下列行为之一的，对有关责任人员，给予警告、记过或者记大过处分；情节较重的，给予降级处分；情节严重的，给予撤职处分：

（一）故意拖延或者拒报统计资料的；

（二）明知统计数据不实，不履行职责调查核实，造成不良后果的。

第七条 统计调查对象中的单位有下列行为之一，情节较重的，对有关责任人员，给予警告、记过或者记大过处分；情节严重的，给予降级或者撤职处分；情节特别严重的，给予开除处分：

（一）虚报、瞒报统计资料的；

（二）伪造、篡改统计资料的；

（三）拒报或者屡次迟报统计资料的；

（四）拒绝提供情况、提供虚假情况或者转移、隐匿、毁弃原始统计记录、统计台账、统计报表以及与统计有关的其他资料的。

第八条 违反国家规定的权限和程序公布统计资料，造成不良后果的，对有关责任人员，给予警告或者记过处分；情节较重的，给予记大过或者降级处分；情节严重的，给予撤职处分。

第九条 有下列行为之一，造成不良后果的，对有关责任人员，给予警告、记过或者记大过处分；情节较重的，给予降级或者撤职处分；情节严重的，给予开除处分：

（一）泄露属于国家秘密的统计资料的；

（二）未经本人同意，泄露统计调查对象个人、家庭资料的；

（三）泄露统计调查中知悉的统计调查对象商业秘密的。

第十条 包庇、纵容统计违法违纪行为的，对有关责任人员，给予记过或者记大过处分；情节较重的，给予降级或者撤职处分；情节严重的，给予开除处分。

第十一条 受到处分的人员对处分决定不服的，依照《中华人民共和国行政监察法》、《中华人民共和国公务员法》、《行政机关公务员处分条例》等有关规定，可以申请复核或者申诉。

第十二条 任免机关、监察机关和人民政府统计机构建立案件移送制度。

任免机关、监察机关查处统计违法违纪案件，认为应当由人民政府统计机构给予行政处罚的，应当将有关案件材料移送人民政府统计机构。人民政府统计机构应当依法及时查处，并将处理结果书面告知任免机关、监察机关。

人民政府统计机构查处统计行政违法案件，认为应当由任免机关或者监察机关给予处分的，应当及时将有关案件材料移送任免机关或者监察机关。任免机关或者监察机关应当依法及时查处，并将处理结果书面告知人民政府统计机构。

第十三条 有统计违法违纪行为，应当给予党纪处分的，移送党的纪律检查机关处理。涉嫌犯罪的，移送司法机关依法追究刑事责任。

第十四条 本规定由监察部、人力资源社会保障部、国家统计局负责解释。

第十五条 本规定自2009年5月1日起施行。

统计从业资格认定办法

中华人民共和国国家统计局令

第 10 号

《统计从业资格认定办法》已经 2007 年 4 月 28 日国家统计局第 6 次局务会议修改通过，现予公布，自 2007 年 6 月 1 日起实施。

局长　谢伏瞻

二〇〇七年四月三十日

统计从业资格认定办法

（2005 年 5 月 16 日国家统计局制定

2007 年 4 月 28 日国家统计局修订）

第一章　总　则

第一条　为规范统计从业资格认定工作，提高统计人员的素质，保障统计资料的准确性和及时性，根据《中华人民共和国统计法》、《中华人民共和国行政许可法》和《国务院对确需保留的行政审批项目设定行政许可的决定》，制定本办法。

第二条　在国家机关、社会团体、企业事业单位和其他组织等统计调查对象中承担经常性政府统计调查任务的人员，必须取得统计从业资格，持有统计从业资格证书。

已取得统计员以上统计专业技术职务资格的人员，可免于统计从业资格考试和申请，凭统计专业技术职务资格证书直接从事统计工作。

第三条　国家统计局领导和管理全国的统计从业资格认定工作。

第四条　省级人民政府统计机构是本行政区域内统计从业资格认定工作的实施机关。

第五条　县级人民政府统计机构是本行政区域内统计从业资格认定工作的承办机关。

必要时，省级人民政府统计机构可以决定由设区的市人民政府统计机构承办统计从业资格认定的有关工作。

新疆生产建设兵团统计局负责所属单位的统计从业资格认定工作。

第二章　申请与受理

第六条　具备下列条件的人员，可申请取得统计从业资格：

（一）熟悉统计法律、法规和规章；

（二）坚持原则，具备良好的道德品质；

（三）具备从事统计工作所需的专业知识和技能。

第七条　国家实行统计从业资格考试制度。

统计从业资格考试的时间为每年九月份的第三个星期日。

统计从业资格考试的科目为：统计基础知识与统计实务；统计法基础知识。

第八条　已具备教育行政部门认可的会计与统计核算、统计实务专业大专，统计学类、经济学类、工商管理类专业本科以上学历（或学位）的人员，可免于参加统计基础知识与统计实务科目的考试。

统计学类、经济学类、工商管理类专业以国务院教育主管部门公布的《高等学校本科专业目录（统计用）》为准。

第九条 国家统计局负责编制统计从业资格考试大纲、考试命题、制定考试管理办法和考务规则等工作。

省级人民政府统计机构负责统计从业资格考试考点的设定、试卷的印制、组织阅卷和成绩登记造册等工作。

统计从业资格认定工作承办机关负责统计从业资格考试的报名、考务组织和成绩通知等工作。

第十条 统计从业资格考试应当公开举行。县级以上人民政府统计机构应当事先公布考试的报名条件、报考办法、考试科目以及考试大纲。

第十一条 申请取得统计从业资格的人员，在向统计从业资格认定工作承办机关提出申请时，应当提交下列材料：

（一）《统计从业资格认定申请表》一式两份；

（二）本人有效身份证件及其两份复印件；

（三）统计从业资格考试合格成绩单原件及其两份复印件；

（四）本人近期正面免冠彩色照片一张。

符合本办法第八条规定的人员，在提出统计从业资格认定申请时，除提交前款所规定的材料外，还需同时提交本人学历证书原件及其两份复印件。

第十二条 具备条件的地方，可通过网络受理统计从业资格认定申请，所需材料由省级人民政府统计机构规定。

第十三条 统计从业资格认定工作的承办机关应当将有关统计从业资格认定的依据、条件、程序、期限以及需要提交的全部材料的目录和申请书示范文本等在办公场所公示。

第十四条 申请人申请统计从业资格，应当如实向受理申请的统计从业资格认定工作承办机关提交有关材料。受理机关不得要求申请人提交与其申请的统计从业资格认定事项无关的材料。

第十五条 统计从业资格认定工作的承办机关对申请人提出的申请，应当根据下列情况分别作出处理：

（一）申请人依法不需要取得统计从业资格的，应当即时告知申请人不受理；

（二）申请材料存在可以当场更正的错误的，应当允许申请人当场更正；

（三）申请材料不齐全或者不符合法定形式的，应当当场或者在五日内一次告知申请人需要补正的全部内容，逾期不告知的，自收到申请材料之日起即为受理；

（四）申请材料齐全、符合法定形式，或者申请人按照承办机关的要求提交全部补正申请材料的，应当受理统计从业资格认定申请。

统计从业资格认定工作的承办机关受理或者不予受理统计从业资格认定申请，应当向申请人出具加盖本行政机关专用印章并注明日期的书面凭证。

第三章　审查与决定

第十六条 统计从业资格认定工作的承办机关应当对已受理的申请材料进行审查，并将初步审查意见和全部申请材料自受理之日起二十日内报送省级人民政府统计机构。

省级人民政府统计机构应当自收到初步审查意见和全部申请材料之日起二十日内作出是否授予统计从业资格的决定。二十日内不能作出决定的，经本行政机关负责人批准，可以延长十日，并将延长期限的理由告知申请人。

第十七条 申请人的申请符合法定条件的，省级人民政府统计机构应当依法做出授予统计从业资格的书面决定，并颁发统计从业资格证书。统计从业资格证书应当加盖省级人民政府统计机构印章。

申请人的申请不符合法定条件，省级人民政府统计机构依法作出不授予统计从业资格的书面决定的，应当说明理由，并告知申请人享有依法申请行政复议或者提起行政诉讼的权利。

第四章　证书的使用与管理

第十八条 统计从业资格证书在全国范围内有效。

统计从业资格证书应当依法使用，不得涂改、转让、出租和出借。

第十九条 统计从业资格证书由国家统计局统一设计样式，统一制定编号规则。

省级人民政府统计机构负责统计从业资格证书的印制、编号、颁发和管理工作。

统计从业资格认定工作的承办机关负责本行政区域内统计从业资格证书的送达工作。

第二十条 统计从业资格证书遗失或损坏的，取得统计从业资格的人员可持有效证明，向原承办机关提出补发统计从业资格证书的申请。原承办机关进行审查后，报原发证机关依法予以补发。

第二十一条 对取得统计从业资格的人员，实行统计继续教育。

第二十二条 有下列情形之一的，国家统计局和省级人民政府统计机构可以依法撤销已经授予的统计从业资格：

（一）滥用职权、玩忽职守作出授予统计从业资格决定的；

（二）超越法定职权作出授予统计从业资格决定的；

（三）违反法定程序作出授予统计从业资格决定的；

（四）对不具备申请资格或者不符合法定条件的申请人授予统计从业资格的；

（五）以欺骗、贿赂等不正当手段取得统计从业资格的；

（六）依法可以撤销统计从业资格的其他情形。

因前款所列情形被依法撤销统计从业资格的人员，其已取得的统计从业资格证书应当依法予以收回。

第二十三条 申请人因第二十二条第一款第（五）项原因被撤销统计从业资格的，自撤销之日起两年内，省级人民政府统计机构不得授予统计从业资格。

第二十四条 上级人民政府统计机构应当加强对下级人民政府统计机构实施统计从业资格认定工作的监督检查，及时纠正和处理统计从业资格认定工作中的各种违法行为。

第五章 法律责任

第二十五条 任何单位违反本办法第二条的规定，聘请、任用未取得统计从业资格证书的人员从事统计工作的，由县级以上人民政府统计机构责令限期改正，予以警告或者通报批评。拒不改正的，处一千元以下的罚款。

第二十六条 县级以上地方各级人民政府统计机构违反本办法的规定，有下列情形之一的，由其上级人民政府统计机构责令改正；情节较重的，对直接负责的主管人员和其他直接责任人员依法给予行政处分：

（一）对符合法定条件的统计从业资格申请不予受理的；

（二）对不符合法定条件的申请人授予统计从业资格或者超越法定职权作出授予统计从业资格决定的；

（三）对符合法定条件的申请人不授予统计从业资格或者不在法定期限内作出授予统计从业资格决定的；

（四）法律、法规、规章规定的其他违法行为。

第二十七条 申请人隐瞒有关情况或者提供虚假材料申请统计从业资格的，县级以上地方各级人民政府统计机构不予受理或者不授予统计从业资格，并给予批评教育。

第二十八条 已取得统计从业资格的人员有下列行为之一的，由县级以上人民政府统计机构责令改正，予以警告或者通报批评：

（一）涂改、转让、出租、出借统计从业资格证书的；

（二）向负责监督检查的县级以上人民政府统计机构隐瞒有关情况、提供虚假材料或者拒绝提供情况的；

（三）以欺骗、贿赂等不正当手段取得统计从业资格证书的；

（四）法律、法规、规章规定的其他违法行为。

第六章 附 则

第二十九条 在本办法实施前已依法取得《统计证》、《统计上岗证》或《统计上岗资格证书》的人员，应当自本办法实施之日起一年内，到所在地统计从业资格认定工作承办机关换领统计从业资格证书。

第三十条 本办法规定的实施行政许可的期限以工作日计算，不含法定节假日。

第三十一条 本办法自2005年7月1日起施行。国家统计局1998年发布的《统计人员持证上岗暂行规定》同时废止。

附录二

主要指标解释

主要指标解释

行政区划、人口和自然资源

行政区划 指国家对行政区域的划分。根据宪法规定，我国的行政区域划分如下：⑴全国分为省、自治区、直辖市；⑵省、自治区分为自治州、县、自治县、市；⑶自治州分为县、自治县、市；⑷县、自治县分为乡、民族乡、镇；⑸直辖市和较大的市分为区、县；⑹国家在必要时设立的特别行政区。

人口数 指一定时点、一定地区范围内有生命的个人总和。

年末户籍总人口 指每年12月31日24时的户籍人口数。户籍人口指依照《中华人民共和国户口登记条例》，已在其经常居住地的公安户籍管理机关登记了常住户口的人。

出生率(又称粗出生率) 指在一定时期内(通常为一年)平均每千人所出生的人数的比率，一般用千分率表示。计算公式为：

出生率＝年出生人数/年平均人数×1000‰

式中：出生人数指活产婴儿，即胎儿脱离母体时(不管怀孕月数)，有过呼吸或其他生命现象。年平均人数指年初、年底人口数的平均数，也可用年中人口数代替。

死亡率(又称粗死亡率) 指在一定时期内(通常为一年)一定地区的死亡人数与同期平均人数(或期中人数)之比，一般用千分率表示。计算公式为：死亡率＝年死亡人数/年平均人数×1000‰

人口自然增长率 指在一定时期内(通常为一年)人口自然增加数(出生人数减死亡人数)与该时期内平均人数(或期中人数)之比，一般用千分率表示。计算公式为：

人口自然增长率＝（本年出生人数－本年死亡人数）/年平均人数×1000‰＝人口出生率－人口死亡率

自然资源 指人类可以直接从自然界获得，并用于生产和生活的物质资源。自然资源一般可以分成可再生资源和非再生资源两大类。可再生资源指在较短时间内可以再生、可以循环利用的资源，包括土地资源、水资源、气候资源、生物资源和海洋资源等。非再生资源指在使用后不能再生的资源，包括矿产资源和地热能源。

土地资源 土地指陆地的表层部分，它主要由岩石、岩石的风化物和土壤构成。土地资源按利用类型可以分为农用地、建筑用地和未利用地。农用地包括耕地、园地、林地、牧草地和水面。建筑用地包括居民点及工矿用地、交通用地和水利设施用地。未利用地指农用地和建筑用地以外的土地，包括滩涂、荒漠、戈壁、冰川和石山等。

耕地面积 指种植农作物的土地，包括熟地，新开发、复垦、整理地，休闲地（含轮歇地、轮作地）；以种植农作物（含蔬菜）为主，间有零星果树、桑树或其他树木的土地；平均每年能保证收获一季的已垦滩地和海涂。耕地中包括南方宽度<1.0米、北方宽度<2.0米固定的沟、渠、路和地坎；临时种植药材、草皮、花卉、苗木等的耕地，以及其他临时改变用途的耕地。

森林资源 指森林、林木、林地以及依托森林、林木、林地生存的野生动物、植物和微生物。林木指树木和竹子。森林指以乔木为主体的植物群落，是集生的乔木及与共同作用的植物、动物、微生物和土壤、气候等的总体。

森林面积 指由乔木树种构成，郁闭度0.2以上(含0.2)的林地或冠幅宽度10米以上的林带的面积，即有林地面积。森林面积包括天然起源和人工起源的针叶林面积、阔叶林面积、针阔混交林面积和竹林面积，不包括灌木林地面积和疏林地面积。

森林覆盖率 指一个国家或地区森林面积占土地总面积的百分比。森林覆盖率是反映森林资源的丰富程度和生态平衡状况的重要指标。在计算森林覆盖率时，森林面积包括郁闭度0.2以上的乔木林地面积和竹林地面积，国家特别规定的灌木林地面积、农田林网以及四旁(村旁、路旁、水旁、宅旁)林木的覆盖面积。

水资源 水在自然界中以固体、液体和气态三种聚集状态存在，分布于海洋、陆地(包括土壤)以及大气之中，通过水循环形成水资源。水资源包括经人类控制并直接可供灌溉、发电、给水、航运、养殖等用途的地表水和地下水，以及江河、湖泊、井、泉、潮汐、港湾和养殖水域等。水资源是发展国民经济不可缺少的重要自然资源。

地表水和地下水 陆地上的水因空间分布不同，分为地表水和地下水。地表水指分别存在于河流、湖泊、沼泽、冰川和冰盖等水体中水分的总称，又称陆地水。地下水指储存在地面以下饱和岩土孔隙、裂隙及溶洞中的水。

水资源总量 指评价区内降水形成的地表和地下产水总量，即地表产流量与降水入渗补给地下水量之和，不包括过境水量。

径　流 指陆地上接受降水后扣除损耗外，从地表和地下向流域出口断面汇集的水流。径流可分为地表径流、地下径流和壤中流。地表径流指沿地表向河流、湖泊、沼泽、海洋等汇集的水流；地下径流指沿潜水层或隔水层间的含水层，向河流、湖泊、沼泽、海洋等汇集的地下水水流。

径流量 指在一定时段内通过河流某一过水断面的水量，用以反映一个国家或地区水资源的丰歉程度。计算公式为：

径流量=降水量-蒸发量

矿产资源 矿产指由地质作用形成，富集于地壳中或出露于地表达到工农业利用要求的有用矿物。矿产是一种重要的自然资源，是社会发展的重要物质基础。

矿产基础储量 基础储量是查明矿产资源的一部分。它能满足现行采矿和生产所需的指标要求，是控制的、探明的并通过可行性或预可行性研究认为属于经济的、边界经济的部分，用未扣除设计、采矿损失的数量表示。

气　温 指空气的温度，我国一般以摄氏度(℃)为单位表示。气象观测的温度表是放在离地面约 1.5 米处通风良好的百叶箱里测量的，因此，通常说的气温指的是离地面 1.5 米处百叶箱中的温度。其统计计算方法为：

月平均气温是将全月各日的平均气温相加，除以该月的天数而得。

年平均气温是将 12 个月的月平均气温累加后除以 12 而得。

降水量 指从天空降落到地面的液态或固态(经融化后)水，未经蒸发、渗透、流失而在地面上积聚的深度。其统计计算方法为：

月降水量是将全月各日的降水量累加而得。

年降水量是将 12 个月的月降水量累加而得。

日照时间 指太阳实际照射地面的时间。其统计方法与降水量相同。

国民经济核算

国内生产总值（GDP） 指一个国家（或地区）所有常住单位在一定时期内生产活动的最终成果。国内生产总值有三种表现形态，即价值形态、收入形态和产品形态。从价值形态看，它是所有常住单位在一定时期内生产的全部货物和服务价值超过同期中间投入的全部非固定资产货物和服务价值的差额，即所有常住单位的增加值之和；从收入形态看，它是所有常住单位在一定时期内创造并分配给常住单位和非常住单位的初次收入分配之和；从产品形态看，它是所有常住单位在一定时期内最终使用的货物和服务价值与货物和服务净出口价值之和。在实际核算中，国内生产总值有三种计算方法，即生产法、收入法和支出法。三种方法分别从不同的方面反映国内生产总值及其构成。

①生产法 是从生产过程中生产的货物和服务总产品价值入手，剔除生产过程中投入的中间产品的价值，得到增加价值的一种方法，公式为：

增加值＝总产出－中间投入

总产出 是一定时期内一个国家（或地区）常住单位生产的所有货物和服务的价值。既包括新增价值，也包括转移价值。

中间投入 是常住单位在生产或提供货物与服务过程中，消耗和使用的所有非固定资产货物和服务的价值。中间投入也称为中间消耗。

增加值 是指常住单位生产过程创造的新增价值和固定资产的转移价值。按生产法计算它等于总产出减去中间投入。

②收入法 收入法也称分配法，按收入法计算国内生产总值是从生产过程创造收入的角度，对常住单位的生产活动成果进行核算。按照这种计算方法，增加值由劳动者报酬、生产税净额、固定资产折旧和营业盈余四个部分组成。

用公式表示为：

增加值＝劳动者报酬+生产税净额+固定资产折旧+营

业盈余

国民经济各部门的增加值之和等于国内生产总值。

劳动者报酬 指劳动者因从事生产活动所获得的全部报酬。它包括劳动者获得的各种形式工资、奖金和津贴，既包括货币形式的，也包括实物形式的，它还包括劳动者所享受的公费医疗和医疗卫生费、上下班交通补贴和单位直接支付的社会保险费等。

生产税净额 生产税减生产补贴后的差额。

生产税指政府对生产单位生产、销售和从事经营活动以及因从事生产活动使用某些生产要素，如固定资产、土地、劳动力所征收的各种税、附加费和规费。具体包括销售税金及附加、增值税、管理费中开支的各种税、应交纳的养路费、排污费和水电费附加、烟酒专卖上缴政府的专项收入等。

生产补贴与生产税相反，是政府对生产单位的单方面收入转移，因此视为负生产税处理，包括政策亏损补贴、粮食系统价格补贴、外贸企业出口退税收入等。

固定资产折旧 指一定时期内为弥补固定资产损耗按照核定的固定资产折旧率提取的固定资产折旧，或按国民经济核算统一规定的折旧率虚拟计算的固定资产折旧。它反映了固定资产在当期生产中的转移价值。各种类型企业和企业化管理的事业单位的固定资产折旧指实际计提并计入成本费用中的折旧费；不计提折旧的单位，如政府机关、非企业化管理的事业单位和居民住房的固定资产折旧则是按照统一规定的折旧率和固定资产原值计算的虚拟折旧。

营业盈余 是指常住单位创造的增加值扣除劳动者报酬、生产税净额和固定资产折旧后的余额。它相当于企业的营业利润加上生产补贴，但要扣除从利润中开支的工资和福利等。

③支出法 支出法是从最终使用角度来反映国内生产总值最终去向的一种方法。最终使用包括货物和服务的最终消费支出、资本形成总额、货物和服务净出口三部分。

最终消费 指常住单位在一定时期内对于货物和服务的全部最终消费支出，也就是常住单位为满足物质、文化和精神生活的需要，从本国经济领土和国外购买的货物和服务的支出；不包括非常住单位在本国经济领土内的消费支出。最终消费分为居民消费和政府消费。

居民消费 指常住住户对货物和服务的全部最终消费支出。居民消费按市场价格计算，即按居民支付的购买者价格计算。购买者价格是购买者取得货物所支付的价值，包括购买者支付的运输和商业费用。

居民消费除了直接以货币形式购买货物和服务的消费之外，还包括以其他方式获得的货物和服务的消费支出，即所谓的虚拟消费支出。居民虚拟消费支出包括以下几种类型：单位以实物报酬及实物转移的形式提供给劳动者的货物和服务；住户生产并由本住户消费的货物和服务，其中的服务仅指住户的自有住房服务；金融机构提供的金融媒介服务；保险公司提供的保险服务。

政府消费 指政府部门为全社会提供公共服务的消费支出和免费或以较低价格向住户提供的货物和服务的净支出。前者等于政府服务的产出价值减去政府单位所获得的经营收入的价值，政府服务的产出价值等于它的经常性业务支出加上固定资产折旧；后者等于政府部门免费或以较低价格向住户提供的货物和服务的市场价值减去向住户收取的价值。

资本形成总额 指常住单位在一定时期内获得减去处置的固定资产和存货的净额，包括固定资本形成总额和存货增加两部分。

固定资本形成总额 指常住单位购置、转入和自产自用的固定资产价值，扣除销售和转出的价值，包括有形固定资产形成总额和无形固定资产形成总额。有形固定资产形成总额包括一定时期内完成的建筑工程、安装工程和设备工器具购置（减处置）价值，商品房销售增值，土地改良形成的固定资产，新增役、种、奶、毛、娱乐用牲畜和新增经济林木价值。无形固定资产形成总额包括矿藏勘探、计算机软件、娱乐和文学艺术品原件等获得减处置的价值。

存货增加 指常住单位存货实物量变动的市场价值，即期末价值减期初价值的差额。存货增加可以是正值，也可以是负值；正值表示存货上升，负值表示存货下降。它包括生产单位购进的原材料、燃料和储备物资等存货，以及生产单位生产的产成品、在制品等存货等。

货物和服务净出口 指货物和服务出口减货物和服务进口的差额。出口包括常住单位向非常住单位出售或无偿转让的各种货物和服务的价值；进口包括常住单位从非常住单位购买或无偿得到的各种货物和服务的价值。由于服务活动的提供与使用同时发生，因此服务的进出口业务并不发生出入境现象，一般把常住单位从国外得到的服务作为进口，非常住单位从本国得到的服务作为出口。货物的出口和进口都按离岸价格计算。

三次产业 是根据社会生产活动历史发展的顺序对产业结构的划分，产品直接取自自然界的部门称为第一产业，对初级产品进行再加工的部门称为第二产业，为生产和消费提供各种服务的部门称为第三产业。它是世界上较为通用的产业结构分类，但各国的划分不尽一致。

按照国民经济行业分类标准（GB/T 4754-2002）和我国的实际情况，我国的三次产业划分是：

第一产业 农林牧渔业（包括农业、林业、畜牧业、渔业、农林牧渔服务业）。

第二产业 工业（包括采掘业，制造业，电力、煤气及水的生产和供应业）和建筑业。

第三产业 除第一、第二产业以外的其他各业。由于第三产业包括的行业多、范围广，根据我国的实际情况，第三产业分为十五个门类。具体为：

交通运输、仓储和邮政业，信息传输、计算机服务和软件业，批发和零售业，住宿和餐饮业，金融业，房地产业，租赁和商务服务业，科学研究、技术服务和地质勘查业，水利、环境和公共设施管理业，居民服务和其他服务业，教育，卫生、社会保障和社会福利业，文化、体育和娱乐业，公共管理和社会组织，国际组织。

当年价格 指报告期的实际价格，如工业品的出厂价格，农产品的收购价格，商业的零售价格等。按当年价格计算，是指一些以货币表现的物量指标，如工农业总产值、国内生产总值等，按照当年的实际价格来计算总量。使用当年价格计算的数字，是为了使国民经济各项指标互相衔接，便于考察当年社会经济效益，便于对生产流通、生产和分配、生产和消费进行经济核算和综合平衡。

按当年价格计算的价值指标，在不同年份之间进行对比时，因为包含有各年间价格变动的因素，不能确切地反映实物量的增减变动。必须消除价格变动因素后，才能真实反映经济发展动态。因此，在计算增长速度时都使用按可比价格计算的数字。

可比价格 指计算各种总量指标所采用的扣除了价格变动因素的价格，可进行不同时期总量指标的对比。按可比价格计算总量指标有两种方法：一种是直接用产品产量乘某一年的不变价格计算；另一种是用价格指数进行换算。

不变价格 指以同类产品某一时期的平均价格作为固定价格，用于计算各时期的产品价值。按不变价格计算的产品价值消除了价格变动因素，不同时期对比可以反映生产的发展速度。新中国成立后，随着工农业产品价格水平的变化，国家统计局先后七次制定了全国统一的工业产品不变价格和农业产品不变价格。从1949年到1957年使用1952年工（农）业产品不变价格，从1957年到1971年使用1957年不变价格，从1971年到1981年使用1970年不变价格，从1981年到1990年使用1980年不变价格，从1991年到2000年使用1990年不变价格，从2001年到2005年使用2000年不变价格，从2006年开始使用2005年不变价格，从2011年开始使用2010年不变价格。

农林牧渔业

农林牧渔业总产值 指以货币表现的农林牧渔业的全部产品总量和对农林牧渔业生产活动进行的各种支持性服务活动的价值，它反映一定时期内农林牧渔业生产总规模和总成果。1957 年以前的农林牧渔业总产值中包括了厩肥和农民自给性手工业(如农民自制衣服、鞋、袜，自己从事粮食初步加工等)。1958年及以后，林业中增加了村及村以下竹木采伐产值；牧业中取消了厩肥产值；副业中取消了农民自给性手工业产值，增加了村及村以下办的工业产值；渔业中增加了海洋捕捞水产品产值。1980 年及以后，在副业中增加了农民家庭兼营工业商品部分的产值。从1984年起村及村以下工业产值划归工业。从1993年起取消副业，将野生动物的捕猎划入牧业，野生植物采集和农民家庭兼营商品性工业划归农业。从2003年起，执行新的国民经济行业分类标准，农林牧渔业总产值中包括了农林牧渔服务业产值。林业中增加了森林采运业产值。农业中取消了家庭兼营商品性工业产值，将野生林产品的采集划归林业。

农林牧渔业总产值的计算方法通常是按农、林、牧、渔业产品及其副产品的产量分别乘以各自单位产品价格求得；少数生产周期较长，当年没有产品或产品产量不易统计的，则采用间接方法匡算其产值；然后将四业产品产值相加，再加上农、林牧、渔服务业产值，即为农林牧渔业总产值。

粮食产量 指全社会的产量。包括国有经济经营的、集体统一经营的和农民家庭经营的粮食产量，还包括工矿企业办的农场和其他生产单位的产量。粮食除包括稻谷、小麦、玉米、高粱、谷子及其他杂粮外，还包括薯类和豆类。其产量计算方法，豆类按去豆荚后的干豆计算；薯类(包括甘薯，不包括芋头和木薯)1963 年以前按每 4 公斤鲜薯折 1 公斤粮食计算，从 1964 年开始改为按 5 公斤鲜薯折 1 公斤粮食计算。作为蔬菜的薯类(如马铃薯等)按鲜品计算，并且不作粮食统计。其他粮食一律按脱粒后的原粮计算。1989 年以前全国粮食产量数据主要靠全面报表取得，1989 年开始使用抽样调查数据。

棉花产量 指全社会的产量。包括春播棉和夏播棉。产量按皮棉计算。不包括木棉。

油料产量 指全部油料作物的生产量。包括花生、油菜籽、芝麻、向日葵籽、胡麻籽（亚麻籽）和其他油料。不包括大豆、木本油料和野生油料。花生以带壳干花生计算。

水产品产量 指人工养殖的水产品和天然生长的水产品的捕捞量。包括海水的鱼类、虾蟹类、贝类和藻类以及内陆水域的鱼类、虾蟹类和贝类，不包括淡水生植物。水产品产量是通过各级水产和统计部门逐级上报取得数据。1995 年及以前，贝类中牡蛎按鲜肉计算；蚶、蛤、蛙按 5 斤鲜品折 1 斤计算。1996 年以后则统一按鲜品计算。

猪、牛、羊肉产量 指当年出栏并已屠宰、除去头蹄下水后带骨肉(即胴体重)的重量。包括全社会范围内的产量。由于畜牧业产品年报数据与普查数据之间存在一定的差距，

根据国家统计局有关文件精神，从 2000 年起，对畜牧业年报数据与普查数据进行衔接。

期初(末)畜禽存栏头(只)数 指报告期初(末)农村各种合作经济组织和国营农场、农民个人、机关、团体、学校、工矿企业、部队等单位以及城镇居民饲养的大牲畜、猪、羊、家禽等畜禽的存栏数。数据上报方式及数据调整情况同猪、牛、羊肉产量。

农作物播种面积 指实际播种或移植有农作物的面积。凡是实际种植有农作物的面积，不论种植在耕地上还是种植在非耕地上，均包括在农作物播种面积中。在播种季节基本结束后，因遭灾而重新改种和补种的农作物面积，也包括在内。它是反映我国耕地面积利用情况的一个重要指标。目前，农作物播种面积主要包括粮食、棉花、油料、糖料、麻类、烟叶、蔬菜和瓜类、药材和其他农作物九大类。

有效灌溉面积 指具有一定的水源，地块比较平整，灌溉工程或设备已经配套，在一般年景下，当年能够进行正常灌溉的耕地面积。在一般情况下，有效灌溉面积应等于灌溉工程或设备已经配备，能够进行正常灌溉的水田和水浇地面积之和。它是反映我国耕地抗旱能力的一个重要指标。

农用化肥施用量 指本年内实际用于农业生产的化肥数量，包括氮肥、磷肥、钾肥和复合肥。化肥施用量要求按折纯量计算数量。折纯量是指把氮肥、磷肥、钾肥分别按含氮、含五氧化二磷、含氧化钾的百分之百成份进行折算后的数量。复合肥按其所含主要成分折算。公式为：

折纯量=实物量×某种化肥有效成份含量的百分比

农业机械总动力 指主要用于农、林、牧、渔业的各种动力机械的动力总和。包括耕作机械、排灌机械、收获机械、农用运输机械、植物保护机械、牧业机械、林业机械、渔业机械和其他农业机械〔内燃机按引擎马力折成瓦(特)计算、电动机按功率折成瓦(特)计算〕。不包括专门用于乡、镇、村、组办工业、基本建设、非农业运输、科学试验和教学等非农业生产方面用的动力机械与作业机械。这个指标的统计数据主要来源于农机部门。

乡村从业人员 指乡村人口中劳动年龄在 16 周岁以上实际参加生产经营活动并取得实物或货币收入的人员，包括劳动年龄内经常参加劳动的人员，也包括超过劳动年龄但经常参加劳动的人员，但不包括户口在家的在外学生、现役军人和丧失劳动能力的人，也不包括待业人员和家务劳动者。从业人员按从事主业时间最长（时间相同按收入）分为农林牧渔业从业人员、工业从业人员、建筑业从业人员、交通运输业、仓储及邮电通信业从业人员、批零贸易业、餐饮业从业人员、其他非农行业从业人员。

工业和能源

工　业 指从事自然资源的开采，对采掘品和农产品进行加工和再加工的物质生产部门。具体包括：(1)对自然资源的开采，如采矿、晒盐等(但不包括禽兽捕猎和水产捕捞)；(2)对农副产品的加工、再加工，如粮油加工、食品加工、缫丝、纺织、制革等；(3)对采掘品的加工、再加工，如炼铁、炼钢、化工生产、石油加工、机器制造、

木材加工等，以及电力、自来水、煤气的生产和供应等；(4)对工业品的修理、翻新，如机器设备的修理、交通运输工具(如汽车)的修理等。

工业统计调查单位为独立核算法人工业企业。

独立核算法人工业企业指从事工业生产经营活动的单位。独立核算法人工业企业应同时具备以下条件：①依法成立，有自己的名称、组织机构和场所，能够承担民事责任；②独立拥有和使用资产，承担负债，有权与其他单位签订合同；③独立核算盈亏，并能够编制资产负债表。

轻工业 指主要提供生活消费品和制作手工工具的工业。按其所使用的原料不同，可分为两大类：(1)以农产品为原料的轻工业，是指直接或间接以农产品为基本原料的轻工业。主要包括食品制造、饮料制造、烟草加工、纺织、缝纫、皮革和毛皮制作、造纸以及印刷等工业；(2)以非农产品为原料的轻工业，是指以工业品为原料的轻工业。主要包括文教体育用品、化学药品制造、合成纤维制造、日用化学制品、日用玻璃制品、日用金属制品、手工工具制造、医疗器械制造、文化和办公用机械制造等工业。

重工业 指为国民经济各部门提供物质技术基础的主要生产资料的工业。按其生产性质和产品用途，可以分为下列三类：(1)采掘(伐)工业，是指对自然资源的开采，包括石油开采、煤炭开采、金属矿开采、非金属矿开采等工业；(2)原材料工业，指向国民经济各部门提供基本材料、动力和燃料的工业。包括金属冶炼及加工、炼焦及焦炭、化学、化工原料、水泥、人造板以及电力、石油和煤炭加工等工业；(3)加工工业，是指对工业原材料进行再加工制造的工业。包括装备国民经济各部门的机械设备制造工业、金属结构、水泥制品等工业，以及为农业提供的生产资料如化肥、农药等工业。

根据上述划分原则，修理业中以重工业产品为修理作业对象的划为重工业，反之划为轻工业。

工业总产值（当年价格） 指工业企业在报告期内生产的以货币形式表现的工业最终产品和提供工业劳务活动的总价值量。

（1）工业总产值计算应遵循的原则

①工业生产的原则。即凡是企业在报告期内生产的最终产品和提供的劳务，均应包括在内。其中的最终产品，不管是否在报告期内销售，只要是报告期内生产的，就应包括在内。凡不是工业生产的产品，均不得计入工业总产值。

②最终产品的原则。即企业生产的成品价值必须是本企业生产的，经检验合格不需再进行任何加工的最终产品。企业对外销售的半成品也应视为最终产品计入工业总产值。而在本企业内各车间转移的半成品和在制品只能计算其期末期初差额价值。

③“工厂法”原则。即以法人工业企业作为一个整体计算工业总产值，是其报告期内生产的最终产品和提供劳务的总价值量。

（2）工业总产值的内容

包括三部分：生产的成品价值、对外加工费收入、自制半成品在制品期末期初差额价值。

①成品价值：指企业在报告期内生产，并在报告期内不再进行加工，经检验合格、包装入库的已经销售和准备销售的全部工业成品（包括半成品）价值合计。成品价值中包括企业生产的自制设备及提供给本企业在建工程、其他非工业部门和生活福利部门等单位使用的成品价值，但不包括用订货者来料加工的成品（半成品）价值。

工业总产值是按现行价格计算的。成品价值按成品实物量乘以报告期不含应交增值税（销项税额）的产品实际销售平均单价计算。会计核算中按成本价格转账的自制设备和自产自用的成品，按成本价格计算生产成品价值。

②对外加工费收入：指企业在报告期内完成的对外承做的工业品加工（包括用订货者来料加工生产）的加工费收入和对外工业品修理作业所收取的加工费收入和对内非工业部门提供的加工修理、设备安装等收入。对外加工费收入按不含应交增值税（销项税额）的价格计算。

对于以对外加工生产为主，对外加工费收入所占比重较大的企业，如果对外加工费收入出现跨报告期支付的情况，为保证总产值生产口径计算的准确性，则应将对外加工费收入按实际情况调整，记录本报告期应实际收取的对外加工费收入。

③自制半成品在制品期末期初差额价值。为了使工业总产值与工业中间投入中的物耗价值一致，以便同口径地计算工业增加值，规定本指标的计算原则是：凡是企业会计产品成本核算中计算半成品、在制品成本，则工业总产值中必须包括自制半成品在制品期末期初差额价值。反之则不包括。

自制半成品在制品期末期初差额价值等于自制半成

品在制品期末价值减去期初价值后的余额，如果期末价值小于期初价值，该指标为负值，企业在计算产值时，应按负值计算，不能作为零处理。

（3）工业总产值计算的几种具体规定

①凡自备原材料（包括自备零部件）生产，不论其加工繁简程度如何，一律按全价，即包括自备原材料的价值，计算工业总产值。

②凡来料加工，加工企业只收取加工费，则加工企业一律按财务上结算的加工费计算工业总产值，即不包括定货者来料的价值。一般分两种情况：a、工业企业之间的来料加工，加工企业（即承包单位）按财务上结算的加工费计算工业总产值；委托加工的企业（即发包单位）按全价计算工业总产值。b、工业企业与非工业企业之间的来料加工，当工业企业作为加工企业时一律按加工费计算工业总产值。

③自制半成品、在制品期末期初差额价值，原则上应计入工业总产值，但如果会计产品成本核算中不计算自制半成品、在制品成本，则不计入工业总产值；如果会计产品成本核算中计算自制半成品、在制品成本的，则计入工业总产值。

区分来料加工与自备原材料生产的依据是加工企业与委托加工企业间的财务结算关系。如果委托企业提供原材料而不与加工企业结算，加工企业收取加工费，产品返回委托企业销售，则这种模式是来料加工；如果委托加工企业提供的原材料与加工企业是结算的，制成品由加工企业返给委托企业也是结算的，则这种模式是自备原材料生产。

工业增加值 指工业企业在报告期内以货币表现的工业生产活动的最终成果。

工业增加值有两种计算方法：一是生产法，即工业总产出减去工业中间投入加上应交增值税；二是收入法，即从收入的角度出发，根据生产要素在生产过程中应得到的收入份额计算，具体构成项目有固定资产折旧、劳动者报酬、生产税净额、营业盈余，这种方法也称要素分配法。

生产法工业增加值的计算方法为：

工业增加值=工业总产出-工业中间投入+应交增值税

(1)工业总产出：指工业企业在一定时期内工业生产活动的总成果。工业总产出包括：成品生产价值，对外加工费收入，自制半成品、在产品期末期初差额价值。1995年后用新规定计算的工业总产值代替。

(2)工业中间投入：指工业企业在工业生产活动中消耗的外购物质产品和对外支付的服务费用。服务费用包括支付给物质生产部门(工业、农业、批发零售贸易业、建筑业、运输邮电业)的服务费用和支付给非物质生产部门(如保险、金融、文化教育、科学研究、医疗卫生、行政管理等)的服务费用。工业中间投入的确定须遵循以下原则：必须从外部购入的，并已计入工业总产出的产品和服务价值；必须是本期投入生产，并一次性消耗掉(包括本期摊销的低值易耗品等)的产品和服务价值。

工业中间投入包括直接材料费用、制造费用中的工业中间投入、管理费用中的工业中间投入、销售费用中的工业中间投入和利息支出五部分。

资产总计 指企业过去的交易或者事项形成的、由企业拥有或者控制的、预期会给企业带来经济利益的资源。资产一般按流动性分为流动资产和非流动资产。其中流动资产可分为货币资金、交易性金融资产、应收票据、应收账款、预付款项、其他应收款、存货等；非流动资产可分为长期股权投资、固定资产、无形资产及其他非流动资产等。根据会计“资产负债表”中“资产总计”项目的期末余额数填报。

执行 2006 年《企业会计准则》的企业：资产合计=流动资产合计+非流动资产合计；未执行 2006 年《企业会计准则》的企业：资产合计=流动资产合计+长期投资+固定资产合计+无形及递延资产小计+其他资产。

流动资产 资产满足以下条件之一应归为流动资产：（1）预计在一个正常营业周期中变现、出售或耗用，主要包括存货、应收账款等；（2）主要为交易目的而持有；（3）预计在资产负债表日起一年内（含一年）变现；（4）自资产负债日起一年内，交换其他资产或清偿负债的能力不受限制的现金或现金等价物。包括货币资金、应收票据、应收账款、存货等项目。根据会计“资产负债表”中“流动资产合计”项目的期末余额数填报。

固定资产合计 指企业为生产商品、提供劳务、出租或经营管理而持有的，使用寿命超过一个会计年度的有形资产。包括使用期限超过一年的房屋、建筑物、机器、机械、运输工具以及其他与生产、经营有关的设备、器具、工具等。固定资产合计是时点指标，表示固定资产经过扣减折旧、减值准备等后的期末余额。根据会计“资产负债表”中“固定资产”项目的期末余额数填报。

负债合计 指企业过去的交易或者事项形成的，预期会导致经济利益流出企业的现时义务。负债一般按偿还期长短分为流动负债和非流动负债。根据会计“资产负债表”中“负债合计”项目的期末余额数填报。

执行2006年《企业会计准则》的企业：负债合计=流动负债合计+非流动负债合计；未执行2006年《企业会计准则》的企业：负债合计=流动负债合计+长期负债合计。

所有者权益合计 指企业资产扣除负债后由所有者享有的剩余权益。公司的所有者权益又称股东权益。包括实收资本、资本公积、盈余公积、未分配利润等。根据会计“资产负债表”中“所有者权益合计”项目的期末余额数填报。

主营业务收入 指企业确认的销售商品、提供劳务等主营业务的收入。根据会计“主营业务收入”科目的期末贷方余额填报。执行2006年《企业会计准则》的企业，如未设置该科目，以“营业收入”代替填报。

利润总额 指企业在一定会计期间的经营成果，是生产经营过程中各种收入扣除各种耗费后的盈余，反映企业在报告期内实现的亏盈总额。根据会计“利润表”中“利润总额”项目的本期金额数填报。执行2006年《企业会计准则》的企业，利润总额为营业利润加上营业外收入，减去营业外支出后的金额；未执行2006年《企业会计准则》的企业，利润总额为营业利润加上投资收益、补贴收入、营业外收入，再减去营业外支出后的金额。

应交增值税 指企业按税法规定，从事货物销售或提供加工、修理修配劳务等增加货物价值的活动本期应交纳的税金（不含期初未抵扣税额）。根据会计相关科目贷方累计发生额，按下述公式计算填报：

应交增值税=销项税额-（进项税额-进项税额转出）-出口抵减内销产品应纳税额-减免税款+出口退税

进项税额 指企业在报告期内购入货物或接受应税劳务而支付的、准予从销项税额中抵扣的增值税额。

销项税额 指企业在报告期内销售货物或提供应税劳务应收取的增值税额。

从业人员期末人数 指期末最后一日24时在本单位中工作，并取得工资或其他形式劳动报酬的人员数。该指标为时点指标，不包括最后一日当天及以前已经与单位解除劳动合同关系的人员，是在岗职工、劳务派遣人员及其他从业人员之和。从业人员不包括：

1.离开本单位仍保留劳动关系，并定期领取生活费的人员；

2.利用课余时间打工的学生及在本单位实习的各类在校学生；

3.本单位因劳务外包而使用的人员。

产品销售率 该指标反映工业产品已实现销售的程度，是分析工业产销衔接情况，研究工业产品满足社会需求的指标。计算公式为：产品销售率=工业销售产值/工业总产值（现价）×100%。

能源消费量 指能源使用企业（单位）在报告期内实际消费的各种能源的数量。能源消费量分实物量和标准量两种。能源消费实物量是按照报表规定的、体现物质形态属性的计量单位（如：吨、立方米）计算的能源消费量；能源消费标准量是按照能源标准计量单位（如：吨标准煤）计算的能源消费量。

工业企业的能源消费量 指工业企业在工业生产活动和非工业生产活动中消费的能源，包括工业生产活动中作为燃料、动力、原料、辅助材料使用的能源，生产工艺中使用的能源，用于能源加工转换的能源；非工业生产活动中使用的能源。

工业生产能源消费 指工业企业为进行工业生产活动所消费的能源。主要包括：

（1）用于本企业产品生产、工业性作业的能源，包括用作原料、材料、燃料、动力的能源；作为能源加工转换企业，还包括用作加工转换的能源（这部分能源不能理解为用作原材料，用作原材料的概念见后面的解释）。

（2）产品生产过程中作为辅助材料使用的能源。

（3）生产工艺过程使用的能源。

（4）新技术研究、新产品试制、科学试验使用的能源。

（5）为了工业生产活动而在进行的各种修理过程中使用的能源。

（6）生产区内的劳动保护用能等。

非工业生产能源消费 指在工业企业能源消费中，除“工业生产能源消费”以外的能源消费，即非工业生产用能和工业企业附属的不从事工业生产活动的非独立核算单位用能。比如本企业施工单位进行技术更新改造、维修等过程用能，非生产区的劳动保护用能，科研单位、农场、车队、学校、医院、食堂、托儿所等单位用能。但是必须注意，上述单位如果是独立核算的，其用能既不能包括在“工业企业能源消费”中，亦不能包括在“非工业生产能源消费”中。

综合能源消费量 指企业（单位）在报告期内工业生产实际消费的各种能源（扣除能源加工转换和能源回收利用等重复因素）的总和。计算综合能源消费量时，需要将各种能源品种的消费量换算成按照标准计量单位（如：吨标准煤）计量的消费量。

能源加工、转换投入 能源加工转换，指为了特定的用途，将一种能源（一般为一次能源），经过一定的工艺，加工或转换成另外一种能源（二次能源）。

能源加工，是能源的物理形态的变化，比如用蒸馏的方式将原油炼制成汽油、煤油、柴油等石油制品；用筛选、水洗的方式将原煤洗选成洗煤；以焦化的方式将煤炭高温干馏成焦炭；以气化的方式将煤炭气化成煤气，等等。这些方法在加工前后能源均未发生质的变化。

能源转换，是能源的能量形态和化学形态的变化，比如经过一定的工艺过程，将煤炭、重油等转换为电力和热力，将热能转换为机械能，将机械能转换为电能，将电能转换为热能等；又比如，经过裂化，将重质石油转换成轻质石油（转换前、后的物质具有不同的化学结构和化学性质）。

能源加工转换投入量，指以生产二次能源产品为目的而投入能源加工转换生产装置的能源（一般为一次能源）的数量。

能源加工转换产出 指一次能源经过加工转换产出的二次能源产品（包括不作能源使用的其他副产品和联产品）的数量，比如火力发电产出的电力，热电联产同时产出的电力、蒸汽、热水，原煤洗选产出的洗精煤、洗中煤、洗煤泥等，炼焦产出的焦炭、焦炉煤气和其他焦化产品（煤焦油、粗苯等），炼油和煤制油产出的汽油、煤油、柴油、燃料油、液化石油气、炼厂干气 、石脑油、润滑油、石蜡、溶剂油、石油焦、石油沥青等，制气（指煤气生产）产出的发生炉煤气、焦炭和其他焦化产品（煤焦油、粗苯等）。

能源加工转换损失量 指指能源在加工、转换过程中的各种损失量，计算式如下：

能源加工转换损失量＝能源加工、转换过程中投入的能源数量－产出的能源数量

工业企业回收能利用 指企业将废气、废液、废渣及其余热，产品和工艺生产介质余热，工艺温差、压差，以及其他非直接投入的能量形态和能量物质，作为能源进行使用的数量。目前工业企业回收能的能量，绝大部分来自企业曾经投入使用的能源物质，很小部分来自其他物质在生产工艺过程中释放的能量（比如非能源物质的化学反应热）。所以，目前企业回收能利用量，只在报表中的高炉煤气、转炉煤气和余热余压目录中填报；其他目录均不得填报；企业的综合能源消费量不得出现负值。

固定资产投资和建筑业

固定资产投资额（又称固定资产投资完成额） 是以货币形式表现的在一定时期内建造和购置固定资产的工作量以及与此有关的费用的总称。它是反映固定资产投资规模、结构和发展速度的综合性指标，又是观察工程进度和考核投资效果的重要依据。现行的国家统计制度规定，固定资产投资统计范围包括：固定资产项目投资，房地产开发投资，农村农户投资。

固定资产项目投资 指计划总投资 500 万元及以上的固定资产投资项目。具体包括：在本年开工或往年开工本年继续施工的 500 万元及以上的固定资产建设项目；企业或单位进行的单纯设备购置活动；达到固定资产投资起点标准 500 万元以上的城镇工矿区私人建房投资和个体经营户投资。

房地产开发投资 指各种登记注册类型的房地产开发公司、商品房建设公司及其他房地产开发法人单位和附属于其他法人单位实际从事房地产开发或经营活动的单位统一开发的包括统代建、拆迁还建的住宅、厂房、仓库、饭店、宾馆、度假村、写字楼、办公楼等房屋建筑物和配套的服务设施，土地开发工程（如道路、给水、排水、供电、供热、通讯、平整场地等基础设施工程）的投资；不包括单纯的土地交易活动。

固定资产投资按国民经济行业分 根据建设项目建成投产后的主要产品或主要用途及社会经济活动性质来确定国民经济行业。一般情况下，一个建设项目或一个企业、事业单位只能属于一种国民经济行业。

固定资产投资按隶属关系分 是按建设单位或企业、事业、行政单位的主管上级机关确定的。

（1）中央：是指中共中央、人大常委会和国务院各

部、委、局、总公司以及直属机构直接领导的建设项目和企业、事业、行政单位。这些单位的固定资产投资计划由国务院各部门直接编制和下达，建设中所需物资、主要设备以及建设中的问题都由中央有关部门安排和解决。

（2）地方：是由省（自治区、直辖市）、地区（州、盟、省辖市）、县（旗、县级市）三级政府及业务主管部门直接领导和管理的建设项目、企业、事业、行政单位。地方项目还包括不隶属以上各级政府及主管部门的建设项目和企业、事业单位，如外商投资企业和无主管部门的企业等。

固定资产投资按建设性质分 根据整个建设项目情况来确定。建设项目的性质一般分为新建、扩建、改建和技术改造、迁建、恢复。房地产开发单位投资不划分建设性质。

(1)新建：一般指从无到有“平地起家”开始建设的企业、事业和行政单位或建设项目。现有企业、事业、行政单位一般不属于新建。但如有的单位原有基础很小，经过建设后新增的固定资产价值超过该企、事业、行政单位原有固定资产价值(原值)三倍以上的也应作为新建。

(2)扩建：指在厂内或其他地点，为扩大原有产品的生产能力(或效益)或增加新的产品生产能力，而增建主要的生产车间(或主要工程)、分厂、独立的生产线。行政、事业单位在原单位增建业务用房(如学校增建教学用房、医院增建门诊部、病房等)也作为扩建。

现有企、事业单位为扩大原有主要产品生产能力或增加新的产品生产能力，增建一个或几个主要生产车间(或主要工程)、分厂，同时进行一些更新改造工程的，也应作为扩建。

(3)改建和技术改造：指现有企业、事业单位，对原有设施进行技术改造或更新(包括相应配套的辅助性生产、生活福利设施)的建设项目。现有企业、事业单位为适应市场变化的需要，而改变企业的主要产品种类(如军工企业转产民用品等)的建设项目，应作为改建。原有产品生产作业线由于各工序(车间)之间能力不平衡，为填平补齐充分发挥原有生产能力而增建不增加本企业主要产品设计能力的车间，也应作为改建。技术改造是指企业、事业单位在现有基础上，用先进的技术代替落后的技术，用先进的工艺和装备代替落后的工艺和装备，以改变企业落后的技术经济面貌，实现以内涵为主的扩大再生产，达到提高产品质量、促进产品更新换代、节约能源、降低消耗、扩大生产规模、全面提高社会经济效益的目的。技术改造具体包括以下内容：机器设备和工具的更新改造；生产工艺改革、节约能源和原材料的改造；厂房建筑和公共设施的改造；劳动条件和生产环境的改造等。

固定资产投资按构成分 是指固定资产投资额的工程内容和实现方式，包括建筑工程、安装工程、设备工器具购置和其他费用四个部分。

1. 建筑工程 是指各种房屋、建筑物的建造工程，又称建筑工作量。这部分投资额必须兴工动料，通过施工活动才能实现，是固定资产投资额的重要组成部分。

2. 安装工程 是指各种设备、装置的安装工程，又称安装工作量。在安装工程中，不包括被安装设备本身价值。

3. 设备、工具、器具购置 是指建设单位或企、事业单位购置或自制的，达到固定资产标准的设备、工具、器具的价值。新建单位及扩建单位的新建车间，按照设计或计划要求购置或自制的全部设备、工具、器具，不论是否达到固定资产标准均计入“设备、工具、器具购置”中。

4. 其他费用 是指在固定资产建造和购置过程中发生的，除上述几项内容以外的各种应分摊计入固定资产的费用。

施工项目 指报告期内进行过建筑或安装施工活动的项目。凡是报告期内施过工的建设项目，不论施工时间长短，均作为施工项目统计。施工项目个数可以反映一定时期固定资产投资的实际规模，与同期全部建成投产项目个数相比，可以从建设速度的角度反映固定资产投资的效果。根据建设项目施工活动的不同性质，施工项目又分为：本年正式施工项目、本年收尾项目和以前年度全部停缓建项目。

房屋建筑面积 指房屋建筑物勒脚以上外墙外围的水平截面面积，包括房屋建筑物的有效面积和结构面积。该指标是从实物形态上反映建设规模和建设成果的重要指标之一，也是检查工程形象进度、计算工程造价、分析投资效果、研究施工任务和建筑材料之间平衡情况的重要依据。

住宅建筑面积 指施工和竣工房屋建筑面积中供居住用的房屋建筑面积。

施工面积 指报告期内施工的全部房屋建筑面积。包括本期新开工的面积和上期开工跨入本期继续施工的房屋面积，以及上期已停建在本期恢复施工的房屋面积。本期竣工和本期施工后又停缓建的房屋，其建筑面积仍计入本期房屋施工面积中。

竣工面积 指在报告期内房屋建筑按照设计要求已经全部完工，达到住人和使用条件，经验收鉴定合格(或达到竣工验收标准)，正式移交使用单位的各栋房屋建筑面积的总和。

新增固定资产 指报告期内已经完成建造和购置过程，并已交付生产或使用单位的固定资产价值。该指标是表示固定资产投资成果的价值指标，也是反映建设进度，计算固定资产投资效果的重要指标。

商品房销售面积 指报告期内出售商品房屋的合同总面积(即双方签署的正式买卖合同中所确定的建筑面积)。由现房销售建筑面积和期房销售建筑面积两部分组成。

商品房销售额 指报告期内出售商品房屋的合同总价款(即双方签署的正式买卖合同中所确定的合同总价)。该指标与商品房销售面积同口径，由现房销售额和期房销售额两部分组成。

建筑业统计单位 指从事房屋、构筑物建造和设备安装活动的法人企业。建筑业法人企业应具有建筑业资质并能够独立核算，同时其应具备以下条件：①依法成立，有自己的名称、组织机构和场所，能够承担民事责任；②独立拥有和使用资产，承担负债，有权与其他单位签订合同；③独立核算盈亏，能够编制资产负债表。

建筑业总产值 是以货币形式表现的建筑业企业在一定时期内生产的建筑业产品和提供的服务的总和。建筑业总产值包括：

⑴建筑工程产值：指列入建筑工程预算内的各种工程价值。

⑵安装工程产值：指设备安装工程价值，不包括被安装设备本身的价值。

⑶其他产值：建筑业总产值中除建筑工程、安装工程以外的产值。包括房屋构筑物修理产值、非标准设备制造产值、总包企业向分包企业收取的管理费以及不能明确划分的施工活动所完成的产值。

a.房屋构筑物修理产值：指房屋和构筑物修理所完成的产值，但不包括被修理房屋、构筑物本身价值和生产设备的修理产值。

b.非标准设备制造产值：指加工制造没有定型的非标准生产设备的加工费和原材料价值(如化工厂、炼油厂用的各种罐、槽，矿井生产统一使用的各种漏斗、三角槽、阀门等)以及附属加工厂为本企业承建工程制作的非标准设备的价值。

建筑业增加值 指建筑业企业在报告期内以货币形式表现的建筑业生产经营活动的最终成果。

从2004年第一次全国经济普查开始，建筑业现价增加值按生产法和分配法(收入法)两种方法计算，以收入法的计算结果为准，即从收入的角度出发，根据生产要素在生产过程中应得的收入份额计算。具体计算方法：经济普查年度建筑业增加值按照《经济普查年度GDP核算方案》计算，非经济普查年度建筑业增加值按照《非经济普查年度GDP核算方案》计算。

房屋施工面积 指在报告期内施过工的全部房屋建筑面积，包括本期新开工的房屋建筑面积、上期施工跨入本期继续施工的房屋建筑面积、上期停缓建在本期恢复施工的房屋建筑面积、本期竣工的房屋建筑面积及本期施工后又停缓建的房屋建筑面积。

房屋建筑竣工面积 指在报告期内房屋建筑按照设计要求全部完工，达到住人和使用条件，经验收鉴定合格或达到竣工验收标准，可正式移交使用的各栋房屋建筑面积的总和。

交通运输和邮电通信业

公路里程 指在一定时期内实际达到《公路工程\[WTBZ\]技术标准 JTJ01-88》规定的等级公路，并经公路主管部门正式验收交付使用的公路里程数。包括大中城市的郊区公路以及通过小城镇街道部分的公路里程和桥梁、渡口的长度，不包括大中城市的街道、厂矿、林区生产用道和农业生产用道的里程。两条或多条公路共同经由同一路段，只计算一次，不得重复计算里程长度。该指标可以反映公路建设的发展规模，也是计算运输网密度等指标的基础资料。

货(客)运量 指在一定时期内，各种运输工具实际运送的货物(旅客)数量。该指标是反映运输业为国民经济和人民生活服务的数量指标，也是制定和检查运输生产计划、研究运输发展规模和速度的重要指标。货运按吨计算，客运按人计算。货物不论运输距离长短、货物类别，均按实际重量统计。旅客不论行程远近或票价多少，均按一人一次客运量统计；半价票、小孩票也按一人统计。

货物(旅客)周转量 指在一定时期内，由各种运输工具运送的货物(旅客)数量与其相应运输距离的乘积之总和。该指标可以反映运输业生产的总成果，也是编制和检查运输生产计划，计算运输效率、劳动生产率以及核算运输单位成本的主要基础资料。计算货物周转量通常按发出站与到达站之间的最短距离，也就是计费距离计算。计算公式为：

货物（旅客）周转量=Σ（货物（旅客）运输量×运输距离）

民用汽车拥有量 指报告期末，在公安交通管理部门按照《机动车注册登记工作规范》，已注册登记领有民用车辆牌照的全部汽车数量。汽车拥有量统计的主要分类：根据汽车结构分为载客汽车、载货汽车及其他汽车；根据汽车所有者不同分为个人(私人)汽车、单位汽车；根据汽车的使用性质分为营运汽车、非营运汽车；根据汽车大小规格不同载客汽车分为大型、中型、小型和微型，载货汽车分为重型、中型、轻型和微型。

邮电业务总量 指以价值量形式表现的邮电通信企业为社会提供各类邮电通信服务的总数量。邮电业务量按专业分类包括函件、包件、汇票、报刊发行、邮政快件、特快专递、邮政储蓄、集邮、公众电报、用户电报、传真、长途电话、出租电路、无线寻呼、移动电话、分组交换数据通信、出租代维等。计算方法为各类产品乘以相应的平均单价(不变价)之和，再加上出租电路和设备、代用户维护电话交换机和线路等的服务收入。该指标综合反映了一定时期邮电业务发展的总成果，是研究邮电业务量构成和发展趋势的重要指标。计算公式为：

邮电业务总量=Σ（各类邮电业务量×不变单价）+出租代维及其他业务收入=邮政业务总量+电信业务总量

移动电话用户 指通过移动电话交换机进入移动电话网、占用移动电话号码的各类电话用户。包括签约用户和智能网预付费用户。一个移动电话号码统计为一户。

互联网上网人数 指平均每周使用互联网至少 1 小时的中国公民人数。

批发零售和住宿餐饮业

社会消费品零售总额 指批发和零售业、住宿和餐饮业以及其他行业直接售给城乡居民和社会集团的消费品零售额。其中，对居民的消费品零售额，是指售予城乡居民用于生活消费的商品金额；对社会集团的消费品零售额，是指售给机关、社会团体、部队、学校、企事业单位、居委会或村委会等，公款购买的用作非生产、非经营使用与公共消费的商品金额。

社会消费品零售总额包括：售给城乡居民作为生活消费用的商品金额和修建房屋用的建筑材料，以及售给来华的外国人、华侨、港澳台同胞的消费品金额。不包括：城市居民间或居民委托信托商店卖出的商品；售给农业、工业、建筑业等行业用于生产的商品。

1. 批发和零售业零售额：指专门从事商品专卖业务的、各种经济类型的批发和零售业企业、产业活动单位和个体户，直接售给居民和社会集团的消费品零售额。

2. 住宿和餐饮业零售额：指专门从事提供食宿服务、进行食品烹饪调制的住宿和餐饮业企业、产业活动单位和个体户，直接向居民和社会集团出售主食、菜肴、烟酒饮料和其他商品取得的餐费收入和商品销售额，包括各行业企业或单位附设的对外营业的旅馆、火车餐车、轮船餐厅、机场餐厅的零售额，不包括机关、团体、学校、企事业单位不对外营业的职工食堂所出售的餐费收入。

3. 其他行业零售额：指批发和零售业、住宿和餐饮业法人企业、产业活动单位、个体户以外的其他行业的法人企业、产业活动单位或个体户，从事生活消费用品零售活动或者提供食宿服务所取得的商品销售额和餐费收入。

批发零售业商品购、销、存总额 指各种登记注册类型的批发、零售业企业(单位)以本企业(单位)为总体的，从国内、国外市场购进的商品总量，销售和出口的商品总量、库存商品总量等情况。该指标可以反映商品流转过程中商品的购进、销售、库存之间的比例关系和存在的问题。

商品购进额 指从本企业以外的单位和个人购进(包括从国外直接进口）作为转卖或加工后转卖的商品金额（含增值税）。商品购进包括：（1）从工农业生产者、批发和零售业企业、住宿和餐饮业企业、出版社或报社的出版发行部门和其他服务业企业购进的商品；（2）从机关团体、事业单位购进的商品；（3）从海关、市场管理部门购进的缉私和没收的商品；（4）从居民收购的废旧商品等。不包括：（1）企业为本单位自身经营用，不是作为转卖而购进的商品，如材料物资、包装物、低值易耗品、办公用品等；（2）未通过买卖行为而收入的商品，如接受其他部门移交的商品、借入的商品、收入代其他单位保管的商品、其他单位赠送的样品、加工回收的成品等；（3）经本单位介绍，由买卖双方直接结算，本单位只收取手续费的业务；（4）销售退回和买方拒付货款的商品；（5）商品溢余。

商品销售额　指对本单位以外的单位和个人出售的商品金额（包括售给本单位消费用的商品，含增值税）。商品销售包括（1）售给城乡居民和社会集团消费用的商品；（2）售给农业、工业、建筑业、服务业等国民经济各行业用于生产、经营用的商品，包括售予批发和零售业作为转卖或加工后转卖的商品；（3）对国（境）外直接出口的商品。不包括：（1）未通过买卖行为付出的商品，如随机构变动移交给其他企业单位的商品、借出的商品、归还受其他单位委托代保管的商品、付出的加工原料和赠送给其他单位的样品等；（2）经本单位介绍，由买卖双方直接结算，本单位只收取手续费的业务；（3）购货退回的商品；（4）商品损耗和损失；（5）出售本单位自用的废旧物资。

商品库存额　对于批发和零售业法人单位和个体经营户，是指报告期末取得所有权的全部商品金额（含增值税）；对于批发和零售业产业活动单位，是指报告期末实际在库且归属法人具有所有权的全部商品金额（含增值税）。库存商品包括：（1）存放在本单位（如门市部、批发站、采购站、经营处）的仓库、货场、货柜和货架中的商品；（2）挑选、整理、包装中的商品；（3）已记入购进而尚未运到本单位的商品，即发货单或银行承兑凭证已到而货未到的商品；（4）寄放他处的商品，如因购货方拒绝付款而暂时存在购货方的商品；（5）委托其他单位代销（未作销售或调出）尚未售出的商品；（6）代其他单位购进尚未交付的商品。不包括：所有权不属于本单位的商品；委托外单位加工的商品；外贸企业代理其他单位从国外进口，尚未付给订货单位的商品；代国家储备部门保管的商品。

住宿餐饮业营业额　指住宿和餐饮业单位在经营活动中因提供服务或销售商品等取得的全部收入，包括：客房收入、餐费收入、商品销售额（含增值税）和其他收入。不包括法人单位附营的其他行业产业活动单位的餐费收入、商品销售收入等各项收入。

客房收入　指住宿和餐饮业单位在经营活动中因提供住宿服务取得的收入。不包括法人单位附营的其他行业产业活动单位的客房收入。餐费收入指住宿和餐饮业单位因为顾客提供就餐服务取得的收入。包括：经烹饪、调制加工后出售的各种食品，如主食、炒菜、凉拌菜等的收入。不包括法人单位附营的其他行业产业活动单位的餐费收入。商品销售额　指住宿和餐饮业单位出售商品的销售总额（含增值税）。不包括法人单位附营的其他行业产业活动单位的商品销售额。其他收入指营业额中除客房收入、餐费收入、商品销售额（含增值税）以外的其他收入。

对外经济

进出口总额　指实际进出我国国境的货物总金额。包括对外贸易实际进出口货物，来料加工装配进出口货物，国家间、联合国及国际组织无偿援助物资和赠送品，华侨、港澳台同胞和外籍华人捐赠品，租赁期满归承租人所有的租赁货物，进料加工进出口货物，边境地方贸易及边境地区小额贸易进出口货物(边民互市贸易除外)，中外合资企业、中外合作经营企业、外商独资经营企业进出口货物和公用物品，到、离岸价格在规定限额以上的进出口货样和广告品(无商业价值、无使用价值和免费提供出口的除外)，从保税仓库提取在中国境内销售的进口货物，以及其他进出口货物。该指标可以观察一个国家在对外贸易方面的总规模。我国规定出口货物按离岸价格统计，进口货物按到岸价格统计。

利用外资　指我国各级政府、部门、企业和其他经济组织通过对外借款、吸收外商直接投资以及用其他方式筹措的境外现汇、设备、技术等。

外商直接投资　指外国企业和经济组织或个人(包括华侨、港澳台胞以及我国在境外注册的企业)按我国有关政策、法规，用现汇、实物、技术等在我国境内开办外商独资企业、与我国境内的企业或经济组织共同举办中外合资经营企业、合作经营企业或合作开发资源的投资(包括外商投资收益的再投资)，以及经政府有关部门批准的项目投资总额内企业从境外借入的资金。

财政、税收和金融

财政收入：指国家财政参与社会产品分配所取得

的收入，是实现国家职能的财力保证。财政收入所包括的内容几经变化，目前主要包括：

（1）**税收收入**：包括增值税、营业税、企业所得税、个人所得税、资源税、固定资产投资方向调节税、城市维护建设税、房产税、印花税、城镇土地使用税、土地增值税、车船税、耕地占用税、契税、烟叶税、其他税收收入。

（2）**非税收入**：包括专项收入、行政事业性收费收入、罚没收入、国有资本经营收入、国有资源有偿使用收入、其他收入。

财政支出：国家财政将筹集起来的资金进行分配使用，以满足经济建设和各项事业的需要，主要包括：

（1）**一般公共服务支出**：反映政府提供一般公共服务的支出。

（2）**公共安全**：反映政府维护社会公共安全方面的支出，有关事务包括武装警察、公安、国家安全、检察、法院、司法行政、监狱、劳教、国家保密、缉私警察等。

（3）**教育支出**：反映政府教育事务支出。有关具体教育事务包括教育行政管理、学前教育、小学教育、初中教育、普通高中教育、普通高等教育、初等职业教育、中专教育、技校教育、职业高中教育、高等职业教育、广播电视教育、留学生教育、特殊教育、干部继续教育、教育机关服务等。

（4）**科学技术**：反映政府用于科学技术方面的支出。

（5）**文化体育与传媒**：反映政府在文化、文物、体育、广播电视、新闻出版等方面的支出。

（6）**社会保障和就业**：反映政府在社会保障与就业方面的支出。有关事项包括社会保障与就业管理事务、民政管理事务、财政对社会保险基金的补助、补充全国社会保障基金、行政事业单位离退休、企业改革补助、就业补助、抚恤、退役安置、社会福利、残疾人事业、城市居民最低生活保障、其他城镇社会救济、农村社会救济、自然灾害生活补助、红十字事务等。

（7）**医疗卫生支出**：反映政府医疗卫生方面的支出。具体包括医疗卫生管理事务支出、医疗服务支出、医疗保障支出、疾病预防控制支出、卫生监督支出、妇幼保健支出、农村卫生支出等。

（8）**环境保护支出**：反映政府环境保护支出。具体包括：环境保护管理事务支出、环境监测与监察支出、污染治理支出、自然生态保护支出、天然林保护工程支出、退耕还林支出、风沙荒漠治理支出、退牧还草支出、已垦草原退耕还草支出。

（9）**城乡社区事务**：反映政府城乡社区事务支出。具体包括：城乡社区管理事务支出、城乡社区规划与管理支出、城乡社区公共设施支出、城乡社区住宅支出、城乡社区环境卫生支出、建设市场管理与监督支出等。

（10）**农林水事务**：反映政府农林水事务方面的支出。具体包括农业、林业、水利、扶贫支出、农业综合开发支出等。

存　款　指企业、机关、团体或居民根据资金必须收回的原则，把货币资金存入银行或其他信贷机构保管并取得一定利息的一种信用活动形式。根据存款对象或性质的不同可划分为企业存款、财政存款、机关团体存款、基本建设存款、储蓄存款、农村存款、委托存款、其他存款等科目。它是银行信贷资金的主要来源。

贷　款　指银行或其他信贷机构根据资金必须归还的原则，按一定利率，为企业、个人等提供资金的一种信用活动形式。我国银行贷款分为短期贷款、中期流动资金贷款、中长期贷款、信托贷款、融资租赁、委托贷款、票据融资、各项垫款等。

从业人员和劳动报酬

从业人员期末人数　指报告期末最后一日24时在本单位工作，并取得工资或其他形式劳动报酬的人员数。该指标为时点指标，不包括最后一日当天及以前已经与单位解除劳动合同关系的人员，是在岗职工、劳务派遣人员及其他从业人员之和。从业人员不包括：

1.离开本单位仍保留劳动关系，并定期领取生活费的人员；

2.利用课余时间打工的学生及在本单位实习的各类在校学生；

3.本单位因劳务外包而使用的人员，如：建筑业整建制使用的人员。

在岗职工　指在本单位工作且与本单位签订劳动合同，并由单位支付各项工资和社会保险、住房公积金的人员，以及上述人员中由于学习、病伤、产假等原因暂未工作仍由单位支付工资的人员。在岗职工还包括：

1.应订立劳动合同而未订立劳动合同人员（如使用的农村户籍人员）；

2. 处于试用期人员；

3. 编制外招用的人员，如临时人员；

4. 派往外单位工作，但工资仍由本单位发放的人员（如挂职锻炼、外派工作等情况）。

在岗职工不包括：

1. 本单位使用的且由本单位直接支付工资的劳务派遣人员，应统计在本单位“劳务派遣人员”指标中；

2. 本单位因劳务外包而使用的人员，由承包劳务的单位统计为在岗职工。

从业人员工资总额 指根据《关于工资总额组成的规定》（1990 年 1 月 1 日国家统计局发布的一号令）进行修订，本单位在报告期内（季度或年度）直接支付给本单位全部从业人员的劳动报酬总额。包括计时工资、计件工资、奖金、津贴和补贴、加班加点工资、特殊情况下支付的工资，是在岗职工工资总额、劳务派遣人员工资总额和其他从业人员工资总额之和。

工资总额是税前工资，包括单位从个人工资中直接为其代扣或代缴的房费、水费、电费、住房公积金和社会保险基金个人缴纳部分等。

工资总额不论是计入成本的还是不计入成本的，不论是以货币形式支付的还是以实物形式支付的，均应列入工资总额的计算范围。

在岗职工工资总额 指本单位在报告期内直接支付给本单位全部在岗职工的劳动报酬总额。在岗职工工资总额由基本工资、绩效工资、工资性津贴和补贴、其他工资四部分组成。工资总额不包括病假、事假等情况的扣款。

平均工资 指企业、事业、机关单位的职工在一定时期内平均每人所得的货币工资额。它表明一定时期职工工资收入的高低程度，是反映职工工资水平的主要指标。计算公式为：平均工资=报告期实际支付的全部职工工资总额/报告期全部职工平均人数。

教育、科技、文化和广播电视

普通高等学校 指按照国家规定的设置标准和审批程序批准举办的，通过全国普通高等学校统一招生考试，招收高中毕业生为主要培养对象，实施高等教育的全日制大学、独立设置的学院和高等专科学校、高等职业学校和其他机构。

大学、独立设置的学院主要实施本科层次以上教育，高等专科学校、高等职业学校实施专科层次教育，其他机构是承担国家普通招生计划任务不计校数的机构。包括普通高等学校分校和批准筹建的普通高等学校等。

成人高等学校 指按照国家规定的设置标准和审批程序批准举办的，通过全国成人高等学校统一招生考试，招收具有高中毕业或同等学历的在职从业人员为主要培养对象，利用函授、业余、脱产等多种形式对其实施高等学历教育的学校。包括职工高等学校、农民高等学校、管理干部学院、教育学院、独立函授学院、广播电视大学、其他机构等。其他机构是承担国家成人招生计划任务不计校数的机构。

科技活动 指在自然科学、农业科学、医药科学、工程与技术科学、人文与社会科学领域（简称科学技术领域）中，与科技知识的产生、发展、传播和应用密切相关的有组织的活动。可分为研究与试验发展（R&D）、研究与试验发展成果应用及相关的科技服务三类活动。该定义是联合国教科文组织考虑成员国特别是发展中国家开展科技统计工作的需要，而对科技活动所作的统计界定。

科技活动人员 指直接从事科技活动、以及专门从事科技活动管理和为科技活动提供直接服务，累计的实际工作时间占全年制度工作时间 10%及以上的人员。(1)直接从事科技活动的人员包括：在独立核算的科学研究与技术开发机构、高等学校、各类企业及其他事业单位内设的研究室、实验室、技术开发中心及中试车间（基地）等机构中从事科技活动的研究人员、工程技术人员、技术工人及其它人员；虽不在上述机构工作，但编入科技活动项目（课题）组的人员；科技信息与文献机构中的专业技术人员；从事论文设计的研究生等。(2)专门从事科技活动管理和为科技活动提供直接服务的人员，包括：独立核算的科学研究与技术开发机构、科技信息与文献机构、高等学校、各类企业及其他事业单位主管科技工作的负责人，专门从事科技活动的计划、行政、人事、财务、物资供应、设备维护、图书资料管理等工作的各类人员，但不包括保卫、医疗保健人员、司机、食堂人员、茶炉工、水暖工、清洁工等为科技活动提供间接服务的人员。该指标用来反映投入科技活动人力的规模。

科学家与工程师 指科技活动人员中具有高、中级技术职称（职务）的人员和不具有高、中级技术职称（职务）

的大学本科及以上学历人员。该指标用来反映投入科技活动人力的素质。

研究与试验发展(R&D)　指在科学技术领域，为增加知识总量，以及运用这些知识去创造新的应用进行的系统的创造性的活动，包括基础研究、应用研究、试验发展三类活动。国际上通常采用R&D活动的规模和强度指标反映一国的科技实力和核心竞争力。

基础研究　指为了获得关于现象和可观察事实的基本原理的新知识(揭示客观事物的本质、运动规律，获得新发现、新学说)而进行的实验性或理论性研究，它不以任何专门或特定的应用或使用为目的。其成果以科学论文和科学著作为主要形式。用来反映知识的原始创新能力。

应用研究　指为获得新知识而进行的创造性研究，主要针对某一特定的目的或目标。应用研究是为了确定基础研究成果可能的用途，或是为达到预定的目标探索应采取的新方法(原理性)或新途径。其成果形式以科学论文、专著、原理性模型或发明专利为主。用来反映对基础研究成果应用途径的探索。

试验发展　指利用从基础研究、应用研究和实际经验所获得的现有知识，为产生新的产品、材料和装置，建立新的工艺、系统和服务，以及对已产生和建立的上述各项作实质性的改进而进行的系统性工作。其成果形式主要是专利、专有技术、具有新产品基本特征的产品原型或具有新装置基本特征的原始样机等。在社会科学领域，试验发展是指把通过基础研究、应用研究获得的知识转变成可以实施的计划(包括为进行检验和评估实施示范项目)的过程。人文科学领域没有对应的试验发展活动。主要反映将科研成果转化为技术和产品的能力，是科技推动经济社会发展的物化成果。

研究与试验发展人员　指参与研究与试验发展项目研究、管理和辅助工作的人员，包括项目(课题)组人员，企业科技行政管理人员和直接为项目(课题)活动提供服务的辅助人员。反映投入从事拥有自主知识产权的研究开发活动的人力规模。

专业技术人员　指从事专业技术工作和专业技术管理工作的人员，即企事业单位中已经聘任专业技术职务从事专业技术工作和专业技术管理工作的人员，以及未聘任专业技术职务，现在专业技术岗位上工作的人员。包括工程技术人员，农业技术人员，科学研究人员，卫生技术人员，教学人员，经济人员，会计人员，统计人员，翻译人员，图书资料、档案、文博人员，新闻出版人员，律师、公证人员，广播电视播音人员，工艺美术人员，体育人员，艺术人员及企业政治思想工作人员，共十七个专业技术职务类别。用来反映科技人力资源情况。

科技活动经费筹集　指从各种渠道筹集到的计划用于科技活动的经费，包括政府资金、企业资金、事业单位资金、金融机构贷款、国外资金和其他资金等。反映各社会经济主体对促进科技进步所做的努力。

政府资金　指从各级政府部门获得的计划用于科技活动的经费，包括科学事业费、科技三项费、科研基建费、科学基金、教育等部门事业费中计划用于科技活动的经费以及政府部门预算外资金中计划用于科技活动的经费等。

企业资金　指从自有资金中提取或接受其他企业委托的，科研院所和高校等事业单位接受企业委托获得的，计划用于科研和技术开发的经费。不包括来自政府、金融机构及国外的计划用于科技活动的资金。

科技活动经费内部支出　指报告年内用于科技活动的实际支出，包括劳务费、科研业务费、科研管理费，非基建投资购建的固定资产、科研基建支出以及其他用于科技活动的支出。不包括生产性活动支出、归还贷款支出及转拨外单位支出。反映科技投入实际完成情况。

劳务费　指以货币或实物形式直接或间接支付给从事科技活动人员的劳动报酬及各种费用。包括各种形式的工资、津贴、奖金、福利、离退休人员费用、人民助学金等。反映改善科技人员待遇情况。

固定资产购建费　指报告年内使用非基建投资购建的固定资产和用于科研基建投资的实际支出额，即固定资产实际支出和科研基建投资实际完成额之和。固定资产是指长期使用而不改变原有实物形态的主要物资设备、图书资料、实验材料和标本以及其他设备和家具、房屋、建筑物。反映用于改善科研条件和科研手段方面的投入情况。

专　利　是专利权的简称，是对发明人的发明创造经审查合格后，由专利局依据专利法授予发明人和设计人对该项发明创造享有的专有权。包括发明、实用新型和外观设计。反映拥有自主知识产权的科技和设计成果情况。

发　明　指对产品、方法或者其改进所提出的新的技术方案。是国际通行的反映拥有自主知识产权技术的核心指标。

文化事业机构 指从事专业文化工作和为专业文化工作服务的独立建制的单位。不包括这些单位另外举办独立核算的其他机构和各部门的业余文化组织。该指标主要反映文化事业机构发展规模水平。

艺术表演团体 指从事戏曲、音乐、舞蹈、杂技等专业艺术表演，有独立帐户的单位，不包括半工半艺、半农半艺和民间职业剧团。该指标主要反映全国专业艺术表演团体发展规模水平。

艺术表演观众人数(人次) 指售票、包场演出或民族地区免费演出的艺术表演观众人次数，不包括彩排审查和内部观摩演出的观看人次数。该指标主要反映全国观看专业艺术表演团体演出的效益规模。

城市建设和环境保护

全年供气总量 指全年燃气企业(单位)向用户供应的燃气数量。包括销售量和损失量

集中供热能力 指供热企业(单位)向城市热用户输送热能的设计能力。

集中供热总量 指在报告期供热企业(单位)向城市热用户输送全部蒸汽和热水的总热量。

集中供热面积 指在报告期末符合集中供热标准的供热企业（单位），向城市各类房屋建筑物、构筑物及其它设施供热的建筑面积。

年末道路长度 指年末道路长度和与道路相通的广场、桥梁、隧道的长度，按车行道中心线计算。在统计时只统计路面宽度在 3.5 米(含 3.5 米)以上的各种铺装道路，包括开放型工业区和住宅区道路在内。

城市排水管道长度 指所有排水总管、干管、支管、检查井及连接井进出口等长度之和。

城市园林绿地面积 指报告期末用作园林和绿化的各种绿地面积。包括公共绿地、居住区绿地、单位附属绿地、防护绿地、生产绿地、道路绿地和风景林地面积。

不包括：

1.屋顶绿化、垂直绿化、阳台绿化和室内绿化。

2.以物质生产为主的林地、耕地、牧草地、果园和竹园等。

3.城市总体规划中不列入绿地的水域。

公园绿地 指向公众开放的市级、区级、居住区级各类公园、街旁游园，包括其范围内的水域。其中居住区级公园应不小于 1 万平方米，街旁游园的宽度不小于 8 米，面积不小于 400 平方米。

供水综合生产能力 指按供水设施取水、净化、送水、出厂输水干管等环节设计能力计算的综合生产能力。包括在原设计能力的基础上，经挖、革、改增加的生产能力。计算时，以四个环节中最薄弱的环节为主确定能力。

年末供水管道长度 指从送水泵至用户水表之间所有管道的长度。不包括新安装尚未使用的管道。

全年供水总量 指报告期供水企业(单位)供出的全部水量。包括有效供水量和漏损水量。

用水普及率 指城市用水人口数与城市人口总数的比率。计算公式：用水普及率=城市用水人口数/城市人口总数×100%。

燃气普及率 指报告期末使用燃气的城市人口数与城市人口总数的比率。计算公式为：燃气普及率=城市用气人口数/城市人口总数×100%。

二氧化硫年平均值 城市建成区认证点位测得的单位体积中二氧化硫含量，按日计算的年平均值。

二氧化氮年平均值 城市建成区认证点位测得的单位体积中二氧化氮含量，按日计算的年平均值。

可吸入颗粒物年平均值 城市建成区认证点位测得的单位体积中可吸入颗粒物含量，按日计算的年平均值。可吸入颗粒物指空气动力学当量直径≤10 微米的颗粒物称为可吸入颗粒物，又称为 PM10。可吸入颗粒物可以被人体吸入，沉积在呼吸道、肺泡等部位从而引发疾病。

化学需氧量（COD） 测量有机和无机物质化学分解所消耗氧的质量浓度的水污染指数。

城市饮用水源地水质达标率 城市市区从集中式饮用水源地取得的水量中，其地表水源水质达到《地表水环境质量标准》（GB3838-2002）III类和地下水源水质达到《地下水质量标准》（GB/T 14848-93）III类的水量之和占取水总量的百分比。

卫生、体育、人口和计划生育

卫生机构 包括医疗机构、疾病预防控制中心(防疫站)、采供血机构、卫生监督及监测(检验)机构、医学科研和在职培训机构、健康教育所等。

医疗机构 包括医院、社区卫生服务中心(站)、疗养院、卫生院、门诊部、诊所(卫生所、医务室)、妇幼保健

院(所、站)、专科疾病防治院(所、站)、急救中心(站)和临床检验中心。医疗机构分为非赢利性医疗机构和赢利性医疗机构。

医　院　包括综合医院、中医医院、中西医结合医院、民族医院、各类专科医院和护理院。

卫生技术人员　指卫生机构中医生、护理人员、药剂人员、检验人员等卫生技术人员。

医　生　指在医疗、预防保健机构工作且取得《执业医师证书》的执业医师和执业助理医师。

等级运动员　经考核正式批准授予运动员称号的运动员，分为国际级运动健将、运动健将、一级、二级运动员。

等级教练员　经考核正式批准授予等级教练员职称的教练员，分为国家级、高级、中级、初级教练员。

等级裁判员　经考核正式批准授予等级裁判员称号的裁判员，分为国家级、一级、二级裁、三级裁判。

农村住户调查

农村住户　指经常居住在农村的常住户。是指在农村范围内居住或即将居住半年及以上的家庭户。户口不在本地而在本地居住或即将居住半年及以上的住户也包括在本地农村常住户范围内；有本地户口，但举家外出谋生半年以上的住户，无论是否保留承包耕地都不包括在本地农村住户范围内。

常住人口　指全年经常在家或在家居住 6 个月以上，而且经济和生活与本户连成一体的人口。外出从业人员在外居住时间虽然在 6 个月以上，但收入主要带回家中，经济与本户连为一体，仍视为家庭常住人口；在家居住，生活和本户连成一体的国家职工、退休人员也为家庭常住人口。但是现役军人、中专及以上(走读生除外)的在校学生、以及常年在外(不包括探亲、看病等)且已有稳定的职业与居住场所的外出从业人员，不算家庭常住人口。家庭常住人口主要作为计算农村住户平均每人收入、消费和积累水平及分析家庭人口状况的依据。

整、半劳动力　整劳动力指男子 18 周岁到 50 周岁，女子 18 周岁到 45 周岁；半劳动力指男子 16 周岁到 17 周岁，51 周岁到 60 周岁；女子 16 周岁到 17 周岁，46 周岁到 55 周岁，同时具有劳动能力的人。虽然在劳动年龄之内，但已丧失劳动能力的人，不应算为劳动力；超过劳动年龄，但能经常参加劳动，计入半劳动力数内。

总收入　指调查期内农村住户和住户成员从各种来源渠道得到的收入总和。按收入的性质划分为工资性收入、家庭经营收入、财产性收入和转移性收入。

工资性收入　指农村住户成员受雇于单位或个人，靠提供劳动而获得的收入。

家庭经营收入　指农村住户以家庭为生产经营单位进行生产筹划和管理而获得的收入。农村住户家庭经营活动按行业划分为农业、林业、牧业、渔业、工业、建筑业、交通运输业邮电业、批发和零售贸易餐饮业、社会服务业、文教卫生业和其他家庭经营。

财产性收入　指金融资产或有形非生产性资产的所有者向其他机构单位提供资金或将有形非生产性资产供其支配，作为回报而从中获得的收入。

转移性收入　指农村住户和住户成员无须付出任何对应物而获得的货物、服务、资金或资产所有权等，不包括无偿提供的用于固定资本形成的资金。一般情况下，是指农村住户在二次分配中的所有收入。

现金收入　指农村住户和住户成员在调查期内得到以现金形态表现的收入。按来源分成工资性收入、家庭经营现金收入、财产性收入、转移性收入。

纯收入　指农村住户当年从各个来源得到的总收入相应地扣除所发生的费用后的收入总和。计算方法：

纯收入=总收入-家庭经营费用支出-税费支出-生产性固定资产折旧-赠送农村内部亲友支出

纯收入主要用于再生产投入和当年生活消费支出，也可用于储蓄和各种非义务性支出。“农民人均纯收入”按人口平均的纯收入水平，反映的是一个地区或一个农户农村居民的平均收入水平。

总支出　指农村住户用于生产、生活和再分配的全部支出。家庭经营费用支出、购置生产性固定资产支出、生产性固定资产折旧、税费支出、生活消费支出、财产性支出和转移性支出。

附录三

2013年滕州市统计工作大事记

2013 年滕州市统计工作大事记

△1 月 4 日，枣庄市统计局副局长张正鹏一行 4 人来滕，对政府统计规范化建设情况进行考核，同时调研镇街统计机构设置情况。市委常委、副市长王晓辉和局领导秦献春、张善秋、崔运林等陪同。

△1 月 5 日，市统计局被省人社厅、省公务员局和省统计局联合表彰为“全省统计系统先进集体”。

△1 月 6 日，市委常委、副市长宗大全听取近期统计工作情况汇报，秦献春局长汇报了 2012 年统计年报工作进度及主要指标情况、迎接枣庄市目标考核以及筹备全市统计工作会议、启动第三次经济普查、全市投入产出调查等工作。

△1 月 8 日，市第七纪工委对巡查监督市统计局党风廉政建设情况进行反馈。徐印海书记、刘梅副书记和市统计局局党组全体成员参加。

△1 月 10 日，市统计局党组召开领导班子民主生活会。

是日，市统计局召开机关全体人员会议，传达学习全市经济工作会议、市人大、政协“两会”及全国统计工作会议精神，研究安排当前重点工作。

△1 月 11 日-15 日，市委、市政府组成 3 个综合考核组，深入 21 个镇街进行分类考核，秦献春局长和 3 位科长参加考核工作。

△1 月 12 日，市委书记董沂峰和市委副书记、组织部长邵士官对市统计局呈报的《关于枣庄市科学发展群众满意度调查情况的汇报》分别作出重要批示。

△1 月 16 日，在 2012 年枣庄区（市）优秀统计分析评比中，市统计局撰写的《咬住目标奋力赶超 扬长避短加快发展——我市县域经济发展比较分析》荣获一等奖，《我市固定资产投资增长下行压力加大》荣获二等奖。

△1 月 23 日，市统计局完成了市委组织部组织的全市社情民意调查汇总分析，并形成《滕州市社情民意调查分析报告》。

△1 月 26 日，省统计局工业处处长陆万明、能源处处长李坤道一行 5 人来滕检查指导工作，市委常委、副市长王晓辉，枣庄市统计局局长魏国、副局长张居新和秦献春局长陪同活动。

△1 月 29 日，市委组织部、市统计局形成《滕州市科学发展满意度及社情民意调查情况汇报》。

△1 月 30 日，市统计局汇编的《统计分析与研究-2012》出版发行，该文集收录了 2012 年市统计局机关人员撰写的 40 余篇优秀文章，分为工作研究、统计分析和工作感悟三部分。

△2 月 2 日，在全市综合表彰大会上，市统计局荣获 2012 年度目标考核先进集体、精神文明建设文明单位、重点项目建设优质服务先进单位、工业转型升级先进单位等称号，8 名同志受到表彰奖励。

△2 月 4 日，市委副书记、组织部长邵士官，市委常委、副市长宗大全前往国家统计汇报全市统计工作，并看望在我市挂职离任的王晓辉副司长。国家统计局副局长许宪春、工业司司长杨宽宽、能源统计司司长文兼武等领导接待并进行了座谈交流。秦献春局长陪同参加。

△2 月 18 日，全市统计系统培训暨作风建设会议召开，2 月 19 至 21 日，市统计局机关全体人员进行集中学习和交流讨论。

△3 月 1 日，市统计局汇总编发《2012 年滕州市经济发展统计分析报告》。

△3 月 2 日，市统计局副科级以上干部前往柴胡店镇参加“双联”活动启动仪式。

△3 月 3 日，市统计局印发《关于加强专业学习争做统计专家的实施意见（试行）》。

△3 月 5 日，枣庄市委常委、滕州市委书记董沂峰对市统计局呈报的第 7 期《统计专报》作出重要批示。

△3 月 10 日至 14 日，秦献春局长随同市党政考察团前往开封新区、郑东新区、孝义市、正定县、藁城市、天津市滨海新区等地考察学习。

△3 月 13 日，省统计局设管处副处长刘爱芝一行 3 人，来滕考核县级政府统计机构规范化建设情况。枣庄市统计局局长魏国、副局长张正鹏，滕州市委副书记、组织

部部长邵士官等陪同活动。

△3 月 16 日，市长远义彬听取市统计局关于开展第三次经济普查和统计基层基础建设情况的汇报。

△3 月 18 日至 19 日，省统计局综合处调研员董晓青一行 2 人，来滕调研经济社会发展情况。枣庄市统计局局长魏国、副局长沈道坦，滕州市委常委、副市长宗大全，市统计局局长秦献春等陪同活动。

是日，市委书记董沂峰、市长远义彬先后对市统计局呈报的《滕州市 2012 年国民经济和社会发展统计公报》作出批示。

△3 月 21 日，滕州日报全文刊发《滕州市 2012 年国民经济和社会发展统计公报》。

△3 月 25 日，市政府办公室下发《关于开展第三次全市经济普查的通知》（滕政办发〔2013〕34 号）。

△3 月 27 日，中国信息报社山东记者站站长李玉国来滕调研采访，枣庄市统计局局长魏国、副局长沈道坦，市政协副主席、市委统战部部长孙士泉和秦献春局长等陪同。

△3 月 29 日，全市统计工作暨第三次经济普查动员会议召开。市委常委、副市长宗大全，市人大常委会副主任柴春国，市政协副主席李怀兴出席会议。各镇街镇长（主任）、统计站站长、经济发展办公室主任，市第三次经济普查领导小组成员，市直有关部门分管负责人参加会议。

△4 月 5 日，市政府下发《关于进一步加强和规范统计基层基础工作的意见》（滕政发[2013]33 号），对镇街统计机构建设提出“六有”的要求。

△4 月 11 日，市统计局党组下发《关于郝芳等同志任免职的通知》，调整任命局中层干部。

是日，市统计局下发《滕州市镇（街道）统计机构建设指导意见》。

△4 月 16 日，《滕州市镇（街道）统计工作规范化管理办法（试行）》、市局机关《周工作报告制度》出台。

△4 月 18 日至 20 日，全国沿海部分区、县（市）第三十届统计信息交流年会在无锡市锡山区举行，市统计局局长秦献春等参加会议。会议确定下半年，全国沿海部分区、县（市）第八届统计工作专题研讨会暨交流年会 30 周年纪念活动在滕州举行。

△4 月 18 日至 23 日，市统计局 3 位副局长带队分别深入 21 个镇街，实地调研督查镇街统计机构规范组建工作。

△4 月 23 日，市统计局机关《统计讲堂》开讲。

△4 月 26 日，枣庄市统计局副局长张居新等一行 4 人来滕调研一季度经济运行及统计基层规范化建设情况，市统计局局长秦献春等陪同活动。

是日，《滕州统计手册 2012》出版发行。

△5 月 10 日，市统计局召开党支部换届选举党员大会，选举产生了新一届统计局党支部委员会。

△5 月 11 日至 12 日，国家统计局农村社会经济调查司巡视员徐志全一行 4 人，在省统计局农村处处长姜西海和枣庄市统计局局长魏国、农村经济调查队队长陈继乔等陪同下，来我市调研县域经济发展及县乡卡统计工作开展情况。市领导宗大全、刘涛，市统计局局长秦献春等陪同活动。

△5 月 14 日至 15 日，市委市政府督查局会同市编办、市统计局对各镇街统计工作规范化建设情况进行专项督查。

△5 月 21 日至 23 日，市统计局举办为期 3 天的全市镇街专职统计人员培训班。

△5 月 21 日至 23 日，山东省第六届县（市）区统计信息交流年会在东营市广饶县召开，市统计局副局长张善秋等参加会议。

△5 月 23 日，市统计局组织编印的《统计法律法规和文件汇编》出版发行。

△6 月 18 日，市统计局副局长、市普查中心主任吴洪聚等走进市广播影视总台“政风行风热线”直播室，现场解答听众有关经济社会发展问题。

△6 月 19 日，市委市政府召开全市“双过半”工作会议。市统计局向会议提报了《2013 年 1—5 月份全市及镇街主要经济指标完成情况》等会议材料，秦献春局长作大会发言。

△6 月 22 日，山东省统计局社科处处长杜峰来滕调研经济社会发展情况。

△6 月 27 日，枣庄市统计局副局长张居新一行 4 人来滕调研上半年工业经济运行情况，市统计局局长秦献春、副局长张善秋等陪同调研。

是日，召开启动镇街第三次经济普查暨统计站长（主任）会议，全面启动镇街第三次经济普查准备工作。

△7 月 1 日，市统计局召开庆祝建党 92 周年暨机关

干部会议，总结上半年工作安排部署下半年工作任务。

是日，《山东统计信息内网》“市县采风”栏目刊登了我市经济社会发展和统计工作开展情况。

△7 月 2 日，枣庄市统计局副局长、市第三次经济普查领导小组办公室副主任张正鹏等一行 3 人来我市调研第三次经济普查工作，秦献春局长做工作汇报。

△7 月 8 日，市第三次经济普查领导小组下发《关于公布滕州市第三次经济普查领导小组办公室成员名单的通知》（滕经普组字〔2013〕2 号）、《关于设立滕州市第三次经济普查领导小组办公室各工作组的通知》（滕经普组字〔2013〕3 号），组建了以市统计局副局长、市普查中心主任吴洪聚同志为主任、市统计局其他分管领导为副主任、30 个相关部门和市统计局中层干部为成员的市第三次经济普查领导小组办公室。

△7 月 10 日，全省统计系统行风建设工作现场会在我市召开。省统计局党组成员、纪检组长刘福谋，全省 17 地市统计局分管领导参加会议，枣庄市统计局局长魏国，市委常委、副市长宗大全，市统计局局长秦献春等陪同活动。

△7 月 13 日，江阴市统计局局长陈泓一行来滕调研经济社会发展情况。

△7 月 24 日，枣庄市统计局副局长张居新来滕检查联网直报企业“三查”、基本单位清查和农村统计“双基”建设等工作，市统计局局长秦献春等陪同检查。

△7 月 25 日，枣庄市统计基层基础建设工作现场会议在我市西岗镇召开。枣庄市委常委、常务副市长王邵军，枣庄市统计局局长魏国，市委副书记、市长远义彬，市委常委、副市长、市政府党组副书记宗大全等出席会议。会议参观了西岗镇、级索镇统计工作现场，宗大全副市长作了经验介绍。

△8 月 2 日，寿光市统计局李建东局长一行 7 人来滕考察交流统计工作。

△8 月 3 日，市统计局召开局党组理论学习中心组（扩大）读书会，学习传达全省统计局长座谈会议和枣庄市基层基础工作现场会议精神，总结今年以来工作，研究第三次经济普查工作措施，安排近期全市统计工作。

△8 月 5 日至 6 日，省统计局农村处刘作岭科长带领农村统计检查组一行 3 人，在枣庄市统计局社会经济调查队队长陈继乔等陪同下，来我市检查指导农村统计基层基础工作，统计局局长秦献春、副局长吴洪聚等陪同活动。

△8 月 6 日，市政府下发《关于进一步加强“三上”企业入库统计工作的通知》（滕政办发[2013]111 号），对进一步加强“三上”企业入库统计工作提出明确要求。

△8 月 8 日，市统计局出台《关于在全市镇街统计机构开展“双争一创”活动的意见》。

△8 月 16 日，莱城区统计局局长张同祥一行来滕调研经济社会发展情况。

△8 月 19 日，市统计局下发《滕州市镇（街道）统计工作规范化建设考核办法（试行）》。

△8 月 22 日，市统计局组织副科级以上领导干部到柴胡店镇参加践行群众路线“双联”圆梦行动启动仪式。

△8 月 23 日至 24 日，市统计局组织开展全市镇街统计工作规范化建设现场观摩活动。

△8 月 26 日，市机构编制委员会批复设立“滕州市社情民意调查中心”，隶属市统计局管理。

△8 月 28 日，市委常委、副市长宗大全召开全市“三上”企业入库统计工作调度会议，市统计局秦献春局长通报了全市“三上”企业入库统计工作有关情况。

△9 月 2 日，市统计局、市第六次人口普查领导小组办公室组织编印的《滕州市第六次人口普查资料》出版发行。

是日，市统计局组织编印的《滕州统计年鉴 2013》出版发行。

△9 月 7 日，市委、市政府召开全市科学发展群众满意度调查工作会议。

△9 月 9 日，市第三次经济普查领导小组下发《关于印发张高丽同志在全国电视电话会议上讲话、孙伟同志在全省电视电话会议上讲话的通知》（滕经普组字〔2013〕4 号）。

△9 月 10 日，市第三次经济普查领导小组办公室召开经济普查工作会议，传达枣庄市经普办会议精神，总结前期工作开展情况，安排部署基本单位名录库单位核查比对等工作。

△9 月 12 日，市统计局下发《关于加快做好全市“三上”企业和“个转企”、“下转上”入库统计工作的通知》（滕统字[2013]31 号）。

△9 月 16 日，市第三次经济普查领导小组办公室下发《关于做好第三次经济普查普查区划分工作的通知》（滕

经普办字[2013]4号)、《关于认真做好第三次经济普查普查指导员、普查员选聘工作的通知》(滕经普办字[2013]5号)、《关于第三次经济普查期间确保普查队伍人员稳定的通知》(滕经普办字[2013]6号)。

是日,市第三次经济普查领导小组办公室在滕州日报全文刊发了《致全市经济普查调查对象的一封信》。

△9月17日,市第三次经济普查领导小组办公室召开全市经济普查工作会议。各镇街经济普查办公室常务副主任、市经济普查办公室各工作组组长参加会议。

△9月18日,市委副书记、市长远义彬主持召开市政府17届16次常务会议,听取了市统计局关于第三次经济普查和社情民意调查工作情况的汇报。

△9月22日,市第三次经济普查领导小组办公室、市财政局联合下发《关于做好第三次经济普查经费保障工作的通知》(滕经普办字〔2013〕7号)。

△9月25日,市第三次经济普查领导小组办公室、市旅服局、市金融工作办公室和中国人民银行滕州市支行联合下发《关于重点服务业企业和金融机构开展经济普查宣传工作的通知》(滕经普办字〔2013〕8号)。

是日,市第三次经济普查领导小组下发《关于开展全市第三次经济普查单位现场核查工作的通知》(滕经普组字[2013]5号)。

△9月27日,枣庄市统计局副局长、市经济普查办公室常务副主任张正鹏一行来滕调研督导第三次经济普查工作进展情况。

△9月29日,市第三次经济普查领导小组第一次(扩大)会议在市政务中心第一会议室召开。市委常委、副市长、市三经普领导小组组长宗大全出席会议并讲话。

△10月8日,市统计局开展首次镇街"统计先锋岗"推荐评选。

△10月12日,省经普办主任、省统计局副巡视员刘绍辉,在枣庄市统计局局长魏国等陪同下,来我市调研第三次经济普查和统计基层基础工作,市委常委、副市长宗大全和秦献春局长陪同活动。

是日,全市第三次经济普查暨新增"三上"企业调度会议召开。市委副书记、市长远义彬出席会议并讲话,宗大全副市长主持会议,各镇街党委书记参加会议。秦献春局长通报了全市第三次经济普查和新增"三上"企业工作进展情况。

△10月13日,全省1%人口和劳动力抽样调查培训会议在我市召开,全省17地市及部分区县统计局业务人员参加会议。

△10月14日至19日,市经普办抽调工行、质监、国税、地税局、统计等部门人员集中办理"三上"企业新增工作。

△10月15日,市委宣传部、市经普办召开全市经济普查宣传工作会议。市委宣传部副部长殷涛、市统计局副局长孙清华到会并讲话。

△10月19日,全市第三次经济普查单位现场核查动员暨业务培训会议召开,各镇(街)经普办常务副主任、普查业务骨干和市经普办全体人员200余人参加会议。

△10月23日,枣庄市1%人口和劳动力抽样调查培训会议在我市召开,枣庄市统计局副局长沈道坦到会讲话。

△10月24日,全市经济运行形势分析调度会议召开,秦献春局长在会上汇报了1-9月份经济运行情况。

△10月29日至30日,全省部分县市(区)统计局长座谈会在临沂市召开,秦献春局长参加会议。

△11月1日,市经普办、市机关事务管理局召开驻政务中心市直机关经济普查单位现场核查会议。

△11月1日至10日,我市2013年1%人口和劳动力抽样调查进入入户登记阶段。

△11月6日,省统计局设计管理处调研员、省经济普查办公室业务组组长刘爱芝一行,在枣庄市统计局局长魏国、副局长张正鹏等陪同下,来滕调研和督查第三次经济普查工作。枣庄市委常委、滕州市委书记董沂峰和市委常委、副市长宗大全会见了刘爱芝一行,并座谈交流了我市经济社会发展和经济普查开展情况,秦献春局长陪同活动。

△11月8日,全市决战全年工作会议召开,市统计局向会议提报了《前三季度全市经济运行情况分析》和分镇街主要指标完成情况。

△11月18日至19日,全省统计基层基础建设现场暨设管系统年定报布置会议在东营市召开,秦献春局长参加会议并作典型发言。

△11月20日,秦献春局长带队一行5人赴济宁市、肥城市实地学习考察社情民意调查工作。

△11月26日,广饶县统计局局长张永华一行3人来

我市考察交流统计行风建设工作。

△11月27日，山东省统计局下发《关于县级政府统计机构统计工作规范化建设考核情况的通报》，市统计局荣获“国家级县级政府统计机构统计工作规范化建设优秀单位”称号。

△11月28日，省统计局副局长左振华一行，在枣庄市委常委、常务副市长王邵军，市统计局局长魏国的陪同下，来滕督查第三次经济普查工作开展情况，市委副书记邵士官、副市长朱晏辰、市统计局局长秦献春陪同活动。

是日，国家统计局工业司综合处处长于新华、专项调查处处长刘玉麒、生产运行处处长江源等在枣庄市统计局副局长张居新陪同下来滕调研经济社会发展情况，孙清华副局长陪同活动。

△11月28日至29日，全省县级统计局工业科长培训会议在我市召开，省统计局副局长左振华、工业处处长陆万明出席会议并讲话，各市、县统计局工业科科长参加培训。

△12月5日，全市第三次经济普查宣传月启动仪式在龙泉广场举行。市领导宗大全、姜繁茂、刘茜出席仪式并巡视经济普查宣传站点，宗大全同志代表市委、市政府讲话，秦献春同志宣读《致全市经济普查对象的一封信》，殷涛同志主持启动仪式。

是日，全市单位现场核查工作调度会召开，市委常委、副市长宗大全出席会议并讲话。市编办、民政、教育、卫生等部门分管负责人，各镇街分管负责人、经普办常务副主任参加会议。

△12月22日至23日，枣庄市第三次经济普查数据处理与PDA使用培训会议在我市召开，枣庄市统计局副局长、第三次经济普查领导小组办公室副主任张正鹏到会并作动员讲话，秦献春局长致欢迎辞，各区（市）、枣庄高新区、各乡镇（街道）有关业务人员150余人参加会议。

△12月23日，第十三届全国县域经济与县域基本竞争力百强县市发布，我市位列全国“百强县”第22位。

△12月28日，2013第八届中国全面小康论坛在北京国谊宾馆举行。我市荣膺“2013中国全面小康十大示范县市”，市委常委、市政府党组副书记、副市长宗大全，市统计局局长秦献春参加论坛。

△12月29日至31日，滕州市2013年度第二次科学发展群众满意度调查在枣庄市社情民意中心进行。市委常委、副市长宗大全和市直牵头部门主要负责人、各镇街镇长（主任）等现场旁听。

附录四

统计工作文件

滕州市人民政府
关于进一步加强和规范统计基层基础工作的意见

（滕政发〔2013〕33号）

各镇人民政府、街道办事处，滕州经济开发区管委会，市政府各部门、各大企业：

为适应国家统计制度方法改革要求，切实提高统计能力、统计数据质量和政府统计公信力，根据《统计法》、省政府《关于进一步加强统计基层基础工作的意见》（鲁政办发[2011]65 号）和枣庄市政府《关于进一步加强统计基层基础工作的意见》（枣政办发[2013]14 号）等文件精神，结合我市实际，提出以下意见：

一、充分认识统计基层基础工作的重要性

统计是科学决策和宏观管理的重要基础性工作，是监测指导国民经济运行和社会事业发展的重要手段。统计基层基础工作是整个统计工作的源头和基石。全国开展的以企业一套表联网直报为核心的统计“四大工程”（基本单位名录库、企业一套表制度、数据采集处理软件系统和联网直报系统）建设，是统计理念和数据生产方式的重大变革，对统计工作尤其是统计基层基础工作提出了全新要求。目前我市统计基层机构队伍建设滞后、基础工作薄弱，主要表现在镇（街道）统计机构设置不规范，工作关系不理顺，人员偏少、经费不足，任务与保障条件不匹配；市直部门和三上企业的统计机构不健全，分管同志和统计人员不稳定，有的企业不能满足数据联网直报的需要；部门统计未能实现全行业统计，不能全面客观反映本部门（行业）的实际情况；统计法制意识淡薄，统计理念滞后，数出多门、随意发布使用统计数据的现象依然存在等。各级各部门和企事业单位要从提高数据质量、提高政府统计公信力，促进全市经济社会科学发展的高度，充分认识新形势下加强统计基层基础工作的重要性、紧迫性，切实增强大局意识、责任意识和法制意识，主动查找和正视统计工作中存在的具体问题和薄弱环节，采取有力有效的措施，加强和规范统计基层基础工作，推进统计事业科学发展。

二、全面加强镇（街道）统计机构、队伍建设

认真落实国家统计局《乡镇统计工作规范》，按照有机构、有编制、有人员、有经费、有专门办公场所和办公设施的规范化乡镇统计机构的要求，全面加强镇街统计工作机构、队伍建设，进一步理顺关系、整合力量，明确职责、规范行为，在市统计局的业务指导下依法开展统计工作。

1、人员配备。各镇街要选用热爱统计工作、业务能力强、综合素质高的同志从事统计工作。镇街统计机构专职统计人员按照 2012 年末总人口和经济总量来确定，5 万人以下的镇街，专职统计人员不少于 3 人；5—8 万人的镇街，专职统计人员不少于 4 人，8 万人以上的镇街，专职统计人员不少于 5 人，同样人口段内经济总量较大的镇街和服务业相对发达的街道，可以适当增加 1 名统计人员。组建新的镇街统计机构时，要确保统计人员的稳定性和统计工作的连续性。今后镇街统计工作机构负责人调整前，要事先征求市统计局的意见并备案。各村（居）民委员会要至少明确 1 名专职或兼职人员负责统计工作。在网报期间和普查工作等时段，不得抽调专职统计人员从事其他临时性、帮包性工作。

2、工作职责。镇街统计机构行使政府综合统计管理职能，依据国家统计法律法规和制度方法，组织和管理辖区的统计工作；农业、畜牧业、工业、能源、服务业、建筑业、房地产、固定资产投资、社会科技、财政、税收、人口、民生等各项经济社会指标，实行归口管理，全部由镇街统计机构依照统计制度方法和上级统计部门要求，负责搜集整理、汇总上报；负责辖区内基本单位名录库的动态维护和更新管理，开展镇域经济运行统计监测分析，为领导决策提供统计数据、信息咨询等服务。

3、办公设施。镇街统计机构实行集中统一办公，人均办公用房使用面积不少于 15 平米，建立统计档案资料室；配置计算机、笔记本电脑、手持电子采集终端（PDA）、电话传真和打印复印等办公设备，实现镇街与省市、国家统计专线联网运行畅通；保证统计调查、大型普查等公务用车。

4、经费保障。依据辖区人口和经济规模合理核定经常性公用经费预算，将统计机构的人员经费、业务和办公经费、信息化经费、大型普查经费及其聘用的普查员、普查指导员劳动报酬等纳入镇街财政预算，并依据经济发展水平每年适度增加，按时拨付和足额报销。

三、全力做好以一套表为重点的企业统计工作

（一）落实一套表各项工作要求。规模以上工业企业、限额以上批零住餐企业、资质内建筑和房地产开发企业、重点服务业企业（以下简称三上企业），要设立统计科室或者明确承担综合统计工作的机构，指定企业分管统计工作的负责人，选配熟悉业务、责任心强的综合统计负责人。大中型企业要配备专职统计人员 2-5 人，小型企业要配备 1-2 名兼职统计人员，企业统计人员要保持相对稳定，确需调整时应征得上级统计部门的意见。实施网上直报企业，应配备计算机等数据处理、传输设备，逐步实现统计数据采集、整理、传输、应用和管理的现代化。

（二）提高联网直报数据质量。三上企业要认真执行国家一套表联网直报制度，按时完成上级统计部门依法部署的统计调查任务，真实、准确、完整、按时提供统计调查所需的资料，不得提供不真实或者不完整的统计资料，不得迟报、拒报、瞒报、虚报统计数据。企业必须建立健全能够真实反映生产经营和管理活动的统计原始记录和统计台账，做到数出有据、数变有因，确保与统计报表衔接一致；要建立统计档案和资料管理制度，逐步实现统计台账的电子化管理，确保统计档案资料的连续性和完整性。任何单位和个人不得以任何方式干扰企业独立报送统计资料，不得自行修改企业统计数据。市、镇街统计机构要加强业务指导、工作督查和统计执法，健全数据质量控制机制，依法查处企业统计违法行为，不断提升统计源头数据质量。

（三）实施企业统计工作星级化管理。三上企业要认真落实《统计法》和《山东省企业统计工作规范》，按照《山东省三上企业统计星级单位管理实施方案》要求，积极开展企业统计星级管理创建活动，为提升企业管理水平和市场竞争力提供统计保障。上级统计部门在审核涉及三上企业的产品、数据认证等事项时，要求申报企业必须是一星级及以上企业。市经信、发改、财政、工商、金融、税务、质监、商务、旅服、住建、环保等部门要结合各自职责，在工作部署、政策导向、业务检查等环节，指导和支持企业实施统计工作星级化管理。获得三星级及其以上企业，将作为滕州市级诚信企业评定、市级财政扶持和金融机构授信放贷、利率优惠的依据之一。

四、进一步加强部门和开发区、重点园区统计工作

（一）规范完善部门统计工作。认真贯彻《山东省部门统计工作规范化管理办法》，市直各经济综合部门、行业主管部门要明确分管统计工作的负责同志，设立专门统计机构或明确相关的业务科室承担统计职能，配备与统计工作任务相适应的专业人员及其办公设施。建立健全部门统计原始记录和统计台账，规范统计调查的业务流程，实现由部门统计向全行业统计转变。市、镇（街道）所属各部门单位、行业要及时向同级政府综合统计机构提供统计所需的行政记录资料和国民经济核算所需的财务、财政资料等；在统计业务上接受政府综合统计部门的指导、管理和监督，向上级主管部门报送的有关统计资料要同时报送同级统计机构。部门统计人员调整，应办理统计档案、资料的移交手续。建立完善统计、机构编制、民政、国税、地税、工商和质监等部门组成的基本单位名录资料交换共享平台，加强基本单位信息的采集、管理、交换和使用。

（二）加强经济开发区和重点园区统计工作。认真贯彻《山东省园区统计工作管理办法》，经济开发区管委会要设立与创建国家级经济技术开发区要求相适应的统计机构，配备专职统计人员，认真执行开发区统计制度方法。加强单位名录库建设，做到地域范围界定准确、企业信息完整规范、及时维护更新；加强新增规上企业和固定资产投资项目的纳入管理，经确认符合上报要求并反馈后方可纳入统计；加强对企业统计基层基础建设、统计报表制度执行等情况的督导检查，确保统计数据质量。全市六个百亿元板块所在的镇街和其他重点工业园区要明确 1 名专兼职统计人员，在镇街统计机构的指导下做好园区统计工作。

五、保障统计工作依法有序开展

（一）明确领导职责。各级各部门和企事业单位要切实加强对统计工作的领导，认真研究和解决统计工作中存在的问题和实际困难，支持统计人员依法行使统计调查、统计报告和统计监督的权利，并在工作条件、继续教育和提拔任用等方面给予更多的关心和倾斜。统计工作由行政主要负责同志分管，各镇街、各部门和单位主要负责人对统计工作的组织实施和统计结果负总责。

（二）强化督导落实。研究制定镇街和部门统计工作规范化管理办法，开展统计工作规范化创建和企业统计星级化管理活动，确保统计基层基础建设的各项措施落到实处。市政府建立统计工作考核机制，对各镇街、部门和三上企业统计工作规范化建设、统计数据质量、统计工作的协调联动、统计数据的分析发布等进行督导检查和量化考核。市政府每两年表彰一次滕州市统计工作先进集体和先进个人。

（三）坚持依法统计。各级各部门各单位要认真学习和严格遵守统计法律法规，支持统计机构和统计人员依法独立行使职权，维护统计数据的真实性、权威性和严肃性。加大统计执法检查力度，严肃查处统计调查对象提供不真实、不完整的统计资料，或拒绝提供统计调查所需的资料等统计违法行为。依法加强对部门统计调查项目的审批工作，各部门开展的统计调查项目，必须通过市统计局审批或备案后方可实施，坚决制止多头要数、随意出数。

（四）提升统计能力。统计人员应当具备大专以上文化程度，并在上岗后一年内取得《统计从业资格证书》。建立企业和镇街、部门统计人员定期业务培训和轮训制度，开展继续教育、学习考察和统计信息交流活动，切实提升统计数据的获取能力、解读分析能力，培养一批具有中、高级职称的高素质统计人才，打造“数真为本、服务为先”的滕州统计品牌。

（五）规范发布程序。落实枣庄市政府《关于进一步做好统计新闻发布工作的通知》精神，市统计局和市直有关部门要建立统计新闻发布制度，明确由一位领导班子成员担任新闻发言人，严格按照规定的程序报批发布统计数据。主要包括：全市国民经济和社会发展的主要指标数据资料，重点调查、大型普查所获得的数据资料，统计制度改革以及社会各界需要发布的事项等。市统计局统计调查取得的统计数据，由市统计局发布。市直有关部门统计调查取得的统计数据，由有关部门发布；其中与市统计局的统计数据有重复交叉的，应当在同市统计局协商后，再由市直有关部门公布；发布全局性经济社会统计资料，要事先与市统计局协调衔接，取得一致意见后方可发布。

（六）加强协调配合。市政府建立统计工作联席会议制度，每月定期交流经济运行情况及有关统计指标数据，不定期的召开经济社会发展情况统计分析联席会议。市统计局要认真落实《县级统计机构工作规范》和《县级统计局考评办法》，依法履行政府综合统计的职责，加强对全市统计工作的业务管理和督查考核，做好对镇街、部门和“三上”企业等主要经济指标的汇总、审核、发布工作。

滕州市人民政府

2013 年 4 月 5 日

滕州市镇（街道）统计工作规范化建设考核办法

滕统字〔2013〕29号

为进一步加强镇街统计基础工作，提升统计能力，提高统计数据质量，促进统计工作科学化、规范化、制度化、信息化，更好地服务于经济社会发展，根据市政府《关于进一步加强和规范统计基层基础工作的意见》和《滕州市镇街统计基础工作规范化管理办法（试行）》，特制定本考核办法。

一、考核对象和内容

考核对象：各镇街统计站、统计办公室。

考核内容：统计机构和统计职责、办公条件和经费保障、制度建设和统计执法、统计调查和统计报表、原始记录和统计台账、统计信息化和网络维护、统计服务和资料管理以及其它事项等八个方面。考核计分采用百分制，具体项目如下：

（一）统计机构和统计职责（20分）

包括统计机构设置、人员配备、队伍管理、履行职责等。

（二）办公条件和经费保障（10分）

包括办公场所、办公设施、经费保障等。

（三）制度建设和统计执法（6分）

包括建立健全工作制度和统计业务管理制度以及执法检查开展情况等。

（四）统计调查和统计报表（20分）

包括安排布置统计调查任务、开展统计调查培训、组织实施统计调查、名录库维护、星级管理、统计报表数据质量、统计数据核查等。

（五）原始记录和统计台账（6分）

包括各镇街统计站及辖区内调查单位统计台账的设置、原始记录的留存等。

（六）统计信息化和网络维护（15分）

包括信息化建设、联网直报、网络维护等。

（七）统计服务和资料管理（15分）

包括统计资料的整理归档、保存管理、数据发布、统计信息服务、统计产品开发等。

（八）其它事项（8分）

包括上级奖励、领导批示、教育培训、自身建设、工作创新等。

二、考核时间

考核工作按年度进行，每年12月底前完成考核验收。2013年度的考核验收时间为10月底前。

三、考核办法

（一）镇街自评。各镇街对照考核评分细则（见附件）进行逐项自评，并向市统计局报送评分表和自查报告。

（二）市级考核。市统计局成立考核组，统一组织实施对各镇街考核评比工作。通过听取汇报、实地查看、现场计分并结合局各专业科室掌握的情况，得出各镇街综合得分。

根据镇街统计站（统计办）综合得分，90分以上的授予“滕州市统计规范化建设示范镇街”称号，85分以上的授予“滕州市统计规范化统计站（办）”称号，市统计局对镇街统计规范化建设工作实行动态管理，考核得分作为年度评选树优的重要依据。

附：滕州市镇（街道）统计工作规范化建设考核评分细则

滕 州 市 统 计 局

2013年8月16日

附：

滕州市镇（街道）统计工作规范化建设考核评分细则

________镇(街道)

考核事项		考核内容	评分标准	分值	计分
一、统计机构和统计职责 20 分	组织机构	设立实体型综合统计机构	有设置实体型综合统计机构的文件，无则不得分。	3	
		有公章、牌子、电话	有机构公章、机构标识牌、固定电话，每少 1 项扣 1 分。	2	
		领导重视	镇街行政主要领导分管统计工作，同时明确一名领导同志协助分管，未落实扣 1 分。领导班子研究统计工作，每年不少于 2 次；党政联席会议听取统计工作汇报，每年不少于 2 次，以会议记录为准，每少 1 次扣 0.5 分。	2	
	统计人员	人员配备	按照滕政发[2013]33 号文件要求配备专职统计人员，达不到要求的不得分；专职统计人员在其他部门兼职的，有 1 人的扣 1 分，2 人以上的不得分。	5	
			明确村居兼职统计员、统计协管员，每发现有 1 个村居不落实的扣 0.5 分。	1	
			指导督促“四上”企业根据需要设置统计机构，明确综合统计机构负责人，统计人员能适应联网直报工作要求，每发现有 1 家企业不落实的扣 0.5 分。	1	
		持证上岗	统计人员实行持证上岗（从事统计工作不满一年的除外），每有 1 人无证的扣 0.5 分；辖区内“四上”企业综合统计人员持证率低于 50%的扣 2 分。	2	
		人员稳定性	镇街统计机构负责人调整前，未征得市统计局同意的扣 1 分；企业统计人员离职或者减少时，镇街统计机构未督促企业及时补充符合条件的统计人员，每发现 1 家扣 0.5 分。	2	
		履行职责	镇街统计机构依法履行综合统计职能，站长（主任）认真履行工作职责，每发生一次履行职责不到位的扣 1 分。	2	
二、办公条件和经费保障 10 分	场所设施	办公室	统计机构实行集中办公，未能实现相对集中办公的不得分；办公环境不够整洁的扣 0.5 分。	2	
		档案室	有 1 间以上独立统计档案室，建立档案收集、归档、借阅等工作制度，落实好档案资料的防火、防盗、防尘、防虫鼠、防潮湿等措施，积极争创省级规范化统计档案室的得 2 分。	2	

考核事项		考核内容	评分标准	分值	计分
二、办公条件和经费保障 10 分	场所设施	办公设施	办公设施齐全，有资料柜、笔记本电脑、打印机、传真和复印机（可共用）等，每少一项扣 0.5 分。	2	
		专用计算机	每人一台统计专用计算机，达不到标准的不得分。	1	
	经费保障	工作经费	统计机构的办公经费要列入本级年度财政预算或实报实销，得 1.5 分。	1.5	
		专项工作经费	镇街能保障大型普查、专项调查等统计专项工作的办公经费、人员补助、设备购置经费等，得 1.5 分。	1.5	
三、制度建设和统计执法 6 分	制度建设	机关制度	统计机构要建立统计执法检查、基本单位名录库维护更新、信息网络设施管理与使用、统计资料管理、数据质量管理和发布、统计业务学习培训、企业一套表、统计文化和文明机关建设及分专业统计工作制度等，少 1 项制度扣 0.5 分。	2	
		指导督促	指导督促镇街直属部门、村居和企事业单位建立相应的统计管理制度，无则不得分。	1	
	执法检查	法规宣传	积极围绕统计中心工作，拓宽统计法律法规的宣传渠道，创新宣传方式，及时上报相关活动的图文信息资料等，得 1 分。	1	
		检查员配备	镇街统计机构至少配备 1 名统计执法检查员，未取得执法检查证的扣 0.5 分，未配备人员的不得分。	1	
		开展执法检查	积极配合上级统计部门做好统计培训、统计巡查、执法检查工作，不积极配合不得分。	1	
四、统计调查和统计报表 20 分	统计调查	调查任务	按照统计调查制度方法部署和收集统计调查报表，组织业务辅导和培训，使调查对象理解和掌握报表填报方法及调查普查应注意的事项，无组织实施方案或开展情况记录的，每少 1 项扣 1 分，无相关资料或记录的不得分。	4	
		调查组织	认真组织完成各项普查、调查及常规统计工作任务，对于辖区内迟报、拒报和提供不真实统计资料的调查单位，每发现 1 家次扣 0.5 分。	4	
		名录库维护	认真做好辖区内基本单位名录库的新增、变更、注销工作，维护不及时或信息填报不完整的发现 1 家次扣 0.5 分。	3	
		星级管理	建立“四上”企业统计星级管理电子档案，积极推动星级企业的升级晋档，得 2 分。	2	

考核事项		考核内容	评分标准	分值	计分
四、统计调查和统计报表 20 分	统计报表	数据质量	严格审核、汇总、上报所有统计数据，做到资料齐全、规范、正确，无逻辑性差错。镇街每出现一笔统计数据有差错的扣 1 分，辖区内企业每出现一家、一笔统计数据有差错的扣 0.5 分。	5	
		数据核查	对上级统计部门要求查询的事项及时核查、答复，落实不认真或不及时的每有 1 次扣 1 分。	2	
五、原始记录和统计台账 6 分	原始记录	原始记录规范	镇街组织开展的各项统计调查及整理汇总、上报的统计数据，要有（纸质或电子）原始记录资料，无记录的不得分。并做到单位盖章、负责人、统计人员签字等责任表识齐全、规范。	2	
		调查单位原始记录	督促辖区内调查单位留存原始记录，经常进行检查指导，无则不得分。	1	
	统计台账	统计台账规范	镇街要建立专业统计台账，登记不全的扣 1 分，未建立不得分。统计台账与上报数据必须一致，不一致不得分。	2	
		调查单位统计台账	督促辖区内调查单位健全统计台账，经常进行检查指导，无则不得分。	1	
六、统计信息化和网络维护 15 分	信息化建设	统计专网	镇街要建立统计专网，实现五级联网，保证统计信息安全，未实现互联互通的不得分，发生网络安全问题的不得分。	3	
		统计人员信息化水平	镇街统计部门统计人员能适应联网直报、网页维护等要求，熟练操作计算机，不熟练的每人扣 0.5 分。	1	
		信息（分析）加载	每年向滕州统计信息网报送统计信息动态不少于 30 条、统计分析（简析）不少于 10 篇，完成任务不足 70%的不得分。	3	
	联网直报	直报率	督促辖区内“四上”企业具备联网直报条件，提高直报率，每落实 1 家直报得 0.5 分。	5	
		及时准确	督促辖区内联网直报企业及时报送数据，每迟报一家次扣 1 分，每错报一笔统计数据扣 0.5 分。	3	
七、统计服务和资料管理 15 分	资料管理	整理归档	要认真管理本辖区一二三产业和社会事业发展各类统计资料，按规定进行整理归档，并做到信息资源共享，否则不得分。	3	
		保存期限	应对统计资料进行分类管理，装订成册，妥善保管。原始资料保存期限不少于 2 年，汇总性资料保存期限不少于 10 年。重要统计文件、重大历史沿革统计资料及普查资料应当长期保存。磁介质资料应当及时备份，刻录光盘存档。未按规定办理的不得分。	2	
		数据发布	镇街统计机构取得的各种统计数据，须经市统计局审核确认反馈后，方可对外提供、发布和使用，未按规定办理的不得分。	2	

考核事项		考核内容	评分标准	分值	计分
七、统计服务和资料管理15分	统计服务	提供信息服务	围绕经济社会发展的热点难点问题，组织开展统计调查，撰写统计信息和分析报告，得1分；积极为党委政府和社会公众提供统计信息和咨询服务，得1分。	2	
		开发统计产品	加强统计数据的开发利用，定期对经济运行和社会发展情况进行监测分析，形成本辖区统计月报、镇域动态月报、统计简报、统计手册等，每有1类统计产品得1分。	3	
		拓宽服务渠道	在镇街网站开辟统计专栏，加载统计信息；深入企业开展走访调研，提供统计服务；积极开展城镇化统计监测，为领导提供信息支撑等，每有1项加1分（不局限于所列项目）。	3	
八、其他事项8分		上级奖励	考评期内，统计工作获得市级以上荣誉奖励的加1分。同项评比加分不重复计算，最高得2分。	2	
		领导批示	考评期内，撰写的统计分析（信息）被市级以上党政领导批示的加1分；被镇街主要领导批示的加0.5分。同项评比加分不重复计算，最高得2.5分。	2.5	
		教育培训	积极组织辖区内统计人员参加统计教育培训和从业资格考试的得1分，参加统计职称考试并取得统计职称的得0.5分。	1.5	
		自身建设	获得镇街党委政府表彰奖励的得0.5分；富有成效的开展“双争一创”活动的得0.5分。	1	
		工作创新	创造性地开展统计工作，并及时总结工作经验上报市统计局，具有借鉴推广意义的得1分。	1	

注：1、每个评分项目的扣分，以扣完该项的分值为止，不倒扣分。

2、每新增1家“四上”企业加1分，最高加10分。

中国统计出版社最新图书简目

（仅供参考，以最后出书为准）

统计资料

综合类：中国统计年鉴　中国统计摘要　中国发展报告

国际资料类：国际统计年鉴　金砖国家联合统计手册　世界能源资源年鉴

区域资料类：中国区域经济统计年鉴　中国县域统计年鉴　中国城市统计年鉴　中国农村统计年鉴　中国地区经济监测报告

经贸与投资类：中国贸易外经统计年鉴　中国对外直接投资统计公报　中国商品交易市场统计年鉴　大中型批发零售和住宿餐饮企业统计年鉴　中国零售和餐饮连锁企业统计年鉴

住户与物价类：中国住户调查年鉴　中国价格统计年鉴　中国农产品价格调查年鉴　全国农产品成本收益资料汇编

资源与环境类：中国环境统计年鉴　中国能源统计年鉴

产业类：中国工业统计年鉴　中国建筑业统计年鉴　中国房地产统计年鉴　中国第三产业统计年鉴　中国证券期货统计年鉴

科技类：中国科技统计年鉴　中国高技术产业统计年鉴　工业企业科技活动资料

人口与就业类：中国劳动统计年鉴　中国人口和就业统计年鉴　中国人才资源统计报告

社会与文化类：中国社会统计年鉴　中国文化及相关产业统计年鉴

公共管理类：中国民政统计年鉴　中国民族统计年鉴　中国乡镇街道行政区域简册

省级综合统计年鉴系列

北京 天津 河北 山西 内蒙古 辽宁 吉林 黑龙江 上海 江苏 浙江 安徽 福建 江西 山东 河南 湖北 湖南 广东 广西 海南 重庆 四川 贵州 云南 西藏 陕西 甘肃 青海 宁夏 新疆 新疆生产建设兵团

市(县)级综合统计年鉴系列

天津滨海新区 石家庄 唐山 邯郸 太原 大同 阳泉 长治 晋城 朔州 晋中 运城 忻州 临汾 呼和浩特 鄂尔多斯 包头 沈阳 大连 长春 吉林市 四平 哈尔滨 黑龙江垦区 上海浦东新区 南京 无锡 徐州 常州 苏州 南通 连云港 淮安 盐城 扬州 镇江 泰州 宿迁 江阴 丹阳 杭州 宁波 温州 嘉兴 绍兴 金华 衢州 舟山 台州 丽水 合肥 福州 厦门 宁德 福州经济技术开发区 南昌 济南 青岛 郑州 洛阳 平顶山 三门峡 南阳 武汉 十堰 荆州 宜昌 荆门 咸宁 长沙 广州 深圳 惠州 东莞 南宁 柳州 桂林 来宾 海口 三亚 成都 贵阳 昆明 西安 兰州 庆阳 银川 乌鲁木齐 兵团一师 兵团十师

调查年鉴系列

山西 内蒙古 吉林 辽宁 上海 福建 湖北 广西 重庆 四川 云南 甘肃 宁夏 新疆 南宁 桂林

“十二五”规划教材

统计学（经济管理类专业本科适用，单薇 等）　抽样调查理论与方法（冯士雍 等）

贝叶斯统计（茆诗松 等）　统计学（黄良文 等）　试验设计（茆诗松 等）

统计学：从数据到结论（吴喜之）　医学统计学（于浩）　统计学（经济、管理类专业基础教材，张小斐）

概率论与数理统计三十三讲（魏振军）　概率论与数理统计三十三：学习指导与习题解答（魏振军）

非参数统计（吴喜之 等）　统计学：经济与管理中的数据分析（李慧云 等）

卫生管理统计学（新编医学院校基础课教材，尚磊）医院统计学（新编医学院校基础课教材，徐天和 等）

社会统计学（蒋萍 等）　现代金融投资统计分析（李腊生 等）

国民经济核算初级教程（经济类、统计类、管理类专业适用，蒋萍 等）

重点图书

新中国65年　新编英汉汉英统计大词典　中华医学统计百科全书

挑大学选专业2014—考研择校指南　挑大学选专业2014—高考志愿填报指南

中国统计出版社发行部电话：（010）63376907，63376908　同楨行书店电话：68783171，68783172

通讯地址：北京市西城区三里河月坛南街57号　邮政编码：100826

网址：http://csp.stats.gov.cn